Bid-Ask-Spreads von Aktienoptionen

Wirtschaftswissenschaftliche Beiträge

Informationen über die Bände 1–74 sendet Ihnen auf Anfrage gerne der Verlag.

Band 75: W. Sesselmeier, Gewerkschaften und Lohnfindung, 1993, ISBN 3-7908-0659-5

Band 76: R. Frensch, Produktdifferenzierung und Arbeitsteilung, 1993, ISBN 3-7908-0663-3

Band 77: K. Kraft, Arbeitsmarktflexibilität, 1993, ISBN 3-7908-0666-8

Band 78: R. P. Hellbrück, Synergetik und Marktprozesse, 1993, ISBN 3-7908-0668-4

Band 79: L. Linnemann, Multinationale Unternehmungen und internationale Wirtschaftspolitik, 1993, ISBN 3-7908-0670-6

Band 80: K. Cuhls, Qualitätszirkel in japanischen und deutschen Unternehmen, 1993, ISBN 3-7908-0672-2

Band 81: B. Erke, Arbeitslosigkeit und Konjunktur auf segmentierten Arbeitsmärkten, 1993, ISBN 3-7908-0695-1

Band 82: M. Hillmer, Kausalanalyse makroökonomischer Zusammenhänge mit latenten Variablen, 1993, ISBN 3-7908-0703-6

Band 83: M. Heinisch, W. Lanthaler, Im Brennpunkt Universität, 1993, ISBN 3-7908-0713-3

Band 84: M. Göcke, Starke Hysteresis im Außenhandel, 1993, ISBN 3-7908-0722-2

Band 87: M. Raab, Steuerarbitrage, Kapitalmarktgleichgewicht und Unternehmensfinanzierung, 1993, ISBN 3-7908-0734-6

Band 88: K.-J. Duschek, Ein sequentielles empirisches allgemeines Gleichgewichtsmodell zur Beurteilung von Steuerreformprogrammen, 1993, ISBN 3-7908-0736-2

Band 89: R. Schwager, Geld überlappende Nachfragestruktur und bilaterale Transaktionen, 1994, ISBN 3-7908-0739-7

Band 90: M. Sander, Die Bestimmung und Steuerung des Wertes von Marken, 1994, ISBN 3-7908-0742-7

Band 91: T. Ursprung, Propaganda, Interessengruppen und direkte Demokratie, 1994, ISBN 3-7908-0743-5

Band 94: F. Kugler, Preisbildung auf spekulativen Märkten, 1994, ISBN 3-7908-0750-8

Band 95: J. Schmoranz, Die Energienachfrage privater Haushalte, 1994, ISBN 3-7908-0761-3

Band 96: M. Carlberg, Makroökonomische Szenarien für das vereinigte Deutschland, 1994, ISBN 3-7908-0763-X

Band 97: U. Schiller, Vertikale Unternehmensbeziehungen, 1994, ISBN 3-7908-0774-5

Band 98: S. Huschens, Zur Modellierung der Erwartungsbildung in makroökonomischen Modellen, 1994, ISBN 3-7908-0776-1

Band 99: T. Gerhards, Theorie und Empirie flexibler Wechselkurse, 1994, ISBN 3-7908-0780-X

Band 100: K. Morasch, Strategische Allianzen, 1994, ISBN 3-7908-0783-4

Band 101: N. Lamar, Makroökonomische Konvergenz und Währungssystem, 1994, ISBN 3-7908-0784-2

Band 102: G. M. Winkler, Entscheidungen und Präferenzen, 1994, ISBN 3-7908-0786-9

Band 104: C. Fantapié Altobelli, Kompensationsgeschäfte im internationalen Marketing, 1994, ISBN 3-7908-0801-6

Band 105: R. Wagner, Die Grenzen der Unternehmung, 1994, ISBN 3-7908-0812-1

Band 106: H. Richter, Marktorientierte Neugestaltung des Einkommensteuersystems, 1995, ISBN 3-7908-0819-9

Band 107: M. Graff, Bildung und technischer Fortschritt als Determinanten wirtschaftlicher Entwicklung, 1995, ISBN 3-7908-0820-2

Band 109: T. Kuhn, Theorie des kommunalen Finanzausgleichs, 1995, ISBN 3-7908-0828-8

Band 110: B. Schaden, Effektive Kapitalsteuerbelastung in Europa, 1995, ISBN 3-7908-0831-8

Band 111: G. Georgi, Job Shop Scheduling in der Produktion, 1995, ISBN 3-7908-0833-4

Band 112: V. Kaltefleiter, Die Entwicklungshilfe der Europäischen Union, 1995, ISBN 3-7908-0838-5

Band 113: B. Wieland, Telekommunikation und vertikale Integration, 1995, ISBN 3-7908-0849-0

Band 114: D. Lucke, Monetäre Strategien zur Stabilisierung der Weltwirtschaft, 1995, ISBN 3-7908-0856-3

Band 115: F. Merz, DAX-Future-Arbitrage, 1995, ISBN 3-7908-0859-8

Band 116: T. Köpke, Die Optionsbewertung an der Deutschen Terminbörse, 1995, ISBN 3-7908-0870-9

Band 117: F. Heinemann, Rationalisierbare Erwartungen, 1995, ISBN 3-7908-0888-1

Fortsetzung auf Seite 212

Margret Braun

Bid-Ask-Spreads von Aktienoptionen

Mit 28 Abbildungen
und 21 Tabellen

Physica-Verlag
Ein Unternehmen
des Springer-Verlags

Reihenherausgeber
Werner A. Müller

Autorin
Dr. Margret Braun
Rheinvillenstr. 4
D-68163 Mannheim

Die Deutsche Bibliothek – CIP-Einheitsaufnahme
Braun, Margret: Bid-ask-spreads von Aktienoptionen / Margret Braun. – Heidelberg: Physica-Verl., 1997
(Wirtschaftswissenschaftliche Beiträge; Bd. 140)

ISBN-13: 978-3-7908-1008-0 e-ISBN-13: 978-3-642-47002-8
DOI: 10.1007/978-3-642-47002-8

Umschlaggestaltung: Erich Kirchner, Heidelberg

SPIN 10572229 88/2202-5 4 3 2 1 0 – Gedruckt auf säurefreiem Papier

Vorwort

Mein großes Interesse an derivativen Finanzinstrumenten und die Eröffnung des Handels an der Deutschen Terminbörse Anfang 1990 gaben für mich den Ausschlag, im Rahmen einer wissenschaftlichen Untersuchung Bid–Ask–Spreads von Aktienoptionen zu analysieren. Im Zentrum der Arbeit steht die Betrachtung der Risiken, die ein Market–Maker, ein spezieller Börsenmakler, beim Stellen seines Bid–Ask–Spreads beachtet.

Die vorliegende Arbeit entstand während meiner Zeit im Graduiertenkolleg "Allokation auf Finanz- und Gütermärkten" an der Universität Mannheim. Im November 1996 wurde diese Arbeit von der Fakultät für Betriebswirtschaftslehre der Universität Mannheim als Dissertation angenommen. Für die Unterstützung der Deutschen Forschungsgemeinschaft und der Julius–Paul–Stiegler–Gedächtnis–Stiftung bin ich zu besonderem Dank verpflichtet.

Bei allen, die mich bei der Erstellung dieser Arbeit unterstützt haben, möchte ich mich bedanken. Mein besonderer Dank gebührt Herrn Prof. Dr. Wolfgang Bühler, der weiteres Interesse an der Funktion von Market–Maker in Aktienoptionen in mir weckte. Während meines Forschungsprojektes stand er mir mit konstruktiver Kritik und hilfreichen Kommentaren zur Seite. Ferner möchte ich Herrn Prof. Siegfried Berninghaus für die freundliche Übernahme des Korreferates danken.

Ebenso profitierte ich von fachlichen Gesprächen mit ehemaligen und derzeitigen Kollegen vom Graduiertenkolleg und mit Mitarbeitern vom Lehrstuhl für ABWL und Finanzierung, Universität Mannheim. Herrn Prof. Dr. Elmar Wolfstetter, Herrn Prof. Dr. Werner Güth und Frau Prof. Sigrid Müller ist mein Dank gewiß, da sie mir verschiedentlich Vortragsmöglichkeiten an der Humboldt-Universität zu Berlin einräumten. Wertvolle Kommentare zu meinen Vorträgen förderten die Entwicklung der Dissertationsschrift.

Herrn Dipl.–Kfm. Erik Theissen, Universität Frankfurt, danke ich für die kritische Durchsicht des Rohmanuskriptes der Arbeit und Herrn Dipl. Wirtsch.–Inf. Stephan Pabst für die Hilfe bei der Aufbereitung der Rohdaten, die Grundlage meiner empirischen Untersuchung waren.

Zum Schluß danke ich von Herzen meinen Eltern, die mich jederzeit in jeder Hinsicht förderten. Ihnen ist die vorliegende Arbeit gewidmet.

Inhaltsverzeichnis

1 Einleitung

Die Bedeutung von Termingeschäften hat in den letzten Jahren stark zugenommen. Ein wichtiger Grund dafür ist die Zunahme der Wertpapierkursschwankungen, wodurch sich das Bedürfnis der Marktteilnehmer zur Absicherung gegen Kursrisiken erhöhte. 1973 wurden an einer organisierten Börse, der Chicago Board Option Exchange (CBOE), standardisierte Optionsverträge auf Aktien eingeführt und ein Clearinghaus[1] etabliert. Dies führte zu einem liquiden Sekundärmarkt mit hohen Umsätzen. Das Interesse an Derivaten hat seither aufgrund des Erfolges der CBOE stark zugenommen, so daß auf allen wichtigen Finanzmärkten in der Welt Optionen gehandelt werden. In der Bundesrepublik Deutschland fand dagegen aufgrund mangelnder Organisation der Terminhandel lange Zeit nur in Form eines relativ schwerfälligen Börsen- und OTC-Handels statt. Dadurch entstand die Gefahr, daß sich wesentliche Teile des Termin- und Kassamarktes ins Ausland verlagerten.

Um auf den internationalen Kapitalmärkten weiterhin wettbewerbsfähig bleiben zu können, kam in Deutschland der Wunsch nach der Errichtung einer *Deutschen Börse für Optionen und Financial Futures* auf. Aus diesem Grund begann 1987 die Konzeptionsphase für die Deutsche Terminbörse (DTB). Am 26. 1. 1990 wurde die DTB eröffnet. Sie hat zunächst ihren Handel mit Optionen auf 14 deutsche Aktien aufgenommen. Inzwischen sind es 20 Titel.[2] Der Optionshandel an der DTB basiert auf dem Market-Maker-Prinzip, wobei auch direkter Handel zwischen Marktteilnehmern ohne Market-Maker-Status möglich ist. Nach §19 der Börsenordnung sind Market-Maker berechtigt und nach Aufforderung (*Quote-Request*) verpflichtet, unverzüglich *Quotes*[3] für die Nachfrage- und Angebotsseite zu stellen und zu diesen Geschäftsabschlüsse zu tätigen.[4] Somit besteht die Aufgabe der Market-Maker darin, für genügend Liquidität auf dem Optionsmarkt zu sorgen. Das bedeutet, daß die Marktteilnehmer jederzeit Geschäfte abschließen können. Für die Bereitstellungsaufgabe der Market-Maker werden ihnen an der DTB Gebührenermäßigungen und ein sie bevorzugendes Verfahren im Vergleich zu den Marktteilnehmern ohne Market-Maker-Status beim Matching von unlimitierten Ordern eingeräumt.[5]

---

[1] Ein Clearinghaus ist eine Börseninstitution, die für beide Vertragspartner den jeweiligen Gegenpart direkt nach dem Vertragsabschluß übernimmt. Dadurch entfällt für beide Vertragspartner das gegenseitige Erfüllungsrisiko. Vgl. Keller et al. (1992) und Daube (1993) zur DTB als Clearinghaus.

[2] Allianz Holding, BASF, Bayer, Bayerische Hypothekenbank, Bayerische Vereinsbank AG, BMW, Commerzbank, Daimler Benz, Deutsche Bank, Dresdner Bank, Hoechst, Lufthansa, Mannesmann, Preussag, RWE AG, Siemens, Thyssen, Veba, Viag, Volkswagen.

[3] Die Angebote der Market-Maker werden in der Fachsprache als Quotes bezeichnet.

[4] Vgl. DTB: Börsenordnung und Handelsbedingungen.

[5] Vgl. Thießen (1990), S. 447–448.

Der Bidpreis (Geldkurs) ist der Nachfragepreis aus Sicht des Market–Makers und der Askpreis (Briefkurs) der Angebotspreis aus Sicht des Market–Makers. Der gestellte Bid–Ask–Spread[6] wird im Fachjargon auch *quoted* Bid–Ask–Spread genannt. Der *quoted* Bid–Ask–Spread ist die Differenz zwischen dem von einem Market–Maker gestellten Brief- (Askpreis) und Geldkurs (Bidpreis) zu einem bestimmten Zeitpunkt. Aufgrund der Verpflichtung der Market–Maker, ständig auf dem Markt präsent, zu sein und aufgrund des Einsatzes ihres eigenen Kapitals, stellen sie möglichst große Bid–Ask–Spreads, um ihre Gewinne zu maximieren.

Das Ziel dieser Arbeit besteht darin, Bid–Ask–Spreads für einen Market–Maker theoretisch zu modellieren. Dazu wird ein spieltheoretisches Modell entwickelt und dessen Gleichgewicht abgeleitet. Im Anschluß daran wird eine komparativ–statische Analyse des Gleichgewichts durchgeführt. Dabei wird schwerpunktmäßig auf folgende theoretische Ergebnisse innerhalb des Modellrahmens abgezielt:

- Charakterisierung der Höhe des Spreads im Gleichgewicht
- Analyse der Einflußfaktoren auf die Höhe des Spreads

Um die Höhe des Spreads komparativ–statisch analysieren zu können, stellt sich zunächst die folgende Frage: *Wie stellt ein Market–Maker seine "Quotes"?* An diese generelle Fragestellung schließen sich weitere detaillierte Fragestellungen an, auf die im folgenden intuitive Antworten gegeben werden.

1. *Wie berücksichtigt ein Market–Maker das Anlageverhalten der Investoren?*
   Ein Market–Maker berücksichtigt beim Stellen seiner Kurse, daß der Spread eine Komponente der Transaktionskosten der Anleger ist. Der Bid–Ask–Spread stellt für die Anleger Kosten für die sofortige Auftragsausführung dar.[7]
   Da die Investoren auch auf dem Aktien–oder Geldmarkt handeln können, weichen sie auf andere Märkte aus oder handeln nicht, wenn die vom Market–Maker gestellten Quotes für sie zu ungünstig sind.
   Folglich zieht ein Market–Maker bei der Abgabe seiner Quotes die Anlagestrategie der Investoren in Betracht.

2. *Wie verhält sich ein Market–Maker, wenn verstärkt Marktteilnehmer mit besseren Informationen, als sie der Market–Maker besitzt, auf den Markt treten? Wie lange kann ein Market–Maker beim Handel noch Gewinne erzielen?*
   Je mehr Marktteilnehmer auf den Optionsmarkt treten, die besser über zukünftige Kurse informiert sind, desto weniger Gewinne kann ein Market–Maker bei einem vorgegebenen Spread erzielen. Somit wird ein Market–Maker, wenn der Anteil der

[6] Die Begriffe Bid–Ask–Spread und Spread werden in dieser Arbeit synonym verwandt.
[7] Bid-Ask-Spreads sind implizite Kosten für den Anleger im Gegensatz zu Gebühren und Provisionen.

Besserinformierten an der Gesamtzahl aller Investoren zunimmt, seinen Spread ausweiten, um sich gegen Informationsrisiken abzusichern. Es ist zu vermuten, daß bei Überschreitung eines kritischen Anteils der Besserinformierten an der Gesamtzahl aller Investoren, die Spreads zur Verlustminderung so hoch gestellt werden müssen, daß es zu einem Marktzusammenbruch kommt.

3. *Welchen Bid–Ask–Spread stellt ein Market–Maker, der mit anderen Market–Makern konkurriert?*
   Je größer die Konkurrenz unter den Market–Makern ist, desto eher wird der gestellte Spread von einem anderen Market–Maker unterboten. Folglich wird ein Market–Maker seinen gestellten Spread bei einer Zunahme konkurrierender Market–Maker senken.

4. *Wie stellt ein Market–Maker den Spread, wenn sich Charakteristika der dem Optionskontrakt zugrundeliegenden Aktie ändern?*
   Da die Aktie das Underlying der Option ist, ist der Optionswert und somit auch der Spread vom Kurs der Aktie und von der Volatilität des Aktienkurses abhängig.

Aus den vorgenannten Fragen folgt, daß es für Market–Maker wichtig ist zu wissen, welche Faktoren in welcher Weise den Bid–Ask–Spread beeinflussen. Market–Maker berücksichtigen beim Stellen ihrer Kurse die Kosten der adversen Selektion, die Bestandskosten sowie die Auftragsbe- und -verarbeitungskosten (Orderabwicklungskosten). Der Bid–Ask–Spread muß diese Kosten abdecken, damit keine Verluste entstehen.
Die Kosten der adversen Selektion sind ein informationsbedingtes Phänomen. Sie entstehen durch den Handel der Market–Maker mit Besserinformierten. Bestandskosten entstehen für Market–Maker aufgrund des Preisrisikos und ihrer Bereitstellungsaufgabe, da sie zwischendurch Handelsbestände halten, die nicht ihren Diversifikationswünschen entsprechen. Orderabwicklungskosten entstehen im Zusammenhang mit der Abwicklung von Transaktionen. Zu fixen Orderabwicklungskosten zählen z.B. die technische Ausstattung (Computer) und zu den variablen z.B. Lohnkosten oder Telefongebühren.
Der Schwerpunkt dieser Arbeit liegt in der Erklärung des Spreads als ein zum Teil informationsbedingtes Phänomen.

Aufbauend auf die Ergebnisse aus der komparativen Statik des Spreads werden testbare Hypothesen abgeleitet und empirisch überprüft.

Im folgenden wird kurz aufgezeigt, inwiefern auf die vorgenannten Fragestellungen in der Literatur eingegangen wird und welche Aspekte bisher noch nicht behandelt worden sind. Eine detaillierte Einordnung des eigenen Ansatzes und ein Vergleich mit der Literatur erfolgt im zweiten Kapitel.

- Die Literatur zur Mikrostruktur von Finanzmärkten ist inzwischen unüberschaubar geworden.[8] Ein Teil der Literatur zur Mikrostruktur von Finanzmärkten beschäftigt sich mit der Analyse von Bid–Ask–Spreads. Die meisten dieser Autoren untersuchen Spreads von Aktien.[9]
  Es zeigt sich in dieser Arbeit, daß der Zusammenhang zwischen der Option und dem zugehörigen Underlying und die Möglichkeit der Investoren, sowohl auf dem Aktien– als auch auf dem Optionsmarkt zu handeln, wichtige Einflußfaktoren auf die Höhe des Spreads sind.
  Das Ziel der Optionspreistheorie besteht darin, Optionen zu bewerten und nicht die Existenz von Bid–Ask–Spreads zu erklären.[10] In der Optionspreistheorie wird die Annahme getroffen, daß der Markt reibungslos ist. Diese Annahme ist zur Bestimmung eines optimalen Spreads nicht gerechtfertigt, da ein Market–Maker die Anlagestrategien der Investoren mitberücksichtigt.

- Bisher hat der Aktienmarkt ohne Market–Maker als Alternativanlage für die Investoren keine Berücksichtigung gefunden. In der Literatur werden bisher Market–Maker sowohl auf dem Aktien– als auch auf dem Optionsmarkt betrachtet. Diese Modellierung ist jedoch für den deutschen Finanzmarkt nicht geeignet, da nur auf dem Optionsmarkt der DTB Market–Maker Quotes stellen.[11]

- In dieser Arbeit werden unterschiedliche Wettbewerbssituationen unter Market–Makern untersucht. Hingegen unterstellen die meisten Autoren, daß die Market–Maker im Durchschnitt Nullgewinne erzielen.[12] Folglich können diese Autoren nicht die Eigenschaften der erwarteten Gewinne eines Market–Makers bei unvollkommenem Wettbewerb untersuchen.
  Glosten und Milgrom (1985) betrachten nur einen festen Kontraktumfang. Dagegen untersucht keiner der Autoren, die das Modell von Glosten und Milgrom (1985) erweitern, preisabhängige Überschußnachfragekorrespondenzen der Investoren. Im Modellrahmen dieser Arbeit wird eine Nachfrage der Investoren abgeleitet, die funk-

---

[8] Eine Übersicht zur Theorie der Mikrostruktur ist in O'Hara (1995) zu finden. Sie beschreibt das Anliegen der Theorie zur Mikrostruktur wie folgt *"Market microstructure is the study of the process and outcomes of exchanging assets under explicit trading rules."*. Vgl. O'Hara (1995), Kap. 1, S. 1.

[9] Z.B. beschäftigen sich folgende Autoren mit Spreads von Optionen: John et al. (1991), Biais und Hillion (1991, 1994) und Easley et al. (1994).

[10] Wichtige grundlegende Ansätze zur Optionspreisbewertung sind von Black und Scholes (1973) und Cox et al. (1979) entwickelt worden. Vgl. zu einer Einführung in die Optionspreistheorie: Cox und Rubinstein (1985) und Hull (1993).

[11] Die Annahme, daß nur Market–Maker Quotes für Optionen stellen, approximiert die deutsche Finanzmarktstruktur. Auf dem Aktien- und Anleihenmarkt erfolgt vereinfacht betrachtet die Kursfeststellung nach dem reinen Auktionsprinzip. Im IBIS–Handel (Inter–Banken–Informations–System) z.B. gibt es Marktteilnehmer, die Brief- und Geldkurse stellen. Im Gegensatz zu Market–Makern an der DTB sind sie nicht dazu verpflichtet, Kurse zu stellen. Daher wird vom freiwilligen Market-Making gesprochen. Vgl. Schmidt und Iversen (1992), Kap. 4.

[12] Dennert (1993) charakterisiert die Preisstellungsregel von monopolistischen Market–Makern und Market–Makern unter vollkommenem Wettbewerb. Darauf wird näher in Kapitel 5.2 eingegangen.

tional abhängig von den quotierten Preisen der Market–Maker ist. Somit können die komparativ–statischen Eigenschaften der Gewinnfunktion und dadurch auch der Kosten der adversen Selektion eines Market–Makers analysiert werden.

- In der vorliegenden Arbeit erfolgt eine theoriegestützte empirische Überprüfung von Hypothesen. In der Literatur zur empirischen Analyse von Spreads werden meistens Ad–hoc Hypothesen formuliert, die getestet werden.

Der Aufbau der Arbeit ist wie folgt:
In Kapitel 2 wird eine kurzer Überblick zur Literatur der Mikrostruktur von Finanzmärkten gegeben und der eigene Ansatz in die Literatur eingeordnet. Das spieltheoretische Grundmodell zur Erklärung der Bid–Ask–Spreads von Calloptionen wird im dritten Kapitel formuliert, und eine Herleitung sowie eine komparativ–statische Analyse des Gleichgewichts wird durchgeführt. Im vierten Kapitel wird das Grundmodell erweitert, indem die Preisstellungsstrategie eines Market–Makers, der Quotes für Puts und Calls auf dasselbe Underlying stellt, abgeleitet wird. Verschiedene Formen von Wettbewerb unter Market–Makern werden in Kapitel 5 analysiert. Darauf aufbauend werden im sechsten Kapitel empirische Implikationen des Modells entwickelt und unter Verwendung von zeitgestempelten Daten zu Aktienkursen vom IBIS–Handel und zu Aktienoptionen, die an der DTB gehandelt werden, getestet. Die Arbeit schließt mit einer kurzen Zusammenfassung der wesentlichen Resultate im siebten Kapitel ab.

2 Die Preisbildung von Finanztiteln in Modellen zur Mikrostruktur von Finanzmärkten

In diesem Kapitel werden Modelle zur Marktmikrostruktur erläutert, die im Zusammenhang zum eigenen Modellansatz stehen, und der eigene Ansatz wird in die Literatur eingeordnet. Hierzu wird zunächst ein allgemeiner Überblick über die Literatur zur Marktmikrostruktur von Finanzmärkten gegeben. Daran schließt sich eine Darstellung der Erklärungsansätze zu Bid-Ask-Spreads an. Danach wird das in dieser Arbeit vorgelegte Modell von den Modellen aus der Literatur abgegrenzt.

2.1 Allgemeiner Überblick zu Arbeiten aus der Mikrostruktur

Modelle zur Mikrostruktur von Finanzmärkten erklären das Zustandekommen von Handel und beschreiben den Preisbildungsprozeß auf Finanzmärkten. Dagegen wird in Gleichgewichtsmodellen mit rationalen Erwartungen der Handels- und Preisbildungsprozeß im allgemeinen nicht explizit abgebildet.[1] Grundlegende Arbeiten zu Gleichgewichtsmodellen mit rationalen Erwartungen gehen von der Annahme aus, daß vollkommener Wettbewerb herrscht und die Preise der Finanztitel im Zuge einer Auktion gebildet werden. Hingegen untersucht Kyle (1989) ein Gleichgewicht mit rationalen Erwartungen, wobei er die Annahme des vollkommenen Wettbewerbs aufhebt. Er berücksichtigt strategisches Verhalten der informierten Investoren, die den Einfluß ihres Handelns auf die Preisbildung berücksichtigen, und endogenisiert den Prozeß der Informationsbeschaffung. Somit löst Kyle (1989) das von Grossman und Stiglitz (1980) formulierte Informationsparadoxon auf.[2]

Im folgenden wird eine Klassifizierung der Investoren geliefert, die auch im weiteren Verlauf der Arbeit verwandt wird.

Unter *Noise-Tradern* werden Investoren verstanden, deren Handeln nicht von Kurserwar-

---

[1] Admati (1989) gibt eine Übersicht zu Gleichgewichtsmodellen mit rationalen Erwartungen und ihren Anwendungen in der Kapitalmarkttheorie.

[2] Rochet und Vila (1994) vergleichen das Modell von Kyle (1985) mit dem von Kyle (1989). Sie beweisen, daß in Kyle (1985) ein eindeutiges Gleichgewicht existiert, das äquivalent zu dem in Kyle (1989) ist, wenn ein risikoneutraler Informierter betrachtet wird. Auf Kyle (1985) wird im Verlauf dieses Kapitels noch näher eingegangen.

tungen bestimmt wird. Sie handeln aus Liquiditätsmotiven, oder, da Handeln schon für sich betrachtet ihren Nutzen erhöht. Ihr Nachfrageverhalten wird in Anlehnung an die Literatur durch eine Zufallsvariable beschrieben, da sie unabhängig von den gestellten Preisen nachfragen, d.h., daß ihre Nachfrage preisunelastisch ist. Black (1986) versteht unter *Noise-Tradern* Marktteilnehmer, die nicht aufgrund privater Informationen handeln, da sie keinen Zugang zu privaten Informationen haben.[3]
Als *Uninformierte* oder auch *Spekulanten* werden in dieser Arbeit Investoren bezeichnet, deren Verhalten von Kurserwartungen bestimmt wird. Sie besitzen im Gegensatz zu den *Informierten* keine privaten Informationen.
Der Begriff *Liquidity-Trader* wird hier wie auch häufig in der Literatur für uninformierte Wertpapierhändler verwandt. In dieser Arbeit werden Investoren als *Liquidity-Trader* definiert, die analog zu den *Uninformierten* keine Insiderinformationen besitzen. *Liquidity-Trader* zeichnen sich gegenüber den *Noise-Tradern* dadurch aus, daß ihre Anlageentscheidung auf einem Maximierungskalkül beruht.[4]
Informierte handeln aufgrund ihres Informationsvorsprungs, da sie private Informationen besitzen. In der Literatur werden die Informierten auch als Insider bezeichnet.[5]

Für die Klassifizierung der Literatur zur Marktmikrostruktur von Finanzmärkten ist ferner zwischen zwei Formen der Marktorganisation zu unterscheiden:

- Bei einem *Market-Maker System* nimmt eine Gruppe von Marktteilnehmern, die Market-Maker, stets die Gegenposition ein und sorgt somit für die Markträumung. Für die nachfrageorientierte Seite stellt ein Market-Maker den Askpreis und für die angebotsorientierte Seite den Bidpreis. Die Aufträge werden sequentiell abgewickelt, d.h. nach der Reihenfolge des Eingangs.

- Bei einem *Auktionsmarktsystem* sammelt der Auktionator alle Aufträge bis zu einer vorgegebenen Frist und bestimmt dann den Gleichgewichtspreis, der zur Markträumung führt. Der Auktionator führt entweder lediglich die Aufträge der Investoren zusammen [6] oder er führt die Orders der Marktteilnehmer zusammen und geht beim Zusammenführen selbst Positionen ein.[7]

Weiterhin kann die Literatur zur Marktmikrostruktur anhand unterschiedlicher Erklärungsansätze für das Zustandekommen von Handel systematisiert werden. Die Abbildung

---

[3] Menkhoff und Röckemann (1994) geben einen Überblick über unterschiedliche Typen von Noise-Tradern.

[4] Oft wird in der Literatur angenommen, daß die *Liquidity-Trader* versuchen, beim Handeln ihre Transaktionskosten zu minimieren.

[5] Um Verwechslungen mit der juristischen Defintion eines Insiders zu vermeiden, wird in dieser Arbeit nur von Informierten gesprochen.

[6] Der Vorgang des Zusammenführens ohne daß der Auktionator selbst eine Position eingeht, wird auch als ein reines Auktionsmarktsystem bezeichnet.

[7] Wenn der Auktionator selbst Positionen eingeht, wird er in der Literatur auch als *Specialist* und nicht als Market-Maker bezeichnet.

2.1 verdeutlicht diese Systematisierung und ordnet den jeweiligen Punkten die wichtigsten Repräsentanten zu. Mit Hilfe dieser Abbildung wird der eigene Ansatz eingeordnet.

Abbildung 2.1. Übersicht zur Mikrostrukturliteratur

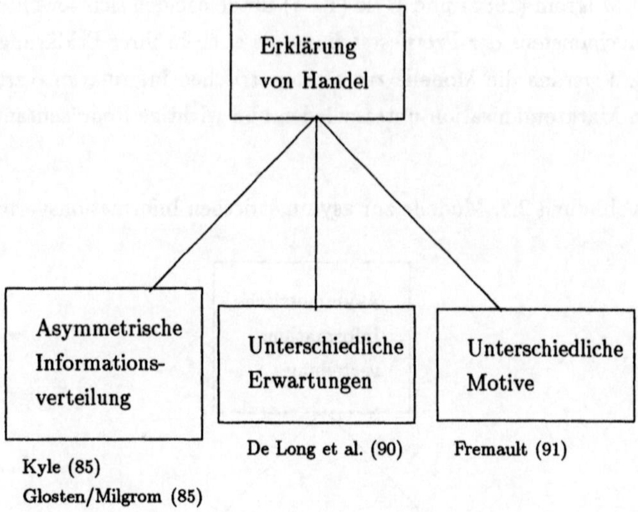

Es gibt drei Erklärungsansätze für Handel, wie aus der Abbildung 2.1 zu erkennen ist: Unterschiedliche Informationen der Marktteilnehmer, unterschiedliche Handelsmotive oder heterogene Erwartungen.

Jedoch gibt es keine klare Trennung zwischen den drei vorgenannten Erklärungsansätzen für das Auftreten von Handel. Unterschiedliche Information kann bedeuten, daß einige Marktteilnehmer besser als andere informiert sind[8] oder einige Marktteilnehmer unterschiedliche Erwartungen bilden, da sie aus unterschiedlichen Informationsquellen ihre Informationen beziehen.

[8] Dieser Sachverhalt wird auch als asymmetrische Informationsverteilung oder kurz als asymmetrische Information bezeichnet.

2.1.1 Modelle bei asymmetrischer Informationsverteilung

Viele Modelle aus der Literatur zur Mikrostruktur erklären Handel durch die Tatsache, daß unterschiedlich informierte Investoren am Markt sind. In diesem Zusammenhang gibt es zwei grundlegende Ansätze: das Modell von Glosten und Milgrom (1985) und seine Erweiterungen sowie das Modell von Kyle (1985) und seine Variationen.
Glosten und Milgrom (1985) und Kyle (1985) unterscheiden sich sowohl in der Modellierung vom Mechanismus der Preisfeststellung als auch in ihrer Erklärungsabsicht. In der Abbildung 2.2 werden die Modelle zur asymmetrischen Informationsverteilung nach der modellierten Marktorganisation unterschieden und wichtige Repräsentanten zugeordnet.

Abbildung 2.2. Modelle zur asymmetrischen Informationsverteilung

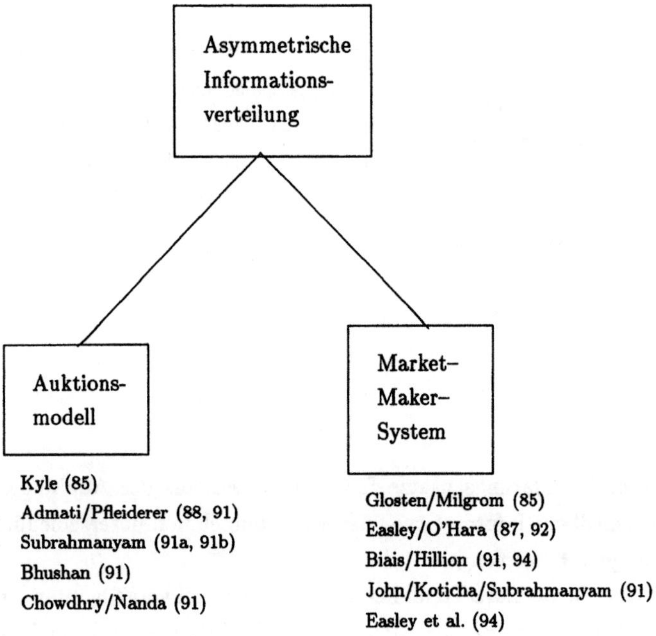

Im folgenden werden die Unterschiede in den Annahmen der jeweiligen Modelle und in den Ergebnissen der einzelnen Modelle herausgearbeitet. Es wird auch auf die Modelle in der Richtung von Kyle (1985) eingegangen, da diese wiederum als Spread–Modelle interpretiert werden können, das im weiteren Verlauf dieses Kapitels noch erläutert wird.

2.1.1.1 Auktionsmarktmodelle

Kyle (1985) charakterisiert die optimale Handelsstrategie eines monopolistisch informierten Investors in einem dynamischen Kontext, der seinen Informationsvorteil dazu nutzt, um hohe Gewinne zu erzielen. Er erhält folgende wesentliche Resultate. Die Markttiefe[9] ist konstant. Die Volatilität des Preises ist konstant, was bedeutet, daß die Informationen mit einer konstanten Rate in den Preis eingehen. Private Informationen sind nach Ende des Handels vollständig im Preis enthalten.[10] Caballé und Krishnan (1994) verallgemeinern das Resultat von Kyle (1985), daß der Informationsgehalt des Gleichgewichtspreises unabhängig von der Varianz des Noise–Tradings ist, auf mehrere Märkte und mehrere Informierte.

Das Modell von Kyle (1985) wird in unterschiedliche Richtungen erweitert. So werden unterschiedlich informierte Investoren betrachtet, und der Prozeß der Informationsbeschaffung wird endogenisiert. Ferner werden mehrere Märkte berücksichtigt oder zusätzlich strategisches Verhalten der Uninformierten modelliert.

Admati und Pfleiderer (1988) lassen unterschiedlich Informierte zu und endogenisieren den Prozeß der Informationsbeschaffung der Investoren, d.h. die Marktteilnehmer können selbst entscheiden, wann sie sich informieren. Zudem führen sie *discretionary–* und *non discretionary–Liquidity–Trader* (*Noise–Trader*) ein. *Discretionary–Liquidity–Trader* minimieren ihre Transaktionskosten, indem sie die Perioden, in denen sie handeln wollen, innerhalb eines gegebenen Intervalls bestimmen können. Hingegen können *Noise–Trader* sich nicht selbst ihre gewünschte Periode zum Handeln aussuchen. Mit Hilfe des Modells von Admati und Pfleiderer (1988) kann erklärt werden, warum die Preisänderungen in verschiedenen Zeitintervallen unterschiedlich sind, warum ein höheres Handelsvolumen zu verstärkten Preisänderungen führt und warum der Verlauf des Handelsvolumens in Abhängigkeit von der Zeit pro Tag U–förmig ist. Die Endogenisierung der Informationsbeschaffung führt dazu, daß der Informationsgehalt der Preise steigt, falls die Varianz der Nachfrage aller *Liquidity–Trader* zunimmt.[11] Hingegen hängt in Kyles Modell der Informationsgehalt der Preise nicht von der Varianz der Nachfrage der *Liquidity–Trader* ab, da die Anzahl der Informierten exogen vorgegeben ist. Wie Kyle (1985) so arbeiten auch Holden und Subrahmanyam (1992), Foster und Viswanathan (1993) heraus, daß ein monopolistisch Informierter den Informationsfluß in der Weise kontrollieren kann, so daß die Preisentwicklung der Rendite eine konstante Volatilität aufweist.[12] Da-

---

[9] Die Markttiefe ist eine Determinante der Liquidität. Vgl. z.B. Oesterhelweg und Schiereck (1993). Hasbrouck und Schwartz (1988) definieren die Markttiefe (*depth*) wie folgt: *"the existence of orders on both sides of the book near the price at which shares are currently trading"*.

[10] Vgl. Back (1992) zu einer detaillierteren Analyse der zeitstetigen Version des Modells von Kyle (1985).

[11] Dabei wird die Varianz der Nachfrage der *non discretionary–Liquidity–Trader* durch die Entscheidungen der *discretionary–Liquidity–Trader* bestimmt.

[12] Foster und Viswanathan (1993) betrachten elliptische Konturenverteilungen der Zufallsvariablen, die die Nachfrage der *Noise–Trader* und die Rendite des Finanztitels beschreiben, anstatt normalverteilte Zufallsvariablen anzunehmen.

gegen kann eine konstante Preisvolatilität nicht mehr gewährleistet werden, wenn sich die Informationen der Informierten voneinander unterscheiden. Da mehrere Informierte sich im Gegensatz zu einem monopolistisch Informierten kompetitiv verhalten, schlagen sich private Informationen schneller in den Preisen nieder, als im Modellrahmen von Kyle (1985). Foster und Viswanathan (1996) leiten in einem dynamischen Kontext ab, wie unterschiedlich Informierte vom Orderfluß lernen und die Prognosen der anderen Informierten vorhersagen.

Admati und Pfleiderer (1991) untersuchen die Auswirkungen von *Liquidity-Tradern*, die ihr Handeln vorzeitig ankündigen, auf den Informationsgehalt des Preises.[13] Sie stellen fest, daß die Transaktionskosten der *Liquidity-Trader* sinken, die ihr Handeln ankündigen, da die Kosten der adversen Selektion des Market-Makers durch Ankündigung verschwinden. Dagegen steigen die Kosten der *Liquidity-Trader*, die ihr Handeln nicht ankündigen. Ebenso wird gezeigt, daß bei steigender Anzahl der *Liquidity-Trader*, die ihr Handeln ankündigen, der Informationsgehalt des Preises zunimmt.

Spiegel und Subrahmanyam (1992) heben analog zu Bhattacharya und Spiegel (1991) die Annahme einer preisunelastischen Nachfrage der Uninformierten auf und führen statt dessen risikoaverse uninformierte Hedger ein. Die Existenz von risikoaversen Uninformierten führt dazu, daß die Marktliquidität und die Informationseffizienz der Preise nicht mehr monotone Funktionen der Anzahl der uninformierten Hedger sind.

Subrahmanyam (1991a) untersucht im Gegensatz zu Kyle (1985), Admati und Pfleiderer (1988) nicht risikoneutrale Marktteilnehmer sondern analysiert mit Hilfe des Modells von Kyle (1984) die Auswirkungen von risikoaversen Marktteilnehmern (Informierte und *Specialists*)[14]. Wenn der Prozeß der Informationsbeschaffung endogenisiert wird und die Anzahl der *Liquidity-Trader* zunimmt, steigt die Anzahl der Informierten. Dies führt zu einer sinkenden Marktliquidität. Das Resultat wird auf die zwei folgenden Effekte der Risikoaversion zurückgeführt. Zum einen handeln die Investoren weniger aggressiv als wenn sie risikoneutral wären; zum anderen beeinflußt die gesamte Anzahl der Investoren die aggregierte Risikotoleranz der Marktteilnehmer.

Bhushan (1991), Chowdhry und Nanda (1991), Subrahmanyam (1991b) und Lien und Luo (1993) entwickeln jeweils ein Gleichgewichtsmodell für mehrere Märkte. Im Rahmen dieser Modelle hat ein Teil der Investoren die Möglichkeit, auf mehreren Märkten simultan zu handeln.

Subrahmanyam (1991b) betrachtet den Fall, daß Handel sowohl im Wertpapierindex als auch in den Finanztiteln, die den Index bilden, möglich ist. Er zeigt, daß die *Liquidity-Trader* verstärkt im Index handeln, um ihre Handelskosten zu reduzieren. Lien und Luo (1993) erweitern das Modell von Subrahmanyam (1991b), indem sie zwischen ei-

---

[13] Das Ankündigen von Handeln wird auch als "*sunshine-trading*" bezeichnet.

[14] Indem risikoaverse *Specialists* modelliert werden, werden implizit Bestandskosten modelliert, auf die in Abschnitt 2.2 noch näher eingegangen wird.

nem geometrischen-Mittel-Index und einem arithmetischen-Mittel-Index differenzieren. Es ergibt sich, daß der geometrische-Mittel-Index dem arithmetischen-Mittel-Index in bezug auf die Höhe des Handelsvolumen, der Gewinne der Informierten und der Verluste der *Liquidity-Trader* überlegen ist. Bhushan (1991) modelliert *Liquidity-Trader*, die ihre Nachfrage über mehrere verschiedene Finanztitel streuen, um ihre Handelskosten[15] zu minimieren. Neben den *Liquidity-Tradern* handelt ein monopolistisch Informierter, der über unternehmensspezifische Informationen verfügt. Keiner der Marktteilnehmer kennt das marktspezifische Risiko. Er zeigt, daß sich ohne Noise der Handel auf dem Markt mit dem geringsten Informationsnachteil der *Liquidity-Trader* konzentriert und die anderen Märkte zusammenbrechen. Dagegen diversifizieren die *Liquidity-Trader* bei Noise ihre Anlagen auf mehrere Märkte. Chowdhry und Nanda (1991) unterscheiden zwischen informierten Marktteilnehmern, großen und kleinen *discretionary Liquidity-Tradern* und kleinen *non-discretionary Liquidity-Tradern*. Die kleinen *discretionary Liquidity-Trader* unterscheiden sich von den großen, da sie ihre Anlageentscheidung nicht auf mehrere Märkte splitten können. Im Gegensatz zu Bhushan (1991) können die Investoren denselben Finanztitel auf unterschiedlichen Märkten handeln. Analog zu Bhushan (1991) zeigen Chowdhry und Nanda (1991), daß die kleinen *discretionary Liquidity-Trader* auf den gleichen Märkten wie die *non-discretionary Liquidity-Trader* handeln und somit sich der Handel auf diese Märkte konzentriert. Die Informierten können höhere Gewinne erzielen, wenn die Märkte nicht die gleichen Informationen enthalten, da die Strategie der Informierten weniger durchschaubar ist, als wenn sie nur auf einem Markt handeln könnten.

Auch Back (1993) verknüpft mehrere Märkte, wobei der Schwerpunkt seiner Arbeit darin besteht, den Preiszusammenhang zwischen dem Optionsmarkt und dem zugrundeliegenden Aktienmarkt zu untersuchen. Er zeigt, daß unter Berücksichtigung von Handel und asymmetrischer Informationsverteilung Optionen nicht mehr durch Arbitrageüberlegungen bewertet werden können. Der Grund liegt darin, daß der Optionspreis Informationen über den Wert des Underlyings enthält.

2.1.1.2 Market-Maker-Modelle

In der Literatur wird von der Vorstellung ausgegangen, daß der Bid-Ask-Spread aus drei Kostenkomponenten[16] besteht: den Auftragsbearbeitungskosten, den Bestandskosten und den Kosten der adversen Selektion.[17] Die Gewinne eines Market-Maker bei unvollkommenem Wettbewerb stellen eine vierte Komponente des Spreads dar.

---

[15] Handelskosten entsprechen dem Preis, den die *Liquidity-Trader* zahlen müssen, um den *Specialist* (Market-Maker an der NYSE [New York Stock Exchange] werden als *Specialists* bezeichnet.) für die Verlustgeschäfte mit dem Informierten zu kompensieren.

[16] Vgl. z.B. Stoll (1989).

[17] Auf eine Gliederung der Literatur unter dem Aspekt der einzelnen Spread-Komponenten wird noch im Kapitel 2.2 eingegangen.

Market–Maker–Modelle bei asymmetrischer Informationsverteilung erklären die Höhe des Spreads ausschließlich durch die Existenz asymmetrischer Informationsverteilung zwischen den Marktteilnehmern. Die Grundidee geht dabei auf eine Arbeit von Bagehot (1971) zurück. Bagehot (1971) gibt folgende Intuition für die Existenz eines positiven Spreads bei asymmetrischer Informationsverteilung. Der Market–Maker erleidet Verluste, wenn er mit Informierten handelt. Auf der anderen Seite erzielt er Gewinne, wenn er mit Uninformierten handelt. Daraus folgt, je größer der Spread des Market–Makers ist, desto höhere Verluste erleidet der Market–Maker, wenn er mit Informierten handelt, und desto mehr Gewinne erzielt er, wenn er mit Uninformierten handelt. Dabei ist die Höhe des Gewinns aus Geschäften mit Uninformierten abhängig von der Preiselastizität der Nachfrage der Uninformierten. Copeland und Galai (1983) formalisieren diese Intuition von Bagehot (1971), indem sie den Bid–Ask–Spread als Entschädigung zwischen den erwarteten Gewinnen mit Uninformierten und den erwarteten Verlusten mit Informierten in einem Ein–Perioden–Modell modellieren. Hierzu fassen sie den Market–Maker als Stillhalter zweier Optionen (eines Calls und eines Puts) auf. Der Bidpreis ist der Basispreis des Puts und der Askpreis ist der Basispreis des Calls. Die Differenz der Ausübungspreise bestimmt die Höhe des Bid–Ask–Spreads. Da die Informierten die Option haben, nicht mit dem Market–Maker zu handeln, erwirtschaftet der Market–Maker generell Verluste beim Handel mit Informierten.

Die für die neuere Literatur maßgebliche Arbeit geht auf Glosten und Milgrom (1985) zurück.[18] Im Gegensatz zu Copeland und Galai (1983) berücksichtigen Glosten und Milgrom (1985) auch, daß der Orderfluß selbst Informationen enthält. Folglich revidiert der Market–Maker seine Quotes nach dem Handel. Wenn zum Beispiel ein Investor das riskante Wertpapier kauft, muß der Market–Maker aufgrund der Existenz von Informierten davon ausgehen, daß mit größerer Wahrscheinlichkeit als vor dem letzten Handel der Kurs des Wertpapiers steigt. Somit erhöht der Market–Maker den Askpreis und den Bidpreis. Im Gleichgewicht entspricht der Bidpreis (Askpreis) dem Erwartungswert des zukünftigen Wertpapierkurses unter der Voraussetzung, daß die nächste Order eine Verkaufsorder (Kauforder) ist.
Glosten und Milgrom (1985) zeigen auch, daß allein die Anwesenheit von Besserinformierten am Markt zur Existenz einer positiven Spanne führt, selbst wenn Market–Maker im Durchschnitt Nullgewinne erzielen und keinen Bestandskosten sowie Auftragsbearbeitungskosten unterliegen. In einer Erweiterung von Glosten und Milgrom (1985) analysieren Easley und O'Hara (1987) die Abhängigkeit der Preisstrategie des Market–Makers von der Auftragshöhe. Große Auftragshöhen weisen darauf hin, daß die Wahrscheinlichkeit des informationsinduzierten Handels zunimmt. Unsicherheit darüber, ob neue Informatio-

[18] O'Hara (1995) klassifiziert die Modelle, die auf Glosten und Milgrom (1985) aufbauen, als Signalisierungsspiele, in denen untersucht wird, wie die Market–Maker vom Orderfluß lernen. Auf einen expliziten Vergleich der Ergebnisse dieser Modelle mit dem Modell der hier vorliegenden Arbeit wird in Kapitel 5.1.3 noch eingegangen.

nen existieren, kann das Zustandekommen von *Blocktrades* erklären. Wie auch schon in ihrem Ansatz von 1987 differenzieren Easley und O'Hara (1992) zwischen Zeitpunkten, zu denen neue Informationen auftreten, und solchen, zu denen keine neuen Informationen an den Markt gelangen. Sie weisen nach, daß die Höhe des Spreads abnimmt, wenn die Zeitspanne zwischen zwei Handelszeitpunkten zunimmt, da mit höherer Wahrscheinlichkeit keine neuen Informationen auf den Markt kommen. Vogler (1993) untersucht im Gegensatz zu den bisher diskutierten Modellen, die auf Glosten und Milgrom (1985) aufbauen, unterschiedlich informierte Market–Maker, die auf demselben Markt Quotes stellen. Die Market–Maker haben die Möglichkeit durch den Orderfluß neue Signale über die zukünftige Kursentwicklung zu erhalten, da sie ständig am Markt ihrer Bereitstellungsaufgabe nachkommen müssen. Innerhalb eines Zwei–Periodenmodells wird gezeigt, daß die Market–Maker, die einen Informationsvorsprung gegenüber den anderen Market–Makern haben, in der zweiten Periode als Quasi–Insider handeln. Folglich ist in der ersten Periode der Spread kleiner als in der zweiten Periode, da die Market–Maker, die keine neuen Informationen erhalten, sich durch einen größeren Spread gegen die besser informierten Market–Maker absichern.

Wie auch die Modelle, die Kyle (1985) auf mehrere Märkte erweitern, finden sich in der theoretischen Literatur zur Modellierung von Spreads auch Ansätze, in denen mehrere Märkte kombiniert werden. Dazu zählen z.B. die Arbeiten von John et al. (1991), Biais und Hillion (1991, 1994) und Easley et al. (1994).

Biais und Hillion (1991) leiten die optimale Handelsstrategie eines Informierten innerhalb eines Modells ab, das mehrere Märkte für Derivate zu demselben Underlying kombiniert. Sie sind die einzigen Autoren, die alle drei Kostenkomponenten eines Market–Makers simultan betrachten. Ihr wesentliches Resultat ist, daß der Spread von risikoadjustierten und informationsadjustierten Erwartungen über den Endwert des Wertpapiers abhängt. In einer weiteren Arbeit modellieren Biais und Hillion (1994) *Liquidity–Trader* als risikoaverse Erwartungsnutzenmaximierer, die ihr Risiko hedgen, das aufgrund zustandsabhängiger Schocks entsteht, denen ihr Endvermögen unterliegt. Anstatt mehrere Optionsmärkte auf dasselbe Underlying zu kombinieren, liegt der Schwerpunkt ihrer Analyse in der Untersuchung des Preiszusammenhangs zwischen dem Options– und Aktienmarkt. Die Einführung einer Option, die den Markt vervollständigt, hat zwei gegensätzliche Effekte.[19] Auf der einen Seite führt die Einführung einer Option auf das Underlying dazu, daß der Marktzusammenbruch verhindert wird, so daß Handel stattfindet und der Orderfluß Informationen enthält. Auf der anderen Seite nimmt die Vielfalt der Portefeuillestrategien der Informierten zu. Wie Biais und Hillion (1994) charakterisieren Easley et al. (1994) und John et al. (1991) das Preisstellungsproblem eines kompetitiven Market–Makers in einem Modell, das sequentiellen Handel sowohl auf dem Aktien– als auch auf dem Optionsmarkt berück-

[19] Unter einem vollständigen Markt wird ein Markt verstanden, in dem die Anzahl der Umweltzustände, die morgen eintreten können, gleich der Anzahl der Wertpapiere ist, die gehandelt werden können.

sichtigt. Sie unterstellen im Gegensatz zu Biais und Hillion (1994) eine preisunelastische Nachfrage der *Noise-Trader*. Easley et al. (1994) können mit Hilfe ihres Modells erklären, warum das Optionsvolumen ein Indikator für einen informationsinduzierten Handel darstellt. Aufgrund einer empirischen Untersuchung mit Daten über in CBOE gehandelte Wertpapiere im Oktober und November 1990 bestätigen sie ihr theoretisches Resultat, daß das Optionsvolumen Informationen über zukünftige Aktienkurse enthält. John et al. (1991) liefern eine Erklärung für das empirische Phänomen, daß der Spread auf dem Aktienmarkt bei der Einführung von Optionen auf diese Aktie sinkt.

Krishnan (1992) zeigt den Zusammenhang zwischen dem Modell von Glosten und Milgrom (1985) sowie dem von Kyle (1985) im Rahmen einer diskreten Zeitmodellierung auf. Er weist nach, daß die Preise, die aus der Preisstellungsregel in der binären Version von Kyles Modell resultieren, als Quotes interpretiert werden können. Der Preis innerhalb des Rahmens von Kyle (1985), der gestellt wird, wenn eine Kauftransaktion bzw. Verkaufstransaktion stattgefunden hat, entspricht dem Askpreis bzw. Bidpreis innerhalb des Modells von Glosten und Milgrom (1985). Folglich kann die Differenz zwischen dem gestellten Preis nach einer Kauftransaktion und einer Verkaufstransaktion, der im Kyle-Modell abgeleitet wird, als Spread interpretiert werden. Die Lösung von Kyle (1985) kann in die Lösung von Glosten und Milgrom (1985) überführt werden, indem der exogen vorgegebene Orderfluß der *Noise-Trader* als Funktion des Anteils der Informierten angesehen wird. Kyle (1985) leitet eine lineare Preisregel ab und weist selbst darauf hin, daß das Produkt aus dem Liquiditätsparameter λ und dem Handelsvolumen als der halbe Spread verstanden werden kann.

2.1.2 Modelle zu unterschiedlichen Erwartungen und Handelsmotiven

Gemäß der Abbildung 2.1 werden noch die anderen beiden Erklärungsansätze für das Zustandekommen von Handel in diesem Abschnitt diskutiert.

Fremault (1991) differenziert zwischen Hedgern und Spekulanten, die entweder auf dem Aktien- oder auf dem Futuresmarkt handeln, sowie Index-Arbitrageuren, die auf beiden Märkten handeln. Sowohl der Aktien- als auch der Futuresmarkt sind nach dem Auktionsprinzip organisiert. Fremault (1991) charakterisiert den Einfluß von Indexarbitrageuren auf den Gleichgewichtspreis und die Preisvolatilität.

De Long et al. (1990a, 1990b) untersuchen die Portefeuillestrategie von Marktteilnehmern mit rationalen und nichtrationalen Erwartungen. Das Ziel dieser Modelle besteht darin, eine optimale Handelsstrategie der rationalen Investoren unter Berücksichtigung der nichtrationalen Investoren abzuleiten. De Long et al. (1990a) betrachten nichtrationale Investoren, die die erwartete Rendite des riskanten Finanztitels überschätzen. Aufgrund des Anlageverhaltens der nichtrationalen Investoren entsteht zusätzlicher Noise, der ein höheres Risiko für die Arbitrageure bedeutet. Folglich wird weniger arbitragiert, wodurch die Preise volatiler werden. In ihrer Arbeit von 1990b zeigen De Long et al. auch, daß die

Preise volatiler werden. Diese Tatsache erklären sie durch das Anlageverhalten der Chartisten. Chartisten sind dadurch gekennzeichnet, daß sie Wertpapiere kaufen, wenn die Preise fallen, und verkaufen, wenn die Preise steigen. Erhalten die rationalen Investoren ein Signal für steigende Kurse, verkaufen sie mehr aufgrund des zusätzlichen Angebots von den Chartisten. Dadurch treiben die rationalen Investoren die Preise mehr, als es dem Informationswert entspricht, in die Höhe. Wie auch De Long et al. (1990a,1990b) so erklären Harris und Raviv (1993) die Tatsache des Zustandekommens von Handel, indem sie Investoren modellieren, die die gleichen Informationen erhalten, aber den Informationsgehalt unterschiedlich interpretieren. ("*differences in opinion*")
Das Modell von Bühler und Kempf (1994) enthält sowohl Investoren mit unterschiedlichen Erwartungen als auch differierenden Handelsmotiven. Mit Hilfe ihres Gleichgewichtsmodells bewerten sie die Glattstellungsoption eines risikoneutralen Arbitrageurs in Futureskontrakten mit endogener Basis.[20]

2.2 Komponenten zu Bid–Ask–Spreads

In diesem Abschnitt wird die Literatur zur Analyse von Spreads systematisiert und der eigene Ansatz grob eingeordnet. Die Abbildung 2.3 verdeutlicht die Gliederung dieses Abschnitts. Gemäß der historischen Entwicklung werden zuerst die theoretischen Erklärungsansätze zu Spreads dargestellt, daran anschließend empirische Arbeiten zur Komponentenschätzung von Spreads vorgeführt.

[20] Vgl. auch Kempf (1996).

Abbildung 2.3. Übersicht zur Literatur über Spreads

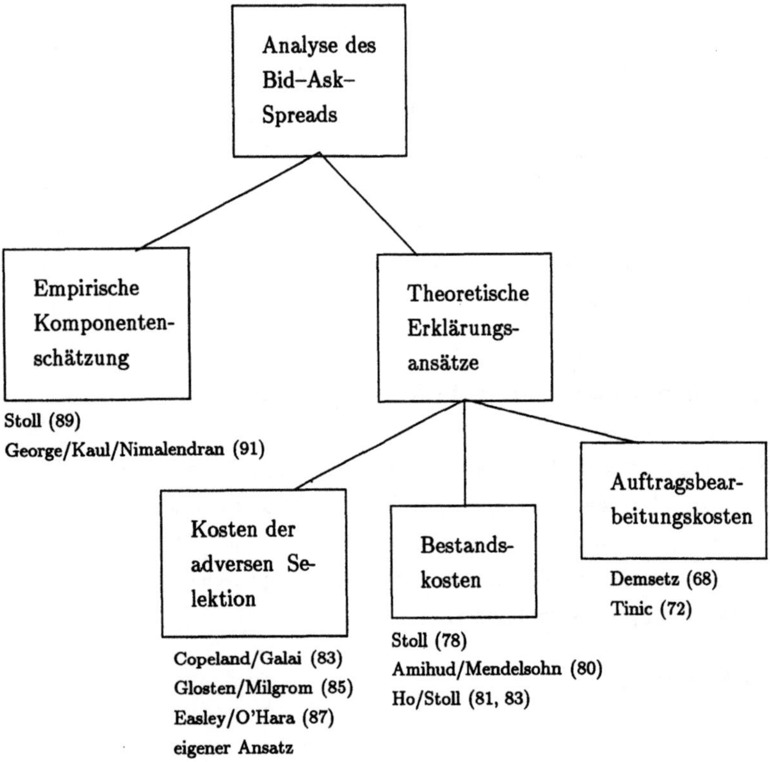

2.2.1 Theoretische Erklärungsansätze zu Komponenten von Spreads

In der Literatur zur Erklärung von Spreads bilden sich im wesentlichen zwei unterschiedliche, aber keineswegs konkurrierende theoretische Ansätze heraus, die bei den verschiedenen Kostenkomponenten des Spreads ansetzen. Die eine Gruppe beschäftigt sich nur mit der Komponente der adversen Selektion, während die zweite Gruppe nur die Komponente der Bestandskosten in Betracht zieht. Bevor sich diese beiden Ansätze herausgebildet haben, hat Demsetz (1968) als erster ein formales Modell zur Existenz von Spreads entwickelt, in dem er den Market–Maker als einen Wertpapierhändler auffaßt, der als Anbieter eines Transaktionsservices sofortigen Abschluß garantiert.[21] Das bedeutet, daß Demsetz (1968) die Orderabwicklungskosten[22] als Erklärung für die Existenz von Spreads heran-

[21] Demsetz (1968) schreibt dazu: *The inclusion of the ask–bid spread in transaction costs can be understood best by considering the neglected problem of "immediacy" in supply and demand analysis.*

[22] Die Auftragsbearbeitungskosten werden auch als Orderabwicklungskosten bezeichnet.

zieht. Tinic (1972) kritisiert Demsetz (1968), da dieser nicht die Zusammensetzung des Portefeuilles des Market–Makers, das Preisrisiko sowie strukturelle Determinanten der Nachfrage in Betracht zieht.[23]

Entsprechend der historischen Entwicklung werden zuerst die Modelle aufgeführt, die positive Spreads allein aufgrund der Existenz des Risikos des Bestands an Wertpapieren von Market–Makern erklären.[24]

Garman (1976) geht von der Vorstellung aus, daß das Eintreffen der Aufträge einen Einfluß auf die Bestände eines Market–Makers an Wertpapieren ausübt. Er nimmt an, daß die Ankunft von Kauf- und Verkaufsorders Poissonverteilt sind und leitet in Abhängigkeit von der Ankunftsrate der Orders den optimalen Bid- und Askpreis ab. Die Höhe des Spreads wird durch die Reduzierung des Konkursrisikos des Market–Makers bestimmt. Ein positiver Spread ist folglich notwendig, da ein Market–Maker sonst mit Sicherheit Konkurs erleidet. Der Aufsatz von Garman (1976) bildet den Ausgangspunkt für weitere Modelle zu Bestandskosten wie z.B. die Modelle von Ho und Stoll (1981, 1983) und Amihud und Mendelsohn (1980).

Stoll (1978) setzt sich mit den Bestandskosten eines Market–Makers auseinander, indem er den Market–Maker im Gegensatz zu Amihud und Mendelsohn (1980) als risikoaversen Wertpapierhändler in einem Ein–Periodenmodell modelliert. Der Market–Maker bietet seinen Service unter Unsicherheit an. Daher besteht für ihn wie für jeden Investor das Preisrisiko, d.h. die Gefahr, seinen Wertpapierbestand zu einem zu hohen bzw. niedrigen Preis auf- bzw. abzubauen. Zusätzlich zu dem Preisrisiko ist der Market–Maker im Vergleich zu Marktteilnehmern ohne Market–Maker–Status aufgrund seiner Bereitstellungsaufgabe gezwungen, für ihn suboptimale Portefeuilles zu wählen. Diese suboptimalen Portefeuilles können ein zu hohes Risiko – gemessen an effizienten Portefeuilles in Relation zur erwarteten Rendite – aufweisen. Diese Tatsache ist auf ein positives unsystematisches Risiko zurückführbar, das generell durch Diversifikation vermeidbar ist. Das systematische Risiko wird durch eine höhere erwartete Rendite des Wertpapierbestandes kompensiert. Der Spread kompensiert somit den Market–Maker für die mangelnden Möglichkeiten, das unsystematische Risiko durch Diversifikation zu umgehen. Stoll (1978) zeigt auch, daß die Spreadhöhe unabhängig vom Bestand an Wertpapieren eines Market–Makers ist.

Ho und Stoll (1981) erweitern Stoll (1978), indem sie eine optimale Preis- und Handelspolitik für einen monopolistischen Market–Maker über einen mehrperiodigen Zeitraum ableiten. Nach einer Bestandsänderung werden die Ask- und Bidpreise parallel erhöht bzw. gesenkt. Sie zeigen analog zu Stoll (1978), daß die Höhe des Spreads unabhängig vom Bestand an Wertpapieren des Market–Makers ist. Die Höhe des Spreads hängt vom Zeithorizont des Market–Makers ab. Ferner ergibt sich, daß, je kürzer der Handelszeitraum wird, desto mehr sinkt das Risiko des Market–Makers, ungewollte Positionen einzugehen,

[23] Grossman und Miller (1988) betrachten die Liquidität als Preis für den Sofortigkeitsservice.

[24] O'Hara (1995) gibt eine Einführung in die Modelle zu Bestandskosten.

da das Risiko in einem kürzeren Zeitraum abnimmt, Aufträge von Investoren zu bedienen, die nicht im Einklang mit seinen Diversifikationswünschen stehen. Diese Tatsache bedingt, daß die Höhe des Spreads fällt. Im Grenzfall, d.h. gegen Ende des Zeithorizontes, legt der Market-Maker den Spread fest, bei dem seine erwarteten Gewinne maximal bei vorgegebener stochastischer Nachfrage sind. Dabei ist zu bemerken, daß Ho und Stoll (1981) zeigen, daß sich der Spread in einen risikoneutralen Bestandteil und in eine Risikoprämie, die vom Risikoaversionsgrad des Market-Makers, der Varianz der Rendite sowie der Auftragshöhe abhängig ist, zerlegen läßt. Mildenstein und Schleef (1983) weisen auch nach, daß der Bestand eines monopolistischen Market-Makers keinen Einfluß auf die Höhe des Spreads ausübt. Sie unterscheiden zwischen den Transaktions- und den Haltekosten eines Market-Makers und weisen nach, daß der Spread steigt, wenn diese Kosten steigen. Ho und Stoll (1983) untersuchen aufbauend auf ihrem Ansatz von 1981 den Wettbewerb unter Market-Makern in einem mehrperiodigen Kontext. Sie zeigen, daß der Marktspread[25] durch den zweitbesten[26] Market-Maker sowohl auf der Kauf- als auch auf der Verkaufsseite gemäß einer Englischen Auktion (*first-price open-cry*) bestimmt wird.[27] Da die Bestände der Market-Maker unterschiedlich sind, ergeben sich unterschiedliche Reservationspreise der Market-Maker. So kann die Tatsache erklärt werden, daß die Höhe des Bid-Ask-Spreads im Gleichgewicht von verschiedenen Market-Makern bestimmt wird.[28] Biais (1993) vergleicht zentral organisierte und fragmentierte Märkte miteinander. Im Gegensatz zu Ho und Stoll (1983) kennen die Dealer nur die Verteilung über die Bestände der anderen Dealer.[29] Der erwartete Spread ist ceteris paribus betrachtet auf beiden Märkten identisch, während der Spread im zentral organisierten Markt volatiler als im fragmentierten Markt ist.
Amihud und Mendelsohn (1980) betrachten in Anlehnung an Garman (1976) einen monopolistischen risikoneutralen Market-Maker. Im Gegensatz zu Garman (1976) modellieren sie explizit die Entwicklungen der Bestände des Market-Makers an Wertpapieren. Der Bid-Ask-Spread ist im Gegensatz zu Stoll (1978), Ho und Stoll (1981, 1983) eine Funktion der Bestandsposition des Market-Makers. Die optimale Preisstellungspolitik des Market-Makers ist gekoppelt an eine optimale Bestandshaltung.

Der zweite Ansatz zur Erklärung von Spreads basiert auf dem Gedanken, daß eine asymmetrische Informationsverteilung die Höhe des Bid-Ask-Spreads bestimmt. Dieser Aspekt wurde bereits in Abschnitt 2.1.1.2 besprochen.

---

[25] Manche Autoren bezeichnen den Spread im Gleichgewicht auch als Marktspread. Die Bid- und Askseite dieses Spreads im Gleichgewicht stammen nicht notwendigerweise von demselben Market-Maker.

[26] Unter dem zweitbesten Preis wird der zweithöchste Reservationsbidpreis und der zweitniedrigste Reservationsaskpreis eines Market-Makers verstanden.

[27] Vgl. Rasmusen (1994), S. 293-307 zur Klassifikation von Auktionen. McAfee und McMillan (1987) geben eine Übersicht zur Auktionstheorie.

[28] Kuserk und Locke (1994) führen basierend auf der Arbeit von Ho und Stoll (1983) eine empirische Studie zum Futuresmarkt durch.

[29] In dieser Arbeit wird auch der Begriff *Dealer* für Market-Maker verwendet.

2.2.2 Empirische Arbeiten zu den Komponenten von Spreads

Die empirische Seite der Studien zu Bid–Ask–Spreads beschäftigt sich teilweise mit der Entwicklung von Schätzverfahren, zur Bestimmung des relativen Anteils der einzelnen Kostenkomponenten am Gesamtspread. Die Zerlegung des Bid–Ask–Spreads in seine Komponenten ist wichtig für die empirische Überprüfung der verschiedenen Modelle zur Mikrostruktur von Finanzmärkten.

Nach Roll (1984) ist der implizite Spread in einem effizienten Markt durch $2\sqrt{-cov}$ gegeben, wobei *cov* die seriellen Autokovarianzen der Preisänderungen sind.[30] Stoll (1989) kritisiert Roll (1984), da dieser unter alleiniger Berücksichtigung der Auftragsbearbeitungskosten ein implizites Maß für den realisierten Bid–Ask–Spread entwickelt hat.[31]

Stoll (1989) schätzt die Komponenten des Bid–Ask–Spreads auf Grundlage der Transaktionspreise und Quotes von NASDAQ–notierten Aktien[32] im Oktober, November und Dezember 1984. Sein Schätzverfahren verwendet das theoretische Ergebnis der Modelle zu Bestandskosten und der Modelle der adversen Selektion, daß der realisierte Spread kleiner als der quotierte Spread ist.[33] Aus dem Bestandskostenansatz folgt, daß der Market–Maker seine Preise senkt (erhöht), wenn zuletzt eine Kauftransaktion (Verkaufstransaktion) seitens des Market–Makers stattgefunden hat, damit seine Bestandspositionen ausgeglichen sind. Ebenso ändert der Market–Maker seine Preise, wenn er nur Kosten der asymmetrischen Informationsverteilung zu berücksichtigen hat.[34] Wenn der Bid–Ask–Spread nur Orderabwicklungskosten enthielte, wäre der quotierte gleich dem realisierten Spread wie im Ansatz von Roll (1984). Eine weitere wichtige Idee von Stoll (1989) ist die, daß die Differenz zwischen dem quotierten und dem realisierten Spread den Kosten der adversen Selektion entspricht.[35] Stoll (1989) berechnet, daß die Kosten der adversen Selektion (43 %) und die Orderabwicklungskosten (47 %) die Hauptbestandteile des Spreads sind. Dagegen beträgt der Anteil an Bestandskosten 10 %.

De Jong et al. (1996) führen die Nachteile des von Stoll (1989) entwickelten Schätzers der Komponenten auf. Sie zeigen, daß der Schätzer in den Fällen ineffizient ist, in denen direkt Informationen über die von Marktteilnehmern initiierten Transaktionen verfügbar sind. Zweitens vernachlässigt Stoll (1989), daß Transaktionen Einfluß auf die Preise in den nachfolgenden Perioden und nicht nur auf die direkt nachfolgende Periode ausüben. Die-

---

[30] Chang und Chang (1993) erweitern den Ansatz von Roll (1984) auf ineffiziente Märkte, indem sie auch serielle Korrelationen des Preisstellungsverhaltens und das Eintreffen der Orders berücksichtigen. Auch Followill und Rodriguez (1991) verallgemeinern die Methode von Roll (1984) auf einen Datensatz, der nur Transaktionen enthält, die zu Preisänderungen führen.

[31] Smith und Whaley (1994) schätzen mit Hilfe der Methode der Momente den Bid–Ask–Spread von Futureskontrakten. Ihr Schätzer ist wie bei Roll (1984) und Stoll (1989) unabhängig von seriellen Kovarianzen der Preisänderungen.

[32] NASDAQ ist die Abkürzung für National Association of Securities Dealers Automated Quotation System.

[33] Der realisierte Bid–Ask–Spread ist die durchschnittliche Differenz zwischen dem Preis, zu dem der Market–Maker kauft, und dem Preis, zu dem er zu einem früheren Zeitpunkt verkauft. Vgl. Stoll (1989), S. 115.

[34] Vgl. auch die Ausführungen zum Modell von Glosten und Milgrom (1985).

[35] Vgl. Stoll (1989).

ser Aspekt ist in Bezug auf Bestandspolitik eines Market–Makers wichtig, da der Market–Maker sich nicht unbedingt direkt nach jeder Transaktion wieder glattstellen kann. Einen weiteren Kritikpunkt an Stoll (1989) erwähnen George et al. (1991), da er von der Annahme ausgeht, daß nur die Auftragsbearbeitungskosten zu Autokorrelationen der Transaktionspreise führen. Analog zu Glosten und Harris (1988) zerlegen George et al. (1991) den quotierten Spread in die Komponente der adversen Selektion und in die Orderabwicklungskomponente und vernachlässigen die Bestandskosten.[36] Sie konstruieren ein Maß für den Spread, das auf seriellen Kovarianzen der Differenz zwischen den Renditen aus Transaktionen und aus dem wahren Preis besteht. Als Ersatzgröße für den wahren Preis verwenden sie Bidpreise, was Kim und Ogden (1995) kritisieren. Kim und Ogden (1995) benutzen statt dessen den Mittelwert aus den Ask–und Bidpreisen als Ersatzgröße für den nicht beobachtbaren wahren Preis. George et al. (1991) schätzen, daß der Anteil der Komponente der adversen Selektion für NASDAQ–Aktien ca. 10 % beträgt. Hingegen schätzen Kim und Ogden (1995), daß die Komponente der adversen Selektion 50–60 % des Spreads von NYSE– und AMEX– (American Stock Exchange) Aktien beträgt. Diese Ergebnisse zeigen, daß es u.a. von der jeweiligen Schätzmethode und vom untersuchten Markt abhängig ist, wie hoch die einzelnen Komponenten des Spreads sind.[37] [38]

2.3 Einordnung des eigenen Ansatzes

Nachdem wichtige Aufsätze zur Mikrostruktur vorgestellt worden sind, wird im folgenden der eigene Ansatz zur Erklärung von Bid–Ask–Spreads von Aktienoptionen anhand der Abbildungen 2.1 und 2.3 eingeordnet. Ferner werden sowohl Schwachpunkte der Ansätze aus der Literatur als auch Unterschiede zu Modellen aus der Literatur herausgearbeitet. Wird das Kriterium *Handel und Marktorganisation* in Betracht gezogen, ist der eigene Ansatz eine Mischung aus den Modellen, die auf Glosten und Milgrom (1985) aufbauen, die ein Market–Maker–System bei asymmetrischer Informationsverteilung modellieren und aus den Modellen, die Handel aufgrund differierender Erwartungen über zukünftige Kursentwicklungen erklären. Das Modell dieser Arbeit beinhaltet Market–Maker, die Quotes stellen, sowie informierte und uninformierte Investoren. Unter den Uninformierten gibt es Optimisten und Pessimisten, die sich bezüglich ihrer Erwartungen über den zukünfti-

[36] Der Nachteil in der Untersuchung von Glosten und Harris (1988) besteht darin, daß sie keine Daten zu Quotes haben.

[37] Affleck et al. (1994) wenden die Schätzmethoden von Stoll (1989) und George et al. (1991) an, um die relative Höhe der Spreadkomponenten in einem Auktionsmarkt mit denen in einem kompetitiven Dealermarkt zu vergleichen.

[38] Lin et al. (1995) schätzen auf der Grundlage des Ansatzes von Stoll (1989) und von Huang und Stoll (1994) auch die Komponenten des Spreads an der NYSE und NASDAQ gehandelten Aktien (im Jahr 1988) und untersuchen den Zusammenhang zwischen den einzelnen Spreadkomponenten und dem Handelsvolumen.

gen Kurs der riskanten Wertpapiere unterscheiden.[39] Die Optimisten bzw. die Pessimisten erwarten mit größerer bzw. kleinerer Wahrscheinlichkeit steigende Kurse.

Das eigene Modell ist eher in der Richtung von Copeland und Galai (1983)[40] in bezug auf die Aufteilung des erwarteten Gesamtgewinns eines Market–Makers in die erwarteten Verluste aus Geschäften mit Informierten und die erwarteten Gewinne aus Geschäften mit Uninformierten anstatt in der Richtung von Glosten und Milgrom (1985) und den darauf beruhenden Erweiterungen einzuordnen. Da ein Schwerpunkt dieser Arbeit darin besteht, den Einfluß von unterschiedlichen Wettbewerbsformen auf den Bid–Ask–Spread zu untersuchen, werden Lerneffekte des Market–Makers nicht analysiert. Hingegen wird im Modell von Glosten und Milgrom (1985) und in darauf beruhenden Modellen gezeigt, wie ein Market–Maker aus dem Orderfluß Rückschlüsse auf neue Informationen ziehen kann.
Im Modell dieser Arbeit wird das Problem des Quotierens in folgender Weise analysiert: Zuerst stellt der Market–Maker seinen Ask– und Bidpreis. Im Anschluß daran geben die anderen Marktteilnehmer ihre Order auf Grundlage der vom Market–Maker quotierten Preise ab. Diese Handlungsabfolge wird gewählt, da die Preisstellungsstrategie des Market–Makers im Vordergrund steht, um die Existenz von Bid–Ask–Spreads zu erklären. Dagegen werden Verschleierungsstrategien der Informierten wie sie z.B. Biais und Hillion (1991), die auf Glosten und Milgrom (1985) aufbauen, untersuchen, vernachlässigt.

Im Gegensatz zu vielen Modellen[41], die das Modell von Glosten und Milgrom (1985) erweitern, wird in dieser Arbeit keine unelastische Nachfrage der Uninformierten unterstellt. Für die Aufhebung der Annahme einer unelastischen Nachfrage der Uninformierten lassen sich im wesentlichen zwei Gründe anführen. Erstens ist diese Vereinfachung nicht gerechtfertigt, da Spreads implizite Transaktionskosten der Marktteilnehmer sind, die der Market–Maker berücksichtigt. Zweitens, wenn die Entscheidung der Uninformierten durch eine Wahrscheinlichkeitsverteilung exogen vorgegeben wird und nur ein monopolistischer Market–Maker Kurse stellt, würde sich im Gleichgewicht ein Spread einstellen, bei dem die Informierten vom Optionsmarkt verdrängt würden und nur noch Uninformierte mit dem Market–Maker handeln. Da dieses Resultat nicht realistisch ist, wird das Verhalten der Uninformierten in dieser Arbeit endogenisiert, wobei die unterschiedlichen Erwartungen der Uninformierten, die sich wiederum von den Erwartungen des Market–Makers unterscheiden, dazu führen, daß es Uninformierte gibt, die tendenziell lieber Optionen kaufen und die Optionen tendenziell lieber verkaufen wollen. In der Literatur wird dieses Dilemma

---

[39] Auch Harstad und Phlips (1995) unterscheiden zwischen Marktteilnehmern mit inkonsistenten *beliefs*, die unterschiedliche Interpretationen, aber nicht unterschiedliche Information reflektieren. Darauf wird in der formalen Darstellung des Spiels (Kapitel 3.1) noch näher eingegangen.

[40] Auf den von Copeland und Galai (1983) herausgearbeiteten Aspekt, daß der gestellte Bidpreis bzw. der gestellte Askpreis vom Dealer als Basispreis eines Calls bzw. als Basispreis eines Puts aufgefaßt werden können, wird in dieser Arbeit nicht weiter eingegangen.

[41] wie z.B. Easley und O'Hara (1987), John et al. (1991)

dadurch gelöst, daß anstatt eines monopolistischen Market–Makers kompetetive Market–Maker, die im Bertrand–Wettbewerb untereinander stehen,[42] die Kurse stellen. Aufgrund der Wettbewerbssituation unter den Market–Makern ist es keine sinnvolle Preisstellungsstrategie für jeden einzelnen Market–Maker zu hohe Askpreise und zu niedrige Bidpreise zu stellen. Folglich ergeben sich im Gleichgewicht Quotes, zu denen die Informierten bereit sind zu handeln.

Zudem werden auch noch der Aktien–und der Anleihenmarkt, auf dem die Kurse nicht von einem Market–Maker gestellt werden, als Alternativmärkte für die Investoren eingeführt, um die Strategienmöglichkeiten der Uninformierten zu erweitern. Ansonsten hätten sie nur die Wahl zwischen dem Handel mit den Optionen und Nicht–Handel mit Optionen. Die Modellierung von Market–Makern, die nur auf dem Optionsmarkt und nicht auf den Kassamärkten handeln, ist zum Teil motiviert durch die Organisation der deutschen Finanzmärkte. Vereinfacht betrachtet ist der Aktienmarkt (z.B. die Frankfurter Börse) nach dem Auktionsmarktsystem organisiert, und größere Werte werden auch im variablen Handel gehandelt. Im Gegensatz zum Parketthandel ist IBIS ein Computerhandelssystem, in dem Wertpapierhändler Ask– und Bidpreise für größere Werte stellen. Dies wird auch freiwilliges Market–Making genannt. Der Optionsmarkt der DTB ist nach dem Market–Maker–System organisiert, in dem zusätzlich auch direkter Handel unter Marktteilnehmern ohne Market–Maker–Status möglich ist.
Speziell auf die Verknüpfung von Aktien- und Optionsmärkten sind John et al. (1991)[43], Easley et al. (1994) und Biais und Hillion (1994) eingegangen. Jedoch werden in den Ansätzen dieser Autoren im Gegensatz zum Modell dieser Arbeit die Quotes sowohl auf dem Aktien– als auch auf dem Optionsmarkt von unter Bertrand–Wettbewerb stehenden Market–Makern gestellt. Dadurch haben die Investoren nicht die Möglichkeit, auf einen alternativen Markt, in diesem Fall den Aktienmarkt, auszuweichen, auf dem die Preise unabhängig von Market–Makern sind, die eine asymmetrische Informationsverteilung unter den Marktteilnehmern unterstellen. Außerdem wird im eigenen Ansatz im Grundmodell die Annahme des Bertrand–Wettbewerbs unter Market–Makern aufgehoben. In diesem Fall können die Handelsgeschäfte nur über einen monopolistischem Market–Maker abgewickelt werden, der seinen erwarteten Gewinn maximiert.

Das Modell von Easley et al. (1994) ist mit dem Modell dieser Arbeit noch am ehesten verwandt. Jedoch weist dieses Modell auch einige Schwachpunkte auf, die im folgenden detailliert erläutert werden.
Easley et al. (1994) schließen simultanen *execute multiple* Handel (z.B.: Aktien long, Call

[42] Die Annahme des Bertrand–Wettbewerbs führt dazu, daß die Market–Maker im Durchschnitt Nullgewinne erzielen.

[43] John et al. (1991) betrachten den Aktienmarkt und speziell den Putmarkt und teilen die Klasse der Uninformierten in verschiedene Gruppen ein. Die eine Gruppe handelt nur auf dem Aktienmarkt, und die andere handelt mit Aktien und Puts (Hedger). Die Aufteilung ist willkürlich gewählt, und die Strategien der Uninformierten sind exogen gegeben.

short) aus.[44] Ein Teil der Market–Maker stellt die Kurse für Call– und Putoptionen und der andere Teil der Market–Maker die Kurse für Aktien. Easley et al. (1994) leiten Bedingungen ab, unter denen Informierte nur auf dem Aktien– oder Optionmarkt handeln[45] und unter denen sie sowohl auf dem Aktienmarkt als auch auf dem Optionsmarkt handeln.[46] Ihr Modell trifft jedoch keine Aussage darüber, wann es für Informierte günstiger ist, Calls zu (ver–) kaufen oder Puts zu verkaufen (kaufen). Folglich fehlen Bedingungen, unter denen die Informierten mit Calls und Puts oder nur mit einem von beiden in Abhängigkeit der Preisstrategie der Market–Maker handeln. Ein anderer Kritikpunkt ist der, daß Easley et al. (1994) von vorne herein voraussetzen, daß Informierte im *up*– (*down*)–Zustand sich zwischen Longpositionen (Shortpositionen) in Calls, Shortpositionen (Longpositionen) in Puts oder Longpositionen (Shortpositionen) in Aktien entscheiden anstatt diese Möglichkeiten aus einem Entscheidungskalkül der Informierten abzuleiten. Es wird in Kapitel 3 gezeigt, daß es für die Informierten unter Umständen optimal sein kann, Calls leerzuverkaufen, wenn die Informierten ein Signal für steigende Kurse erhalten.

Ein Schwerpunkt des Modells dieser Arbeit liegt darin, die Bid–Ask–Spreads unter unterschiedlichen Wettbewerbsformen abzuleiten und miteinander zu vergleichen. Daher werden im folgenden noch einige Ansätze aufgezeigt, die sich auch mit Bid–Ask–Spreads auseinandersetzen, aber sich nicht in die bisher aufgeführten Schemata (Kap. 2.1 und Kap. 2.2) einordnen lassen. Sie untersuchen den Wettbewerbsaspekt unter Market–Makern bei symmetrischer Informationsverteilung.
Dazu zählt die Arbeit von Gehrig und Jackson (1994). Sie untersuchen den indirekten Wettbewerb unter den Market–Makern. Indirekter Wettbewerb entsteht dadurch, daß jeweils ein Market–Maker Kurse für ein Wertpapier stellt und diese Wertpapiere untereinander korreliert sind. Daraus folgt, daß die Spreads im Gleichgewicht von der Korrelation der Wertpapiere abhängig sind. Dutta und Madhavan (1995) leiten Preisstellungssstrategien von Market–Makern, die untereinander im Wettbewerb stehen, innerhalb eines mehrperiodigen Kontextes ab. Sie zeigen, daß aufgrund geheimer Absprachen Bid–Ask–Spreads gestellt werden, die etwas größer als die Spreads sind, die sich ohne Absprache ergeben.
Der im folgende beschriebene Ansatz läßt sich auch nicht in die bisherigen Gliederungsschemen einordnen und wird daher separat aufgeführt. Yavas (1993) entwickelt ein Suchmodell zum Market–Making. Das bedeutet, daß die Investoren sich aussuchen können, ob sie lieber mit einem Market–Maker handeln oder Suchkosten aufwenden, einen Nicht–Market–Maker als Vertragspartner zu finden. Es ergibt sich, daß die Intensität des Suchens nach einem Vertragspartner zunimmt, wenn der Bid–Ask–Spread größer wird.

---

[44] Vgl. Easley et al. (1994), S. 8.

[45] Dies entspricht dem Separating–Gleichgewicht.

[46] Dies entspricht dem Pooling–Gleichgewicht.

Im folgenden Abschnitt werden strukturelle Eigenschaften des eigenen Modells eingeführt, die im nächsten Kapitel noch ausführlicher dargestellt werden, um nochmals den eigenen Ansatz von der Literatur abzugrenzen.

- Auf dem Optionsmarkt können nur die Marktteilnehmer mit dem Market–Maker handeln. Hingegen stellen sich die Kurse auf dem Aktien- und Anleihenmarkt unabhängig vom Market–Maker ein. Somit haben die Investoren die Möglichkeit, die vom Market–Maker gestellten Kurse zu umgehen, indem sie alternativ mit Aktien oder Anleihen handeln. Dadurch können Bedingungen entwickelt werden, unter denen der Optionsmarkt zusammenbricht, da die dort gestellten Preise zu ungünstig für die Investoren sind. Das heißt, daß die Situationen, in denen der Handel auf dem Optionsmarkt zusammenbricht, charakterisiert werden können.

- Es werden Bid–Ask–Spreads unter asymmetrischer Informationsverteilung, die sich bei vollkommenem und unvollkommenem Wettbewerb ergeben, miteinander verglichen. Somit ergibt sich der Bid–Ask–Spread im Gleichgewicht endogen nicht nur aus dem Optimierungskalkül der Investoren, sondern auch aus dem Gewinnmaximierungskalkül der Market–Maker. Im Gegensatz dazu ist nach Glosten und Milgrom (1985) der Askpreis (Bidpreis) der bedingte Erwartungswert des riskanten Wertpapierkurses unter der Bedingung, daß eine Kauftransaktion (Verkaufstransaktion) aus Sicht der Investoren stattfindet. Dieses Resultat ist eine unmittelbare Folge aus der Nullgewinnbedingung der Market–Maker. Die Autoren, die auf Glosten und Milgrom (1985) aufbauen, verwenden dieses Resultat. Der Gewinn eines einzelnen Market–Makers setzt sich aus dem Produkt des Bid–Ask–Spreads und dem erwarteten Handelsvolumen abzüglich der Kosten der adversen Selektion zusammen. Da sowohl die Strategien der Informierten als auch der Uninformierten sich endogen im Gleichgewicht ergeben, und die Investoren insbesondere selbst bestimmen können, wieviel Wertpapiere sie nachfragen, können die komparativ–statischen Eigenschaften der Gewinnfunktion eines Market–Makers abgeleitet werden.[47]

- Der eigene Ansatz wird der Kritik am Modell von Easley et al. (1994) gerecht, indem Bedingungen abgeleitet werden, unter denen die Informierten mit Puts, Calls oder mit Calls und Puts simultan handeln. Ebenso resultiert aus einem Entscheidungskalkül eine zustandsabhängige Portefeuillestrategie der informierten Investoren. Das bedeutet, es wird abgeleitet, wann die Informierten Short- oder Longpositionen in den Optionen eingehen.

- Zinserträge werden im Gegensatz zu den Modellen, die Erweiterungen von Glosten und Milgrom (1985) sind, nicht vernachlässigt. Glosten und Milgrom (1985) selbst sind in ihrem Modell auf den Effekt von Zinsen eingegangen. In dieser Arbeit

[47] Die Strategienmenge der Investoren ist stetig.

können die Effekte des risikolosen Zinssatzes auf den Spread und die Gewinne der Market–Maker untersucht werden. Es wird im Modell dieser Arbeit überprüft, ob das Resultat von Glosten und Milgrom (1985) auch im Kontext des in der hier vorliegenden Arbeit entwickelten Modells erhalten wird. Im weiteren Verlauf der Arbeit wird noch gezeigt, daß der risikolose Zinssatz auf den Spread einer Option einen anderen Einfluß als auf den Spread einer Aktie ausübt.[48]

- In dieser Arbeit werden empirische Hypothesen abgeleitet, die auf Ergebnissen des theoretischen Modells beruhen. Im Gegensatz dazu werden sonst häufig Ad–hoc Hypothesen wie z.B. in Lüdecke und Schlag (1992), formuliert und empirisch getestet.

[48] Nach dem Ansatz von Glosten und Milgrom (1985) ergibt sich, daß der Spread fallend im Zinssatz ist. Hingegen ist der Spread der Option eine steigende Funktion des Zinssatzes.

3

Analyse des Spreads von Calloptionen bei einem monopolistischen Market–Maker

In Abschnitt 3.1 werden die zentralen Ideen der Grundstruktur des Modells intuitiv erläutert und von den Modellen aus der Literatur zur Mikrostruktur von Finanzmärkten abgegrenzt. Ein kurzer Überblick über die Erweiterungen des Grundmodells wird am Ende von Abschnitt 3.1 gegeben.

Im nächsten Abschnitt wird die Modellstruktur formal beschrieben, und anschließend wird die Nachfrage der Investoren[1] abgeleitet (Abschnitt 3.3), aufgrund derer die optimalen Geld–und Briefkurse des Market–Makers (Abschnitt 3.4) bestimmt werden. Daraus resultiert der optimale Bid–Ask–Spread im Gleichgewicht. Aufbauend auf die gewonnenen Ergebnisse werden in Abschnitt 3.5 die komparativ–statischen Eigenschaften des Gleichgewichts untersucht. Zum Abschluß werden die wesentlichen Resultate zusammengefaßt.

3.1 Einführung

Das im folgenden skizzierte Modell erklärt die strategische Festlegung von Bid–Ask–Spreads durch den Market–Maker auf dem Aktienoptionsmarkt. Im Grundmodell werden nur Call–Optionen berücksichtigt. Es wird das Problem der adversen Selektion eines Market–Makers betrachtet, d.h. daß der Market–Maker nicht mit Sicherheit weiß, mit wem er handelt. Bestandskosten sowie Auftragsbearbeitungskosten finden keine Berücksichtigung.

Grundlage der weiteren Betrachtungen ist ein statisches Modell. Ferner können die Investoren mit drei verschiedenen Wertpapieren handeln: eine Option, die zugehörige Aktie, das Underlying der Option, und eine Anleihe. Auf dem Aktienmarkt und Anleihenmarkt sind die Kursentwicklungen exogen vorgegeben, so daß der risikolose Zinssatz der Anleihe exogen ist. Es wird angenommen, daß der Markteinfluß der Informierten und der anderen Investoren auf die Kassamärkte vernachlässigbar ist, da diese Märkte genügend liquide sind. Auf dem Optionsmarkt stellt der Market–Maker die Geld– und Briefkurse.

Alle Investoren haben eine Erstausstattung an Geld. Zusätzlich können sie Kredite bis zu einer exogen vorgegebenen Höhe aufnehmen. Für die Investoren bestehen beschränk-

[1] Anstatt von der Überschußnachfragekorrespondenz der Investoren wird in dieser Arbeit verkürzt von der *Nachfrage* der Investoren gesprochen. Dabei bedeutet ein positives Vorzeichen "Kauf" und ein negatives Vorzeichen "Verkauf" des jeweiligen Investors.

te Leerverkaufsmöglichkeiten für Aktien und Optionen. Wenn sie Optionen leerverkaufen, müssen sie heute Sicherheiten hinterlegen, die sie in der nächsten Periode verzinst zurückerhalten. Beim Leerverkauf von Aktien muß der erzielte Ertrag risikolos angelegt werden, und Sicherheiten müssen hinterlegt werden. Für den Market–Maker bestehen keine Leerverkaufs– und Kreditaufnahmebeschränkungen, damit er jederzeit seiner Bereitstellungsaufgabe nachkommen kann.

Im folgenden werden zwei wichtige Aspekte, die für die Preisstellung des Market–Makers von besonderer Bedeutung sind, aufgeführt und diskutiert:

1. Wer ist seine Marktgegenseite?

2. Wie ist die Wettbewerbssituation?

Ad 1.:
Es wird angenommen, daß die Marktgegenseite des Market–Makers aus Informierten und Uninformierten besteht. Die Gründe dafür sind die folgenden:
Man geht von der Vorstellung aus, daß am Markt Investoren sind, die über bessere bzw. mehr Informationen als der Market–Maker verfügen. Das bedeutet, daß sie besser als der Market–Maker und die übrigen Marktteilnehmer zukünftige Kursentwicklungen einschätzen und deshalb im Durchschnitt gewinnbringendere Transaktionen als der Market–Maker und die übrigen Marktteilnehmer tätigen können. Zur Vereinfachung wird der Extremfall unterstellt, daß die Informierten die zukünftige Realisation der Kurse kennen und alle Informierten den gleichen Informationsstand haben. Diese Annahme wird häufig in der Literatur zur Mikrostruktur von Märkten getroffen.[2]
Zusätzlich gibt es uninformierte Investoren, die keine Informationen über den zukünftigen Kursverlauf haben. Es wird zwischen zwei Gruppen von Uninformierten unterschieden: Optimisten und Pessimisten. Eine solche Unterscheidung ist realistisch, da die Uninformierten öffentlich bekannte Informationen unterschiedlich auswerten.[3] Jede der beiden Gruppen von Uninformierten ist homogen. Der Market–Maker nimmt an, daß die Wahrscheinlichkeiten für Kursanstieg und Kursabfall gleich sind. Dagegen erwarten die Optimisten eher steigende und die Pessimisten eher fallende Kurse. Folglich unterscheiden sich die Erwartungen der Investoren von den Erwartungen des Market–Makers. Die Erwartungen der Optimisten und der Pessimisten sind aus Sicht des Market–Makers verzerrt. Die unterschiedlichen Erwartungen der Investoren und des Market–Makers führen dazu, daß Handel auf dem Optionsmarkt stattfinden kann. Die Optimisten sind die Ursache dafür, daß Handel zum Askpreis stattfinden kann und die Pessimisten, dafür, daß Handel zum

---

[2] Alternativ haben z.B. Admati und Pfleiderer (1988) die Informationsbeschaffung der Informierten endogenisiert und unterschiedliche private Informationen zugelassen.

[3] Harris und Raviv (1993) z.B. entwickeln ein Modell, in dem spekulative Investoren die gleichen a priori *beliefs* haben und die gleichen Informationen erhalten, die sie aber in unterschiedlicher Weise interpretieren.

Bidpreis stattfinden kann.[4]
Der Anteil der Informierten an der Gesamtzahl aller Investoren ist exogen vorgegeben.

Ad 2.:
Die beiden Kassamärkte, auf denen die Kurse nicht von Market–Makern gestellt werden, stellen eine Alternativanlage für die Investoren dar. Daraus folgt, daß es für den Market–Maker sinnvoll ist, mit in sein Preisstellungskalkül einbeziehen, daß die Marktteilnehmer verstärkt oder ausschließlich auf den Kassamärkten handeln, falls die vom ihm gestellten Kurse zu ungünstig sind. John et al. (1991), Easley et al. (1994) und Biais und Hillion (1994) kombinieren den Terminmarkt mit dem Aktienmarkt. Im Gegensatz zu dem in dieser Arbeit formulierten Ansatz stellen einige Market–Maker in diesen Arbeiten auf dem Aktien– und andere Market–Maker auf dem Optionsmarkt Kurse. Daraus folgt, daß die Transaktionskosten der Marktteilnehmer bei den vorgenannten Autoren immer von den Kosten der adversen Selektion der Market–Maker abhängig sind. Dagegen sind in dem hier vorgelegten Modell die Transaktionskosten der Marktteilnehmer nur auf dem Optionsmarkt abhängig von den Kosten der adversen Selektion des Market–Makers. Das Modell dieser Arbeit ist daher kein Spezialfall der Modelle der oben genannten Autoren. Denn die Marktteilnehmer können auf die Kassamärkte ausweichen, wenn die vom Market–Maker gestellten Kurse zu ungünstig sind.

Aus diesen Ausführungen folgt, daß der Market–Maker zur Maximierung seiner erwarteten Gewinne beim Stellen der Geld– und Briefkurse die Portefeuillestrategien der Investoren berücksichtigt.
Die Handelsabfolge läßt sich wie folgt skizzieren:

1. Der Market–Maker quotiert seine Geld–und Briefkurse.
2. Die Marktteilnehmer geben ihre Aufträge ab.

Die Abwicklung von Geschäften ist also sequentiell.

Dieses Grundmodell wird in den Kapiteln 4, und 5 auf unterschiedliche Weisen erweitert.
Zuerst werden Puts als zusätzliche Wertpapiere eingeführt, da Market–Maker nicht nur Quotes für Calls sondern auch für Puts stellen. (Kap. 4) Desweiteren wird das Wettbewerbsverhalten der Market–Maker untereinander untersucht, da nicht nur ein, sondern mehrere Market–Maker Geld– und Briefkurse für Optionen stellen. (Kap. 5)

[4] Admati und Pfleiderer (1988) differenzieren zwischen verschiedenen Typen von Liquidity–Tradern. In einer späteren Arbeit (1991) unterscheiden sie zwischen Liquidity–Tradern, die ihr Handeln vorzeitig ankündigen und solchen, die ihr Handeln nicht vorher ankündigen. Biais und Hillion (1994) berücksichtigen drei Typen von Liquidity–Tradern. Vgl. auch die Ausführungen im zweiten Kapitel der Arbeit.

3.2 Modellstruktur

Die Grundlage zur Erklärung des Zustandekommens des Bid–Ask–Spreads bildet ein Ein-Perioden–Modell mit endlicher Zahl von Zuständen. Die Wertpapierhändler setzen sich zusammen aus einem monopolistischen Market–Maker sowie informierten und uninformierten Investoren. Der Market–Maker stellt für einen Call auf eine Aktie mit einem gegebenen Basispreis K_C Ask– und Bidpreise (A_C, B_C). Der Kursverlauf der Aktie wird durch eine Zufallsvariable beschrieben und der Kursverlauf der Anleihe ist exogen gegeben. Im folgenden werden die Begriffe Option und Call synonym verwandt, solange nur Call–Optionen betrachtet werden. Informierte und Uninformierte bilden die Marktgegenseite des Market–Makers.

Um die komparativ–statischen Eigenschaften der Höhe des Bid–Ask-Spreads im Gleichgewicht zu charakterisieren, wird schwerpunktmäßig die Preisstellungsstrategie des Market–Makers untersucht. Verschleierungsstrategien der Informierten, wie sie Kyle (1985) oder auch z.B. Biais und Hillion (1991) oder Easley et al. (1994) beschreiben, werden vernachlässigt.[5] Aus diesen Gründen ist die Handlungsabfolge derart, daß als erster der Market–Maker die Kurse stellt und dann die Investoren ihre Order abgeben.

Im folgenden wird der Ablauf des Spiels dargestellt. Die zugehörige Spielstruktur wird in der Abbildung 3.1 verdeutlicht.

---

[5] Holden und Subrahmanyam (1992) und Foster und Viswanathan (1996) verallgemeinern Kyles (1985) Modell, indem sie unterschiedlich Informierte betrachten. Sie untersuchen den dynamischen Wettbewerb zwischen unterschiedlich Informierten.

Abbildung 3.1. Spielstruktur

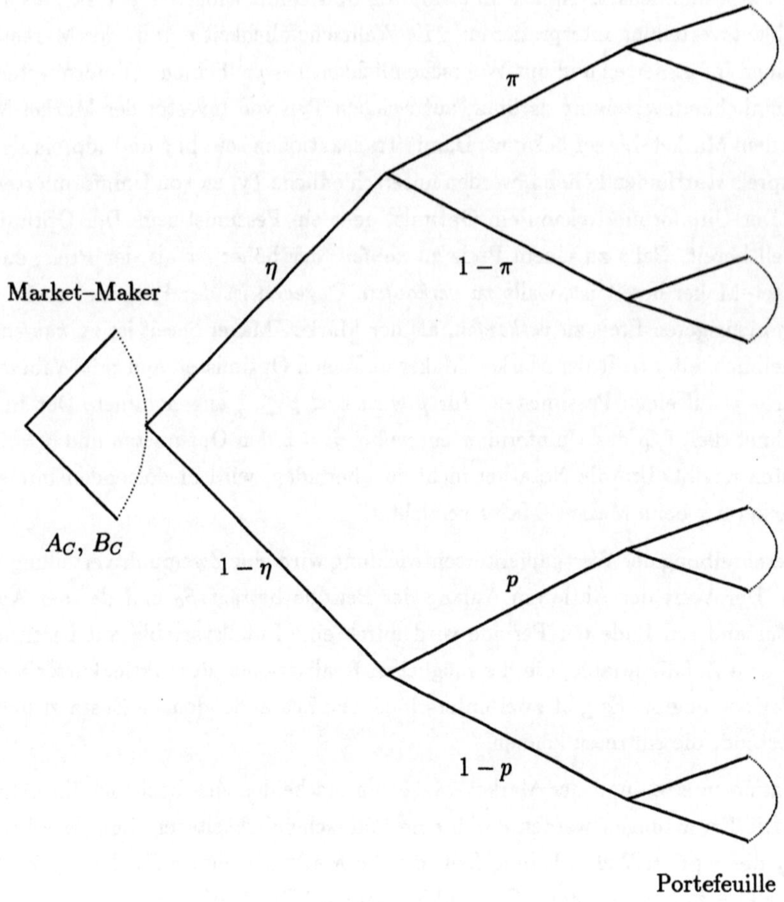

Als erster stellt der Market-Maker Bid- und Askpreise unter Berücksichtigung der Portefeuillestrategie der Investoren. Dann zieht die Natur den Typ des Investors, der die Möglichkeit hat, mit dem Market-Maker zu handeln. Im Anschluß daran entscheidet der jeweils gezogene Typ, ob er mit dem Market-Maker handelt. Kauft bzw. verkauft der Investor, findet die Transaktion zum Askpreis respektive zum Bidpreis statt. Wenn die vom Market-Maker gestellten Kurse zu ungünstig für die Investoren sind, kommt der Handel auf dem Optionsmarkt zum Erliegen.

Aus dieser Handlungsabfolge folgt, daß der Market-Maker im Gegensatz zu Glosten und Milgrom (1985) und deren Erweiterungen aus dem Orderfluß keine zusätzlichen Informationen gewinnen kann. Der Grund liegt darin, daß der Market–Maker vor der Orderabgabe der Investoren seine Quotes stellt.[6] Außerdem können die Uninformierten aus den vom Market–Maker quotierten Preisen keine Rückschlüsse auf die Kursentwicklungen ziehen.

Die Marktzusammensetzung aus Informierten und Uninformierten läßt sich als Wahrscheinlichkeitsverteilung interpretieren:[7] Mit Wahrscheinlichkeit η trifft der Market–Maker auf einen Informierten und mit Wahrscheinlichkeit $1-\eta$ auf einen Uninformierten. Die Wahrscheinlichkeitsverteilung darüber, auf welchen Typ von Investor der Market-Maker trifft, ist dem Market–Maker bekannt. Damit Transaktionen sowohl zum Bidpreis als auch zum Askpreis stattfinden können, werden unterschiedliche Typen von Uninformierten eingeführt. Der Uninformierte kann ein Optimist oder ein Pessimist sein. Der Optimist ist tendenziell bereit, Calls zu einem Preis zu *kaufen*, der höher ist als der Preis, zu dem der Market–Maker bereit ist, Calls zu *verkaufen*. Dagegen ist der Pessimist eher bereit, zu einem niedrigeren Preis zu *verkaufen*, als der Market–Maker bereit ist zu *kaufen*. Mit Wahrscheinlichkeit p trifft der Market–Maker auf einen Optimisten und mit Wahrscheinlichkeit $1-p$ auf einen Pessimisten. Für p wird $0 < p \leq \frac{1}{2}$ angenommen. Der Index j kennzeichnet den Typ des Uninformierten, wobei $j = 1$ den Optimisten und $j = 2$ den Pessimisten angibt. Um die Notation nicht zu überladen, wird im folgenden immer auf eine Indexierung beim Market–Maker verzichtet.

Zur Beschreibung der Wertpapierkursentwicklung wird eine Zweipunktverteilung angenommen. Der Wert der Aktie am Anfang der Periode beträgt S_0 und der der Anleihe 1. Der Zustand am Ende der Periode wird durch eine Zufallsvariable mit beschrieben. Es sei $\tilde{S}$ eine Zufallsvariable, die die möglichen Realisationen des Aktienkurses am Ende der Periode angibt. Es gibt zwei unterschiedliche Zustände, den *up*–Zustand und den *down*–Zustand, die eintreten können.

Die Uninformierten und der Market–Maker unterscheiden sich bezüglich ihrer Erwartungen. Die Erwartungen werden durch eine Wahrscheinlichkeitsverteilung beschrieben. Es sei π_j die a priori Wahrscheinlichkeit, die die Marktteilnehmer für den *up*–Zustand, respektive $(1-\pi_j)$ für den *down*–Zustand annehmen.[8] Der Market–Maker unterstellt die Gleichverteilung für die zukünftigen Kurse.
Die Optimisten bzw. die Pessimisten erwarten mit Wahrscheinlichkeit $\frac{1}{2}+\epsilon$ bzw. $\frac{1}{2}-\epsilon$ steigende und mit Wahrscheinlichkeit $\frac{1}{2}-\epsilon$ bzw. $\frac{1}{2}+\epsilon$ fallende Kurse, wobei $0 < \epsilon \leq \frac{1}{2}$ vorausgesetzt wird. Das bedeutet also, daß die *beliefs* des Market–Makers und der Uninformierten *inkonsistent* sind.[9] Die Höhe der Abweichung der Erwartung des Market–Makers

---

[6] Dies ist genau umgekehrt zur Idee vom Glosten/Milgrom–Modell. In ihrem Ansatz wird der Prozeß der Preisanpassung der Market–Maker nach einer Orderabgabe dargestellt. Vgl. auch O'Hara (1995), S. 77. Ausführlicher wird darauf noch im Kapitel 5.1.3 eingegangen, wenn die Resultate dieser Arbeit mit denen der Ansätze von Glosten und Milgrom (1985) etc. verglichen werden.

[7] Im folgenden wird deshalb auch teilweise nur von einem Informierten oder einem Uninformierten gesprochen.

[8] Wenn die a priori Wahrscheinlichkeit des Market–Makers gemeint ist, wird π nicht indexiert.

[9] Selten (1982) formalisiert als erster Spiele mit inkonsistenter unvollständiger Information. In einem Spiel mit inkonsistenten *beliefs* wird ein Vektor von Wahrscheinlichkeitsverteilungen einem Naturzug zugeordnet. Im

von den Erwartungen beträgt ϵ.[10] Da die verschiedenen Typen unterschiedliche Erwartungen haben, kann der Market–Maker damit rechnen, daß Uninformierte sowohl kaufen als auch verkaufen wollen.

Im Gegensatz zu dem Market–Maker und dem Uninformierten hat der Informierte vollkommene Information. Er kennt den Aktienkurs am Ende der Periode und damit den Wert des Calls am Ende der Periode.
Die Endwerte der Aktie werden als S_θ mit $\theta = u, d$ bezeichnet. Die Endwerte der Aktie sind bezüglich der Erwartungen des Market–Makers symmetrisch um den Erwartungswert des Aktienkurses μ_A aus Sicht der Market–Makers verteilt. Das bedeutet, daß die Gleichungen $S_u = \mu_A + \frac{1}{2}(S_u - S_d)$ und $S_d = \mu_A - \frac{1}{2}(S_u - S_d)$ gelten. Sowohl der Aktienkursverlauf als auch die Kursentwicklung der Anleihe sind ebenso wie die Endwertverteilung des Calls exogen gegeben. Letztere beträgt $C_\theta = max(S_\theta - K_C, 0)$, wobei K_C der Basispreis des Calls ist. Der Transaktionskurs des Calls am Anfang der Periode ergibt sich endogen aus der Interaktion des Market–Makers mit den Investoren.
Der risikolose Zinssatz wird mit $i \geq 0$ und der Aufzinsungsfaktor mit $r = 1 + i$ bezeichnet. Um Arbitragemöglichkeiten auszuschließen, wird $S_d < rS_0 < S_u$ vorausgesetzt.[11] Ferner soll $0 < S_d \leq K_C < S_u$ gelten. Diese Annahme führt dazu, daß der Call wertlos ist, wenn der Aktienkurs fällt. Der Call ist $S_u - K_C$ wert, wenn der Aktienkurs steigt. Zusätzlich werden zur Vereinfachung Dividendenerträge vernachlässigt.

Ferner wird angenommen, daß die Bedingung $\mu_A = rS_0$ erfüllt ist. Die Investoren und der Market–Maker sind risikoneutral[12]. Da der Market–Maker risikoneutral ist und $\mu_A = rS_0$ angenommen wird, ist der Market–Maker indifferent zwischen der risikolosen Anlage und der Anlage in das riskante Wertpapier, die Aktie. Der Erwartungswert des Aktienkurses μ_A aus Sicht des Market–Makers ist gleich dem aufgezinsten heutigen Aktienkurs S_0. Die Optimisten bzw. Pessimisten unterschätzen bzw. überschätzen den Gewinn aus der risikolosen Anlage im Vergleich zum erwarteten Gewinn aus den riskanten Anlagen. Dabei ist die Über– bzw. Unterschätzung der Uninformierten symmetrisch um μ_A verteilt. Die Höhe der Abweichung vom Erwartungswert des Aktienkurses im Vergleich zum Gewinn der risikolosen Anlage beträgt $\epsilon(S_u - S_d)$.
Es sei μ_C der Erwartungswert des Calls aus der Sicht des Market–Makers. Im weiteren wird

---

Spiel dieser Arbeit bezeichnet der Vektor (π, π_1, π_2) die Wahrscheinlichkeiten, daß der *up–Zustand* eintritt. Jeder Marktteilnehmer handelt bezüglich seiner Erwartungen rational. Hingegen wird in einem Spiel mit konsistenten *beliefs* nur eine Wahrscheinlichkeitsverteilung einem Naturzug zugeordnet. Das bedeutet im Rahmen des Modells dieser Arbeit, daß alle Marktteilnehmer mit gleicher Wahrscheinlichkeit einen Kursanstieg bzw. Kursabfall erwarten. Vgl. auch Güth (1985) zur Darstellung von Spielen mit inkonsistenter unvollständiger Information.

[10] Diese Abweichung ϵ wird im folgenden als der Grad der Verzerrung bezeichnet, da aus Sicht des Market–Makers die Erwartungen der Uninformierten verzerrt sind.

[11] Wenn die Bedingung $S_d < rS_0$ verletzt wäre, wäre risikolose Arbitrage möglich. Es sei z.B. $rS_0 < S_d$, dann wäre risikolose Arbitrage durch eine Longposition in der Aktie und Kreditaufnahme in der Höhe von S_0 zum risikolosen Zinssatz i möglich.

[12] Die Zielfunktionen der Investoren und des Market–Makers werden im Verlauf dieses Kapitels noch dargestellt.

angenommen, daß $\pi = \frac{1}{2}$ eine risikoadjustierte Wahrscheinlichkeit ist. In diesem Fall entspricht der mit r abgezinste Erwartungswert μ_C des Calls dem theoretischen Callpreis.[13]

Uninformierte, die die gleichen Erwartungen wie der Market–Maker haben, garantieren Handel auf dem Aktienmarkt, da zwischen ihnen und dem Market–Maker kein Handel zustande kommen kann. Dies wird in Abschnitt 3.3.1 noch näher erläutert. Die Modellierung einer Gruppe von Uninformierten, die die gleichen Erwartungen wie der Market–Maker haben, ändern nichts an den Resultaten bezüglich des Spreads im Gleichgewicht unter einem monopolistischen Market–Maker. Im fünften Kapitel wird auf die Unterschiede in den Resultaten eingegangen, wenn diese dritte Gruppe der Uninformierten berücksichtigt wird.

Damit aus der Struktur der Gleichungen erkennbar ist, wie der heutige Aktienkurs S_0 sowie der Erwartungswert des Aktienkurses μ_A in die noch zu entwickelnden Formeln eingeht, wird erst bei der Analyse der komparativen Statik in Abschnitt 3.5 die Gleichung $\mu_A = rS_0$ verwandt, um S_0 durch $\frac{\mu_A}{r}$ zu ersetzen.

Informierte und Uninformierte können mit drei Arten von Wertpapieren handeln. Zu den Wertpapieren zählen ein Call mit einem fest vorgegebenen Basispreis K_C und Verfallstermin sowie die dem Call zugrundeliegende Aktie und eine Anleihe mit fest vorgegebener Verzinsung. Die Anleihe ist am Anfang der Periode 1 wert und am Ende der Periode $1+i$. Alle Geschäftsabschlüsse für Optionen müssen über den Market-Maker abgeschlossen werden. Durch diese Annahme wird ausgeschlossen, daß die Investoren untereinander handeln können.

Die Investoren haben ein Anfangsvermögen in der Höhe von G. Um unendliche Verschuldung der Investoren auszuschließen, sind die Kreditaufnahmemöglichkeiten der Anleger beschränkt. Für den Leerverkauf von Calls müssen die Investoren Sicherheiten[14] Z_C in Geld hinterlegen. Pro leerverkauftem Call beträgt die Höhe der Sicherheit $Z_C > B_C$. Wenn die Investoren Optionen leerverkaufen, hinterlegen sie am Anfang der Periode Sicherheitszahlungen, die sie am Ende der Periode verzinst zurückerhalten. Die Sicherheitsleistung wird mit dem Faktor r aufgezinst. Die Höhe der Ausgaben für den Leerverkauf von Aktien wird mit $Z_S > S_0$ bezeichnet. Dabei setzt sich Z_S wie folgt zusammen:

$$Z_S = S_0 + \gamma S_0, \quad \text{mit } 0 < \gamma \leq 1 \tag{3.1}$$

Das bedeutet, daß die Investoren für den Leerverkauf von Aktien Sicherheitsleistungen und den Mittelzufluß aus dem Leerverkauf hinterlegen. Die Höhe der Mittelabflüsse für den Leerverkauf beträgt somit S_0 pro leerverkaufter Aktie plus der Höhe der Sicherheitsleistungen γS_0 pro leerverkaufter Aktie. Somit ist der Mittelabfluß pro leerverkaufter Aktie höher als der Mittelzufluß, der pro leerverkaufter Aktie S_0 beträgt. Daher haben die Investoren nicht die Möglichkeit, den Erlös aus dem Leerverkauf von Aktien zu nutzen,

[13] In diesem Fall kann in der komparativen Statik auch mit dem theoretischen Callpreis argumentiert werden.
[14] Vgl. Börsenordnung der DTB, VII, §33.

um Calls zu kaufen.
Aus Vereinfachungsgründen wird die Höhe von Z_S so festgelegt, daß die maximale Anzahl an Aktien, die leerverkauft werden können, so hoch ist, wie die maximale Anzahl an Aktien, die vom Budget der Investoren gekauft werden können. Das bedeutet, daß $Z_S = 2S_0$ und $\gamma = 1$ ist.[15]

Damit der Market–Maker seiner Bereitstellungsaufgabe einfacher nachkommen kann, bestehen für ihn keine Leerverkaufsbeschränkungen, Kreditlimits und Positionslimits.[16]
Es sei x^i_A die Nachfrage nach Aktien, x^i_C die Nachfrage nach Calls und x^i_B die Nachfrage nach Anleihen des i–ten Investortyps, wobei $i = I, U_j$ und $j = 1, 2$. Der Typ des Investors wird mit dem Index i bezeichnet, wobei I der Informierte und U_j der Uninformierte ist.
Aus den bisherigen Überlegungen ergeben sich zwei Nebenbedingungen, die die Investoren einhalten müssen. Es handelt sich dabei um die Budgetrestriktion und die Verschuldungsbeschränkung. Die beiden Nebenbedingungen lauten:

- Budgetrestriktion:

$$\begin{aligned} G = {} & x^i_B + \\ & + \; max(x^i_A, 0)\, S_0 + |min(x^i_A, 0)|\, (Z_S - S_0) + \\ & + \; max(x^i_C, 0)\, A_C + |min(x^i_C, 0)|\, (Z_C - B_C), \quad i = I, U_j, \quad j = 1, 2 \end{aligned} \tag{3.2}$$

- Verschuldungsbeschränkung (beschränkte Kreditaufnahme):

$$x^i_B + \alpha \quad G \geq \; 0, \qquad \text{mit } \alpha \geq 0, \quad i = I, U_j, \quad j = 1, 2 \tag{3.3}$$

Dabei sei α die maximale Kreditaufnahmemöglichkeit. In der Budgetrestriktion (3.2) stellt die erste Zeile auf der rechten Seite die Nachfrage nach Anleihen der Investoren dar. In der zweiten bzw. in der dritten Zeile werden die möglichen Aktionen der Investoren mit Aktien bzw. mit Optionen dargestellt. Wenn der Investor Aktien bzw. Calls kauft, bezahlt er $x^i_A S_0$ bzw. $x^i_C A_C$. Wenn der Investor Aktien leerverkauft, bezahlt er zu Beginn der Periode den Betrag Z_S und erhält S_0 pro Aktie. Wenn er Calls leerverkauft, zahlt er am Anfang der Periode eine Sicherheitleistung von Z_C und erhält B_C pro Call. Somit beträgt die Höhe seiner Ausgaben für den Leerverkauf von Calls $|x^i_C|(Z_C - B_C)$. Folglich gibt der Investor am Anfang der Periode Mittel aus, um Aktien oder Calls leerzuverkaufen.
Wenn die Ungleichung (3.3) in die Gleichung (3.2) eingesetzt wird, ergibt sich:

$$\begin{aligned} (1 + \alpha)G \geq {} & \\ & max(x^i_A, 0)\, S_0 + |min(x^i_A, 0)|\, (Z_S - S_0) + \\ + \; & max(x^i_C, 0)\, A_C + |min(x^i_C, 0)|\, (Z_C - B_C), \quad i = I, U_j, \quad j = 1, 2 \end{aligned} \tag{3.4}$$

---

[15] Das hier beschriebene Prinzip für den Leerverkauf von Aktien ist an das amerikanische System angelehnt. Dort beträgt $\gamma = 0,5$. Vgl. Cox und Rubinstein (1985), S. 103.

[16] Laut Börsenordnung VII, §31 dürfen Market–Maker kurzfristig Positionslimits überschreiten. Ein Positionslimit für Optionen ist die maximale Anzahl von Optionskontrakten, in denen ein Marktteilnehmer engagiert sein darf. Vgl. Börsenordnung der DTB, VII, §30.

Die Ungleichung (3.4) beschreibt die Handelsmöglichkeiten der Investoren, die in der Abbildung 3.2 graphisch dargestellt werden.

Die Nebenbedingung (3.4) beschreibt einen Simplex mit vier Ecken. Die Ecken repräsentieren die maximale Anzahl an Calls und Aktien, mit denen die Investoren handeln können. Alle Punkte, die innerhalb des Simplex und auf dem Rand des Simplex liegen, repräsentieren mögliche Portefeuilleentscheidungen (Strategien) der Investoren. Dabei ist die Höhe der Sicherheitsleistung für Calls so gewählt, daß die maximale Anzahl der Calls, die leerverkauft werden können, gleich der maximalen Anzahl an Calls ist, die gekauft werden können.

Abbildung 3.2. Die Strategiemöglichkeiten der Investoren

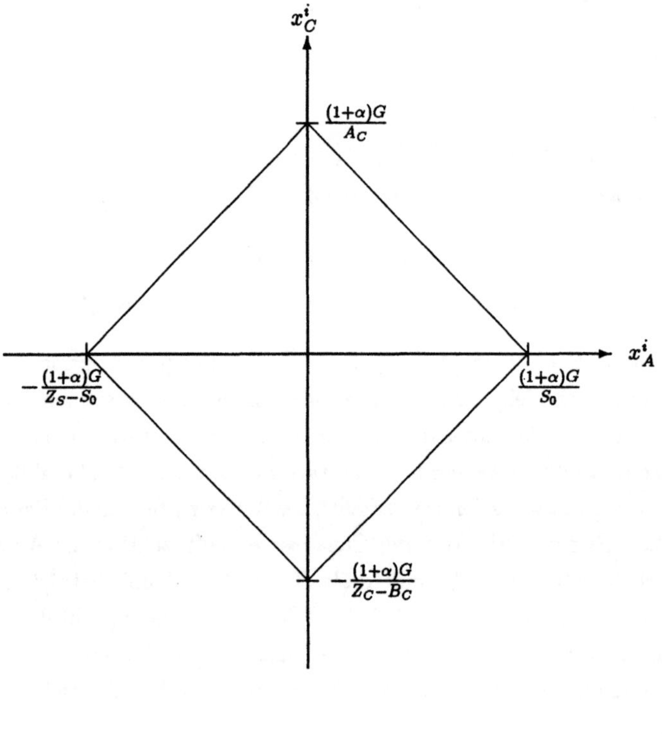

Die Abbildung 3.2 ist eine Verallgemeinerung der Budgetmenge eines Konsumenten im Zwei–Güter–Fall, wie sie in der Haushaltstheorie dargestellt wird.

Es sei $\tilde{C}$ eine Zufallsvariable, die die möglichen Realisationen des Callkurses am Ende der Periode beschreibt. Ferner sei $\tilde{W}^i$ eine Zufallsvariable, die die möglichen Realisationen des Nettoendgewinns des i–ten Investors beschreibt. Dann ist der Nettoendgewinn $\tilde{W}^i$ des Investors i wie folgt gegeben:

$$\begin{aligned} \tilde{W}^i &= max(x_A^i, 0)\,(\tilde{S} - S_0) \\ &+ |min(x_A^i, 0)|\,[rZ_S - \tilde{S} - (Z_S - S_0)] \\ &+ max(x_C^i, 0)\,(\tilde{C} - A_C) \\ &+ |min(x_C^i, 0)|\,[rZ_C - \tilde{C} - (Z_C - B_C)] \\ &+ x_B^i\,(r-1), \quad i = I, U_j, \quad j = 1,2 \end{aligned} \tag{3.5}$$

Die erste Zeile stellt den Nettogewinn bzw. –verlust aus dem Kauf von Aktien dar. In der zweiten Zeile steht der Nettogewinn bzw. –verlust aus Leerverkäufen von Aktien. Die dritte Zeile spiegelt den Nettogewinn bzw. –verlust aus Callkäufen wieder. Die vierte Zeile gibt den Nettogewinn bzw. –verlust aus Calleerverkäufen wieder. Am Anfang der Periode wird pro Call eine Sicherheitsleistung in der Höhe von Z_C bezahlt, die der Investor am Ende der Periode verzinst in der Höhe von rZ_C zurückerhält. Nettogewinne aus der risikolosen Anlage werden in der fünften Zeile wiedergegeben.

Wird die Gleichung (3.2) in die Gleichung (3.5) eingesetzt, folgt für den Nettoendgewinn $\tilde{W}^i$:

$$\begin{aligned} \tilde{W}^i &= i\,G \\ &+ x_A^i\,(\tilde{S} - rS_0) \\ &+ x_C^i\,\tilde{C} - r[max(x_C^i, 0)\,A_C + min(x_C^i, 0)\,B_C], \quad i = I, U_j, \quad j = 1,2 \end{aligned} \tag{3.6}$$

In der weiteren Analyse wird die Gleichung (3.6) anstatt der Gleichung (3.5) aus rechentechnischen Gründen weiter verwandt.

Im folgenden werden die Maximierungsprobleme der Marktteilnehmer dargestellt.

Der Uninformierte maximiert den Erwartungswert seines Gewinns gemäß seiner Erwartungen unter Berücksichtigung der Nebenbedingung (3.4). Zur besseren Übersicht wird der Index i der Nachfrage zur Beschreibung der Maximierungsprobleme des Uninformierten und Informierten weggelassen. Jeder Typ des Uninformierten wählt aufgrund seiner Erwartungen seine eigene Anlagestrategie.

$$\begin{aligned} &\max_{x_A, x_C} \quad E^{U_j}(\tilde{W}^{U_j}) \\ &u.d.N. \quad (3.4), \qquad j = 1,2 \end{aligned} \tag{3.7}$$

Für den Informierten ist jeweils nur ein Zustand relevant. Es wäre somit für den Market-Maker wichtig zu wissen, wie der Informierte sich in jedem möglichen Zustand verhält. Der Informierte maximiert für jeden Zustand separat seinen Gewinn.

$$\max_{x_{A_\theta}, x_{C_\theta}} \quad W_\theta^I \qquad \text{u.d.N.} \quad (3.4), \qquad \theta = u, d \tag{3.8}$$

Aus dem Maximierungsproblem ergibt sich für jeden Zustand eine separate Nachfrage nach Calls (Aktien) $x_{C_\theta}^I$ $(x_{A_\theta}^I)$ $\theta = u, d$.

Der Market–Maker maximiert seinen erwarteten Gewinn aus den Geschäften mit dem Informierten und dem Uninformierten.

Der Term $x_C r A_C$ stellt den Erlös aus dem Verkauf von x_C Calls für den Market-Maker dar, da er am Anfang der Periode pro verkauftem Call A_C erhält und diesen Betrag risikolos zum Zinssatz i wiederanlegen kann. Wenn er Calls verkauft, beträgt die Höhe seiner Ausgaben entweder $x_C C_\theta$ oder $x_C \mu_C$ je nachdem, mit welchem Anlegertyp er handelt. Dagegen stellen $-x_C r B_C$ seine Ausgaben für den Kauf von Calls dar, da er am Anfang der Periode pro leerverkauftem Call B_C bezahlen muß. Wenn der Market-Maker den Betrag $B_C x_C$ risikolos angelegt hätte, wäre dieser Betrag in der nächsten Periode $r B_C x_C$ wert. Er erzielt am Ende der Periode in Abhängigkeit vom Typ Erlöse in Höhe von $x_C C_\theta$ oder $x_C \mu_C$, wenn er selbst Calls zum Bidpreis kauft. Folglich lautet das Optimierungsproblem des Market-Makers:

$$\begin{aligned}
\max_{A_C, B_C;\, 0 \le B_C \le A_C \le C_u} \quad & \eta \; \Big\{ \pi \big[max(x_{C_u}^I, 0)\,(rA_C - C_u) \\
& \qquad + min(x_{C_u}^I, 0)\,(rB_C - C_u) \big] \\
& \qquad + (1-\pi) \big[max(x_{C_d}^I, 0)\,(rA_C - C_d) \\
& \qquad + min(x_{C_d}^I, 0)\,(rB_C - C_d) \big] \Big\} \\
+ (1-\eta) \; & \Big\{ p \big[max(x_C^{U_1}, 0)\,(rA_C - \mu_C) \\
& \qquad + min(x_C^{U_1}, 0)\,(rB_C - \mu_C) \big] \\
& \qquad + (1-p) \big[max(x_C^{U_2}, 0)\,(rA_C - \mu_C) \\
& \qquad + min(x_C^{U_2}, 0)\,(rB_C - \mu_C) \big] \Big\}
\end{aligned} \tag{3.9}$$

Der erste und dritte Term in der geschweiften Klammer stellt die Verluste aus Verkaufsgeschäften mit Informierten dar, der zweite und vierte die Verluste aus Kaufgeschäften mit Informierten. In der fünften und siebten Zeile stehen die Gewinne aus Verkaufsgeschäften mit Uninformierten. Dagegen spiegeln die sechste und achte Zeile die Gewinne aus Kaufgeschäften mit Uninformierten wider.

Die Strategienmenge des Market–Makers wird formal durch $\{A_C \in [0, C_u], B_C \in [0, C_u]\}$, wobei $B_C \leq A_C$ und die der Investoren $\{x_A \in \mathbb{R}, x_C \in \mathbb{R}$, wobei die Ungleichung (3.4) erfüllt sein muß.$\}$ beschrieben.

In der weiteren Analyse dieses Spieles wird das Konzept des teilspielperfekten Gleichgewichts nach Selten (1965) als Lösungskonzept verwandt. Da es sich um ein endliches Spiel handelt, kann das Gleichgewicht mittels Rückwärtsinduktion ermittelt werden.

3.3 Nachfrageverhalten der Investoren

Das Ziel des nächsten Abschnittes besteht darin, die Nachfrage der Investoren abzuleiten und deren Eigenschaften zu diskutieren.

Zur besseren Übersicht werden zuerst einige Abkürzungen eingeführt.
Es sei $\mu_{k,j}$, $j = 1, 2$ $k =$ A(ktie), C(all) der Erwartungswert des Wertpapierkurses k. Der Index j steht für den Typ des Uninformierten.
Diese Erwartungswerte sind wie folgt definiert:

$$\begin{aligned}
\mu_A &= \frac{1}{2}(S_u + S_d) \\
\mu_C &= \frac{1}{2}(C_u + C_d) \\
\mu_{A,1} &= \mu_A + \epsilon(S_u - S_d) \\
\mu_{C,1} &= \mu_C + \epsilon(C_u - C_d) \\
\mu_{A,2} &= \mu_A - \epsilon(S_u - S_d) \\
\mu_{C,2} &= \mu_C - \epsilon(C_u - C_d)
\end{aligned}$$

Da die Gleichung $\mu_A = rS_0$ gilt, ist rS_0 größer als $\mu_{A,2}$ und kleiner als $\mu_{A,1}$.
Zur Vereinfachung wird im folgenden das Vermögen in der Höhe G zuzüglich der maximal möglichen Kreditaufnahme in der Höhe von α als Budget bezeichnet.[17] Da die Zielfunktion der Uninformierten und der Informierten linear in den Mengen ist, sind ihre Portefeuillewahlen 0–1 Entscheidungen. Das bedeutet, daß sie entweder ihr gesamtes Budget in Aktien (Kauf oder Leerverkauf) oder Calls (Kauf oder Leerverkauf) investieren oder risikolos anlegen. Daraus folgt, daß nur Eckpunkte des Simplexes, der sich aus der Nebenbedingung (3.4) ergibt, als Lösung in Frage kommen.

Grundsätzlich kommen die folgenden Portefeuillestrategien in Frage:

i.) nur Aktienkauf:

$$x_A = \frac{(1+\alpha)G}{S_0}, \qquad x_C = 0, \qquad x_B = -\alpha G$$

[17] Das bedeutet, daß das Budget gleich $(1+\alpha)G$ ist.

ii.) nur Aktienleerverkauf:

$$x_A = -\frac{(1+\alpha)G}{Z_S - S_0}, \qquad x_C = 0, \qquad x_B = -\alpha G$$

iii.) nur Callkauf:

$$x_A = 0, \qquad x_C = \frac{(1+\alpha)G}{A_C}, \qquad x_B = -\alpha G$$

iv.) nur Calleerverkauf:

$$x_A = 0, \qquad x_C = -\frac{(1+\alpha)G}{Z_C - B_C}, \qquad x_B = -\alpha G$$

v.) nur Anleihenkauf: (risikolose Anlage)

$$x_A = 0, \qquad x_C = 0, \qquad x_B = G$$

Vorerst wird die Höhe der Sicherheitsleistung Z_C für Calls nicht fixiert. Im Gleichgewicht wird Z_C so festgelegt, daß die Anzahl an maximal möglichen leerverkauften Calls gleich der von Callkäufen ist. Dadurch kann im weiteren Verlauf der Arbeit das Gleichgewicht besser analysiert werden.

In den nächsten beiden Unterabschnitten wird für jeden Marktteilnehmer die Nachfrage nach Wertpapieren hergeleitet. Hierzu wird zunächst die Überlegung angestellt, welche der Portefeuillestrategien für die Investoren von vorne herein nicht gewinnmaximal sind. Die erwarteten Nettoendgewinne der Investoren werden in diesem Kapitel immer unter Verwendung der Gleichung (3.6) berechnet. Daran anschließend werden die Indifferenzbedingungen abgeleitet. Das bedeutet, daß kritische Preise berechnet werden, unter denen die Investoren indifferent zwischen zwei Portefueillestrategien sind. Basierend auf diesen Überlegungen werden die Nachfragestrategien formal dargestellt. Am Ende wird jeweils das Nachfrageverhalten der jeweiligen Investoren graphisch dargestellt.

3.3.1 Investitionsverhalten der Uninformierten

Da zwei Gruppen von Uninformierten am Markt sind, ergibt sich für den jeweiligen Typ von Uninformierten eine andere Nachfrage nach Calls. Es wird zuerst die Nachfrage der Optimisten und danach die Nachfrage der Pessimisten nach Calls entwickelt.

3.3.1.1 Investitionsverhalten der Optimisten

Beim Vergleich der erwarteten Nettoendgewinne ergibt sich, daß der erwartete Nettoendgewinn beim Leerverkauf von Aktien und bei der risikolosen Anlage immer kleiner als beim Kauf von Aktien ist. Folglich scheiden die Aktionen ii.) und v.) als optimale

Portefeuillestrategie für die Optimisten von vorne herein aus. Daher wird der erwartete Nettoendgewinn beim Kauf von Aktien i.) mit denen beim Kauf von Calls iii.) und Leerverkauf von Calls iv.) verglichen.[18]

1. Fall: i.) versus iii.) (Aktie long versus Call long)

$$\begin{aligned} iG + \tfrac{(1+\alpha)G}{S_0}[\mu_{A,1} - rS_0] &= iG + \tfrac{(1+\alpha)G}{A_C}[\mu_{C,1} - rA_C] \\ \Leftrightarrow A_{C,1}^{krit} &= \frac{\mu_{C,1}S_0}{\mu_{A,1}} \end{aligned} \tag{3.10}$$

Beim Askpreis von $A_{C,1}^{krit} = \frac{\mu_{C,1}S_0}{\mu_{A,1}}$ sind die Optimisten indifferent zwischen dem Kauf von Aktien und Calls.

2. Fall: i.) versus iv.) (Aktie long versus Call short):

$$\begin{aligned} iG + \tfrac{(1+\alpha)G}{S_0}[\mu_{A,1} - rS_0] &= iG - \tfrac{(1+\alpha)G}{Z_C - B_C}[\mu_{C,1} - rB_C] \\ \Leftrightarrow B_{C,1}^{krit} &= \frac{\mu_{C,1}S_0 + (\mu_{A,1} - rS_0)Z_C}{\mu_{A,1}} \end{aligned} \tag{3.11}$$

Es folgt, daß die Optimisten beim Bidpreis von $B_{C,1}^{krit} = \frac{\mu_{C,1}S_0 + (\mu_{A,1} - rS_0)Z_C}{\mu_{A,1}}$ indifferent zwischen Longpositionen in Aktien und Shortpositionen in Calls sind.

Da die Optimisten mit größerer Wahrscheinlichkeit steigende Aktienkurse anstatt fallende Aktienkurse erwarten, ist der Verkauf von Aktien für sie nicht sinnvoll. Ist der gestellte Askpreis A_C kleiner als ein kritischer Askpreis $A_{C,1}^{krit}$ und der Bidpreis B_C kleiner als ein kritischer Bidpreis $B_{C,1}^{krit}$, kaufen sie nur Calls. Beim kritischen Askpreis $A_{C,1}^{krit}$ sind sie indifferent zwischen dem Kauf von Aktien oder Calls. Ist der Askpreis größer als $A_{C,1}^{krit}$ und der Bidpreis kleiner als $B_{C,1}^{krit}$, handeln sie nicht mit Calls, sondern sie kaufen nur Aktien. Ist der Bidpreis gleich dem kritischen Bidpreis $B_{C,1}^{krit}$, sind sie indifferent zwischen dem Leerverkauf von Calls und dem Kauf von Aktien. Sind sowohl der Askpreis als auch der Bidpreis größer als die kritischen Preise, verkaufen die Optimisten nur Calls leer.

Die Nachfrage der Investoren wird nach folgender Struktur dargestellt:
Zuerst wird in Abhängigkeit vom Ask– und Bidpreis aufgezeigt, unter welchen Voraussetzungen die Investoren ausschließlich Calls kaufen. Die zweite Zeile zeigt auf, unter welchen Bedingungen sie indifferent zwischen dem Kauf von Calls und dem Handel mit Aktien sind. Die dritte Zeile gibt wieder, wann die Investoren nur Calls leerverkaufen. Die vierte Zeile beschreibt die Kombination vom Bidpreis und Askpreis, für die sie indifferent zwischen Calleerverkäufen und dem Handel mit Aktien sind. Die Preiskombination in der letzten Zeile zeigt auf, in welchen Fällen die Investoren nicht mit Calls handeln.

Die Nachfrage der Optimisten lautet folgendermaßen:

[18] Die Berechnung der erwarteten Nettoendgewinne erfolgt unter Verwendung der Gleichung (3.6).

$$x_C^{U_1}(A_C, B_C) = \begin{cases} \frac{(1+\alpha)G}{A_C}, & \text{wenn } 0 \leq A_C < A_{C,1}^{krit} \text{ und } 0 \leq B_C < B_{C,1}^{krit}, \\ \omega_1, & \text{wenn } A_C = A_{C,1}^{krit} \text{ und } 0 \leq B_C < B_{C,1}^{krit}, \\ -\frac{(1+\alpha)G}{Z_C - B_C}, & \text{wenn } A_C > A_{C,1}^{krit} \text{ und } B_C > B_{C,1}^{krit}, \\ -v_1, & \text{wenn } A_C > A_{C,1}^{krit} \text{ und } B_C = B_{C,1}^{krit}, \\ 0, & \text{wenn } A_C > A_{C,1}^{krit} \text{ und } B_C < B_{C,1}^{krit}. \end{cases}$$

Dabei sind $0 \leq \omega_1 \leq \frac{(1+\alpha)G}{A_C}\Big|_{A_C = A_{C,1}^{krit}}$ und $0 \leq v_1 \leq \frac{(1+\alpha)G}{Z_C - B_C}\Big|_{B_C = B_{C,1}^{krit}}$.

Die beiden kritischen Preise werden durch die Grenzlinien in der Abbildung 3.3 repräsentiert. Die vertikale Linie trennt den Bereich "Kauf von Calls" vom Bereich "Kauf von Aktien". Die horizontale Linie differenziert zwischen dem Bereich "Verkauf von Calls" und "Kauf von Aktien".

Es ist für die Optimisten günstiger von Longpositionen in Calls in Longpositionen in Aktien umzuschichten sowie von Shortpositionen in Calls in Longpositionen in Aktien. In der Abbildung 3.3 wird dieser Sachverhalt dadurch deutlich, daß sich die Grenzlinien im Bereich $B_C \leq A_C$ nicht schneiden. Die Möglichkeiten ii.) und iv.) brauchen nicht mehr verglichen werden, da der Fall, daß die Optimisten von Longpositionen in Calls in Shortpositionen in Calls umschichten, nicht vorkommt. [19]

Die Abbildung 3.3 veranschaulicht das Nachfrageverhalten der Optimisten.

[19] Eine analoge Argumentation gilt auch für Herleitung der Nachfrage der anderen Investoren. Daher wird dann nicht mehr auf ein Vergleich der erwarteten Nettoendgewinne von Longpositionen und Shortpositionen in Calls eingegangen.

Abbildung 3.3. Die Nachfrage der Optimisten

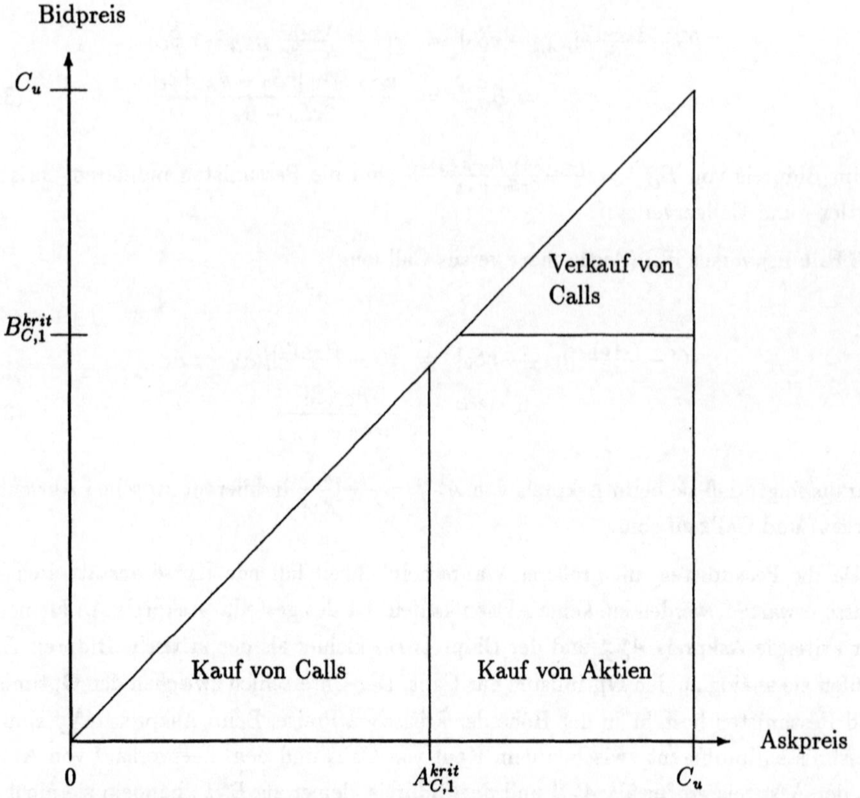

Der kritische Bidpreis und der kritische Askpreis der Optimisten erfüllen folgende Eigenschaft:

$$A_{C,1}^{krit} < B_{C,1}^{krit}$$

Das bedeutet, daß der Preis, zu dem die Optimisten Calls kaufen wollen, immer kleiner ist, als der Preis, zu dem sie Calls leerverkaufen wollen. Da der Market–Maker jedoch einen Askpreis stellt, der größer als der Bidpreis ist, kann entweder nur eine Kauf– oder Verkaufstransaktion zwischen dem Market–Maker und den Optimisten stattfinden.

3.3.1.2 Investitionsverhalten der Pessimisten

Beim Vergleich der erwarteten Nettoendgewinne ergibt sich, daß der erwartete Nettoendgewinn beim Leerverkauf von Aktien ii.) höher als der beim Kauf von Aktien i.) sowie bei der risikolosen Anlage v.) ist. Folglich müssen nur noch die erwarteten Nettoendgewinne beim Leerverkauf von Aktien mit dem Kauf von Calls iii.) und dem Leerverkauf von Calls verglichen werden. Es wird im folgenden Z_S immer durch $2S_0$ substituiert.

1.Fall: ii.) versus iv.)(Aktie short versus Call short)

$$\begin{aligned} iG - \tfrac{(1+\alpha)G}{S_0}[\mu_{A,2} - rS_0] &= iG - \tfrac{(1+\alpha)G}{Z_C - B_C}[\mu_{C,2} - rB_C] \\ \Leftrightarrow B_{C,2}^{krit} &= \frac{\mu_{C,2}S_0 + [rS_0 - \mu_{A,2}]Z_C}{2rS_0 - \mu_{A,2}} \end{aligned} \tag{3.12}$$

Beim Bidpreis von $B_{C,2}^{krit} = \frac{\mu_{C,2}S_0 + (rS_0 - \mu_{A,2})Z_C}{2rS_0 - \mu_{A,2}}$ sind die Pessimisten indifferent zwischen Aktien- und Calleerverkauf.

2.Fall: ii.) versus iii.) (Aktie short versus Call long)

$$\begin{aligned} iG - \tfrac{(1+\alpha)G}{S_0}[\mu_{A,2} - rS_0] &= iG + \tfrac{(1+\alpha)G}{A_C}[\mu_{C,2} - rA_C] \\ \Leftrightarrow A_{C,2}^{krit} &= \frac{\mu_{C,2}S_0}{2rS_0 - \mu_{A,2}} \end{aligned} \tag{3.13}$$

Daraus folgt, daß sie beim Askpreis von $A_{C,2}^{krit} = \frac{\mu_{C,2}S_0}{2rS_0 - \mu_{A,2}}$ indifferent zwischen Aktienleerverkauf und Callkauf sind.

Da die Pessimisten mit größerer Wahrscheinlichkeit fallende Kurse anstatt steigende Kurse erwarten, werden sie keine Aktien kaufen. Ist der gestellte Askpreis A_C kleiner als der kritische Askpreis $A_{C,2}^{krit}$ und der Bidpreis B_C kleiner als der kritische Bidpreis $B_{C,2}^{krit}$, kaufen sie analog zu den Optimisten nur Calls. Der Unterschied zwischen den Optimisten und Pessimisten besteht in der Höhe der kritischen Preise. Beim Askpreis $A_{C,2}^{krit}$ sind die Pessimisten indifferent zwischen dem Kauf von Calls und dem Leerverkauf von Aktien. Ist der Askpreis größer als $A_{C,2}^{krit}$ und der Bidpreis kleiner als $B_{C,2}^{krit}$, handeln sie nicht mit Calls, sondern sie verkaufen ausschließlich Aktien leer. Ist der Bidpreis gleich $B_{C,2}^{krit}$, sind sie indifferent zwischen dem Leerverkauf von Calls und Aktien. Sind sowohl der Askpreis als auch der Bidpreis größer als die kritischen Preise, verkaufen sie ausschließlich Calls leer.

Die Nachfrage der Pessimisten läßt sich formal zusammenfassen zu:

$$x_C^{U_2}(A_C, B_C) = \begin{cases} \frac{(1+\alpha)G}{A_C}, & \text{wenn } 0 \le A_C < A_{C,2}^{krit} \text{ und } 0 \le B_C < B_{C,2}^{krit}, \\ \omega_2, & \text{wenn } A_C = A_{C,2}^{krit} \text{ und } 0 \le B_C < B_{C,2}^{krit}, \\ -\frac{(1+\alpha)G}{Z_C - B_C}, & \text{wenn } A_C > A_{C,2}^{krit} \text{ und } B_C > B_{C,2}^{krit}, \\ -v_2, & \text{wenn } A_C > A_{C,2}^{krit} \text{ und } B_C = B_{C,2}^{krit}, \\ 0, & \text{wenn } A_C > A_{C,2}^{krit} \text{ und } B_C < B_{C,2}^{krit}. \end{cases}$$

Dabei sind $0 \le \omega_2 \le \frac{(1+\alpha)G}{A_C}\Big|_{A_C = A_{C,2}^{krit}}$ und $0 \le v_2 \le \frac{(1+\alpha)G}{Z_C - B_C}\Big|_{B_C = B_{C,2}^{krit}}$.

Die Abbildung 3.4 beschreibt die Nachfrage der Pessimisten.

Abbildung 3.4. Die Nachfrage der Pessimisten

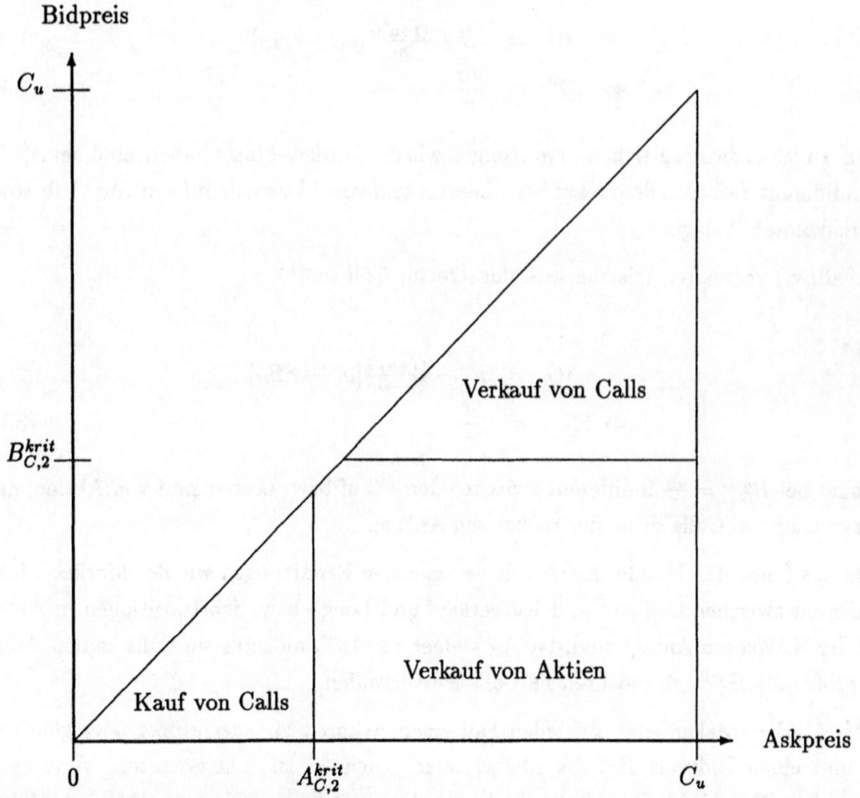

Der kritische Bidpreis und der kritische Askpreis der Pessimisten erfüllen analog zu den Optimisten die folgende Eigenschaft:

$$A_{C,2}^{krit} < B_{C,2}^{krit}.$$

Das bedeutet, daß der Preis, zu dem die Pessimisten Optionen kaufen wollen, kleiner als der Preis ist, zu dem sie bereit sind, Optionen leerzuverkaufen.

Im folgenden wird gezeigt, welche Konsequenzen sich für den Handel auf dem Optionsmarkt ergäben, falls alle Uninformierten die gleichen Erwartungen wie der Market–Maker hätten.

Wenn die erwarteten Nettoendgewinne bei der risikolosen Anlage mit denen beim Kauf sowie Leerverkauf von Aktien verglichen werden, folgt, daß die erwarteten Nettoendgewinne gleich sind. Daher wird der erwartete Nettoendgewinn bei der risikolosen Anlage mit dem beim Kauf und Leerverkauf von Calls verglichen. Es ergibt sich:

1.Fall: v.) versus iii.) (risikolose Anlage versus Call long)

$$\begin{aligned} iG &= iG + \tfrac{(1+\alpha)G}{A_C}[\mu_C - rA_C] \\ \Leftrightarrow A_C^{krit} &= \frac{\mu_C}{r} \end{aligned} \tag{3.14}$$

Uninformierte, die die gleichen Erwartungen wie der Market–Maker haben, sind bei $A_C^{krit} = \frac{\mu_C}{r}$ indifferent zwischen dem Kauf bzw. Leerverkauf von Aktien, dem Kauf von Calls sowie der risikolosen Anlage.

2.Fall: v.) versus iv.) (risikolose Anlage versus Call short)

$$\begin{aligned} iG &= iG - \tfrac{(1+\alpha)G}{Z_C - B_C}[\mu_C - rB_C] \\ \Leftrightarrow B_C^{krit} &= \frac{\mu_C}{r} \end{aligned} \tag{3.15}$$

Sie sind bei $B_C^{krit} = \frac{\mu_C}{r}$ indifferent zwischen dem Kauf bzw. Leerverkauf von Aktien, dem Leerverkauf von Calls sowie der risikolosen Anlage.

Daraus folgt, daß Uninformierte mit den gleichen Erwartungen wie der Market–Maker indifferent zwischen Callkauf und–leerverkauf und Long– bzw. Shortpositionen in Aktien und der risikolosen Anlage sind. Ist A_C kleiner als A_C^{krit}, möchten sie Calls kaufen. Wenn B_C größer als B_C^{krit} ist, möchten sie Calls leerverkaufen.

Der Market–Maker setzt auf jeden Fall einen Askpreis A_C, der größer oder gleich $\frac{\mu_C}{r}$ ist, und einen Bidpreis B_C, der kleiner oder gleich $\frac{\mu_C}{r}$ ist, um erwartete Verluste zu vermeiden. Dies wird bei der Betrachtung des Optimierungsproblems des Market–Makers (3.9) deutlich. Somit kann kein Handel stattfinden, wenn am Markt nur Uninformierte mit den gleichen Erwartungen wie der Market–Maker wären.

Die Charakteristika der Nachfrage werden zusammenfassend dargestellt, da die Nachfrage der Uninformierten relevant für die Preisfestsetzung des Market–Makers und somit für die Höhe des Bid–Ask–Spreads im Gleichgewicht ist.
Die Uninformierten sind bereit, bis zu ihrem jeweiligen Askpreis $A_C = A_{C,j}^{krit}$, Calls zu kaufen. Ab ihrem jeweiligen Bidpreis von $B_C = B_{C,j}^{krit}$, möchten sie Calls leerverkaufen. Stellt der Market–Maker Preise, die zwischen ihren jeweiligen $A_{C,j}^{krit}$ und $B_{C,j}^{krit}$ liegen, handeln sie nicht mit Calls. Der kritische Askpreis der Optimisten ist niedriger als der der Pessimisten. Außerdem liegt der kritische Bidpreis der Pessimisten unterhalb von dem der Optimisten. Daher möchten die Optimisten tendenziell lieber Calls kaufen und die Pessimisten lieber Calls leerverkaufen.
Zwischen den kritischen Preisen der Uninformierten bestehen die folgenden Beziehungen:

$$B_{C,1}^{krit} > A_{C,1}^{krit} > \frac{\mu_C}{r} > B_{C,2}^{krit} > A_{C,2}^{krit} \tag{3.16}$$

Im folgenden werden die Unterschiede und Gemeinsamkeiten in der Modellierung der Uninformierten in dieser Arbeit mit anderen Ansätzen herausgearbeitet.
Im Modell von Glosten und Milgrom (1985) haben Uninformierte öffentlich verfügbare Informationen und beobachten den Ask–und Bidpreis. Sie kaufen das riskante Wertpapier, wenn der subjektiv beigemessene Wert des Wertpapiers größer als der Askpreis ist. Dagegen verkaufen sie das Wertpapier, wenn der subjektiv beigemessene Wert des Wertpapiers kleiner als der Bidpreis ist. Die Uninformierten haben die Wahl zwischen handeln und nicht handeln. Allerdings können sie nicht auf einen Alternativmarkt ausweichen.
Easley und O'Hara (1987), Easley et al. (1994) und Biais und Hillion (1991) gehen von einer unelastischen Nachfrage der Uninformierten aus. Das bedeutet, daß die Wahrscheinlichkeit, ob sie Wertpapiere kaufen oder verkaufen exogen gegeben ist. Dieser Modellierung liegt die Idee zugrunde, daß *Noise–Trader* z.B. aus der Freude am Handeln Transaktionen tätigen. Biais und Hillion (1994) betrachten die Liquidity–Trader als risikoaverse rationale Erwartungsnutzenmaximierer, die aus Hedgemotiven handeln. Das zu hedgende Risiko resultiert aus zustandsabhängigen Schocks, denen ihr Endvermögen unterliegt.

3.3.2 Investitionsverhalten der Informierten

Für jeden Zustand θ wird die Nachfrage der Informierten entwickelt.

Fall des Kursanstiegs: $\theta = \mathbf{u}$:

Wenn die Portefeuillestrategie der Informierten für den *up*–Zustand hergeleitet wird, ergibt sich, daß der Nettoendgewinn beim Kauf von Aktien höher als beim Leerverkauf von Aktien und der risikolosen Anlage ist.

1.Fall: i.) versus iii.) (Aktie long versus Call long)

$$\begin{aligned} iG + \tfrac{(1+\alpha)G}{S_0}[S_u - rS_0] &= iG + \tfrac{(1+\alpha)G}{A_C}[C_u - rA_C] \\ \Leftrightarrow A_{C_u}^{krit} &= \frac{C_u S_0}{S_u} \end{aligned} \tag{3.17}$$

Ist A_C gleich $A_{C_u}^{krit}$, sind sie indifferent zwischen dem Kauf von Aktien und Calls.

2.Fall: i.) versus iv.) (Aktie long versus Call short)

$$\begin{aligned} iG + \tfrac{(1+\alpha)G}{S_0}[S_u - rS_0] &= iG - \tfrac{(1+\alpha)G}{Z_C - B_C}[C_u - rB_C] \\ \Leftrightarrow B_{C_u}^{krit} &= \frac{C_u S_0 + (S_u - rS_0)Z_C}{S_u} \end{aligned} \tag{3.18}$$

Sie sind indifferent zwischen dem Leerverkauf von Calls und dem Kauf von Aktien beim Bidpreis $B_{C_u}^{krit}$. Diese beiden kritischen Preise erfüllen wiederum die Ungleichung $A_{C_u}^{krit} < B_{C_u}^{krit}$. Der Fall, daß die Informierten im *up*–Zustand Calls leerverkaufen und Handel stattfindet, wird im Gleichgewicht allerdings nicht auftreten, da $B_{C_u}^{krit}$ größer als $\frac{\mu_C}{r}$ ist. Jedoch wird der Market–Maker immer einen Bidpreis setzen, der kleiner oder gleich $\frac{\mu_C}{r}$ ist, da er sonst erwartete Verluste erleidet.

Ist der gestellte Askpreis kleiner als $A_{C_u}^{krit}$, kaufen die Informierten nur Calls. Beim kritischen Askpreis $A_{C_u}^{krit}$ sind sie indifferent zwischen dem Kauf von Aktien und Calls. Ist der Askpreis größer als der kritische Askpreis und der Bidpreis kleiner als der kritische Bidpreis $B_{C_u}^{krit}$, kaufen sie nur Aktien. Beim Bidpreis $B_{C_u}^{krit}$ sind sie indifferent zwischen dem Leerverkauf von Calls und dem Kauf von Aktien. Ist der Bidpreis größer als $B_{C_u}^{krit}$ und der Askpreis A_C größer als $A_{C_u}^{krit}$, verkaufen sie Calls leer. Der Fall, daß sie zu einem sehr hohen Bidpreis im *up*–Zustand Calls leerverkaufen, tritt nur auf, wenn der exogene Zinssatz i positiv ist und der quotierte Askpreis noch größer als der kritische Bidpreis ist. Da die Sicherheitsleistung am Ende der Periode verzinst zurückbezahlt wird, kann es bei einem sehr großen Bidpreis günstig für die Informierten sein, Calls im *up*–Zustand leerzuverkaufen.

Die Nachfrage im *up*–Zustand sieht wie folgt aus:

$$x_{C_u}^I(A_C, B_C) = \begin{cases} \frac{(1+\alpha)G}{A_C}, & \text{wenn } 0 \le A_C < A_{C_u}^{krit} \text{ und } 0 \le B_C < B_{C_u}^{krit}, \\ \omega_u, & \text{wenn } A_C = A_{C_u}^{krit} \text{ und } 0 \le B_C < B_{C_u}^{krit}, \\ -\frac{(1+\alpha)G}{Z_C - B_C}, & \text{wenn } A_C > A_{C_u}^{krit} \text{ und } B_C > B_{C_u}^{krit}, \\ -v_u, & \text{wenn } A_C > A_{C_u}^{krit} \text{ und } B_C = B_{C_u}^{krit}, \\ 0, & \text{wenn } A_C > A_{C_u}^{krit} \text{ und } B_C < B_{C_u}^{krit}. \end{cases}$$

Dabei sind $0 \le \omega_u \le \frac{(1+\alpha)G}{A_C}\Big|_{A_C = A_{C_u}^{krit}}$ und $0 \le v_u \le \frac{(1+\alpha)G}{Z_C - B_C}\Big|_{B_C = B_{C_u}^{krit}}$.

Graphisch veranschaulicht sieht das Nachfrageverhalten folgendermaßen aus:

Abbildung 3.5. Nachfrage der Informierten, wenn der *up*–Zustand eintritt

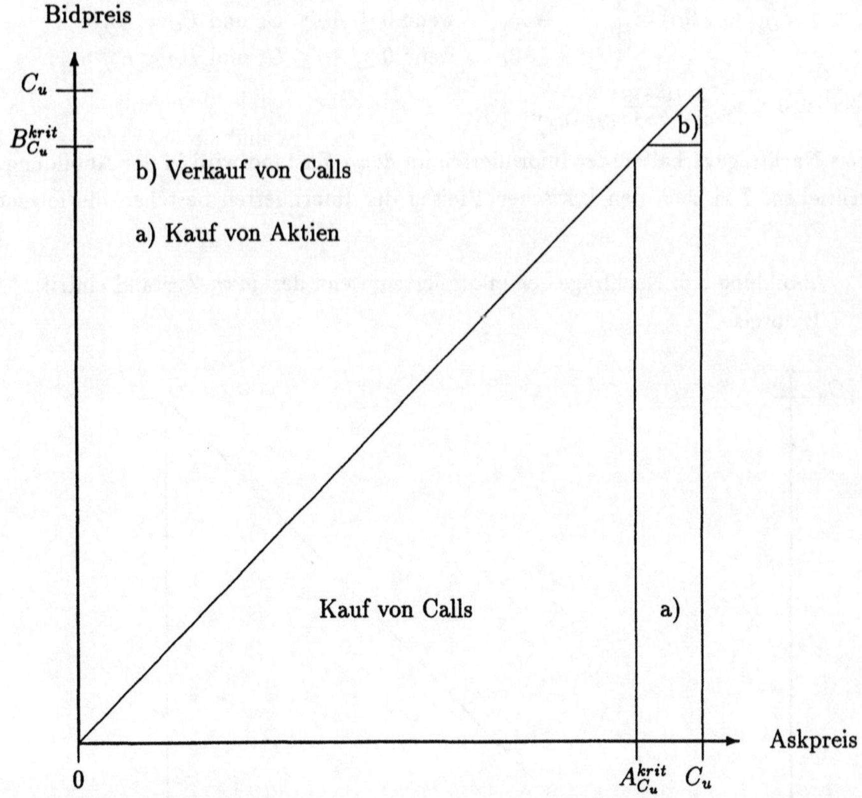

Fall des Kursabfalls $\theta = d$:

Es wird die Nachfrage der Informierten, falls der *down*–Zustand eintritt, hergeleitet.

Der Kauf von Calls kommt unabhängig vom Askpreis nicht in Frage, da die Informierten in diesem Fall ihre größten Verluste realisieren würden. Daraus folgt, daß die Nachfrage im *down*–Zustand unabhängig vom gestellten Askpreis ist. Da der Nettoendgewinn beim Leerverkauf von Aktien immer größer als beim Kauf von Aktien und Calls sowie der risikolosen Anlage ist, muß nur der Nettoendgewinn beim Leerverkauf von Aktien mit dem beim Leerverkauf von Calls verglichen werden.

1.Fall: ii.) versus iv.) (Aktie short versus Call short)

$$\begin{aligned} iG - \tfrac{(1+\alpha)G}{S_0}[S_d - rS_0] &= iG - \tfrac{(1+\alpha)G}{Z_C - B_C}[C_d - rB_C] \\ \Leftrightarrow B_{C_d}^{krit} &= \frac{(rS_0 - S_d)Z_C}{2rS_0 - S_d} \end{aligned} \tag{3.19}$$

Die Informierten sind indifferent zwischen Aktien– und Calleerverkauf, wenn der Market–Maker B_C gleich $B_{C_d}^{krit}$ wählt. Ist $B_{C_d}^{krit}$ größer als B_C, verkaufen sie Aktien leer. Wenn $B_{C_d}^{krit}$ kleiner als B_C ist, verkaufen sie Calls leer.

Ihre Nachfrage nach Calls im *down*–Zustand lautet:

$$x^I_{C_d}(A_C, B_C) = \begin{cases} -\frac{(1+\alpha)G}{Z_C - B_C}, & \text{wenn } 0 \leq A_C \leq C_u \text{ und } B_C > B^{krit}_{C_d}, \\ -v_u, & \text{wenn } 0 \leq A_C \leq C_u \text{ und } B_C = B^{krit}_{C_d}, \\ 0, & \text{wenn } 0 \leq A_C \leq C_u \text{ und } B_C < B^{krit}_{C_d}. \end{cases}$$

Dabei ist $0 < v_u \leq \left.\frac{(1+\alpha)G}{Z_C - A_C}\right|_{B_C = B^{krit}_{C_d}}$.

Das Nachfrageverhalten der Informierten im *down*–Zustand wird in der Abbildung 3.6 beschrieben. Zwischen den kritischen Preisen der Informierten bestehen die folgenden

Abbildung 3.6. Nachfrage der Informierten, wenn der *down*–Zustand eintritt

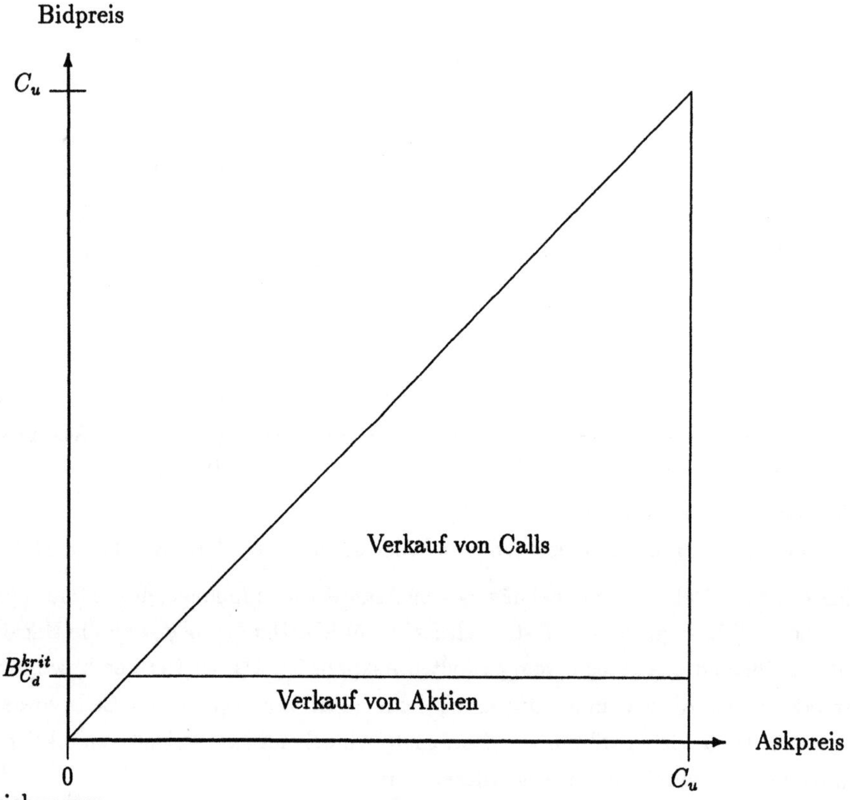

Beziehungen:

$$B^{krit}_{C_u} > A^{krit}_{C_u} > \frac{\mu_C}{r} > B^{krit}_{C_d} \tag{3.20}$$

Im Modell von Glosten und Milgrom (1985) kaufen (verkaufen) Informierte das riskante Wertpapier, wenn der subjektiv beigemessene Wert größer (kleiner) als der Askpreis (Bidpreis) ist. Im Gegensatz zu den Uninformierten haben sie zusätzlich private Informationen, die mit in ihr Entscheidungskalkül eingehen.

In den Modellen, die Glosten und Milgrom (1985) auf mehrere Märkte erweitern, handeln die Informierten auf dem Markt, in dem ihre Gewinne maximal sind.

3.4 Bid–Ask–Spread im Gleichgewicht

Im folgenden wird für unterschiedliche Situationen der Bid–Ask–Spread im Gleichgewicht analysiert. Um eine Intuition für die nachfolgenden Resultate zu erhalten, werden zuerst die beiden Extremfälle betrachtet, in denen entweder nur Informierte oder nur Uninformierte am Markt sind. Im Anschluß daran wird eine gemischte Marktzusammensetzung untersucht. Das bedeutet, daß Informierte und Uninformierte gleichzeitig am Markt sind.

3.4.1 Marktzusammensetzung: nur Informierte

Ein Informierter weiß mit Sicherheit, wie hoch der morgige Aktienkurs und somit der Wert des Calls ist. Träfe der Market–Maker mit Sicherheit auf einen Informierten, erzielte er aufgrund des Informationsvorteils des Informierten Verluste, falls er mit ihm handelte. Aus diesem Grund stellt der Market–Maker den Askpreis so hoch und den Bidpreis so niedrig, daß es sich für die Informierten nicht mehr lohnt, mit Optionen zu handeln. Sie weichen auf den Aktienmarkt aus, und der Handel auf dem Optionsmarkt bricht zusammen.

Im folgenden werden die Gleichgewichtspreise und der daraus resultierende Bid–Ask–Spread hergeleitet.

Das Symbol $I\!I_X(\cdot)$ bezeichnet die Indikatorfunktion derart, daß $I\!I_A(z) = 1$ ist, falls $z \in A$ gilt. Sonst ist $I\!I_A(z) = 0$. Unter Berücksichtigung der Nachfrage der Informierten, die in Kapitel 3.3.2 abgeleitet wurde, sieht das Maximierungsproblem des Market–Makers folgendermaßen aus:

$$
\begin{aligned}
\max_{A_C,B_C} \quad & \frac{1}{2}(rA_C - C_u)\frac{(1+\alpha)G}{A_C} I\!I_{\{0\le A_C<A_{C_u}^{krit}\}\times\{0\le B_C<B_{C_u}^{krit}\}}(A_C,B_C) \\
+ \quad & \frac{1}{2}(rA_C - C_u)\beta_1\frac{(1+\alpha)G}{A_C} I\!I_{\{A_C=A_{C_u}^{krit}\}\times\{0\le B_C<B_{C_u}^{krit}\}}(A_C,B_C) \\
- \quad & \frac{1}{2}(rB_C - C_u)\frac{(1+\alpha)G}{Z_C-B_C} I\!I_{\{A_C>A_{C_u}^{krit}\}\times\{B_C>B_{C_u}^{krit}\}}(A_C,B_C) \\
- \quad & \frac{1}{2}(rB_C - C_u)\beta_2\frac{(1+\alpha)G}{Z_C-B_C} I\!I_{\{A_C>A_{C_u}^{krit}\}\times\{B_C=B_{C_u}^{krit}\}}(A_C,B_C) \\
- \quad & \frac{1}{2}(rB_C - C_d)\frac{(1+\alpha)G}{Z_C-B_C} I\!I_{\{0\le A_C\le C_u\}\times\{B_C>B_{C_d}^{krit}\}}(A_C,B_C) \\
- \quad & \frac{1}{2}(rB_C - C_d)\beta_3\frac{(1+\alpha)G}{Z_C-B_C} I\!I_{\{0\le A_C\le C_u\}\times\{B_C=B_{C_d}^{krit}\}}(A_C,B_C) \\
u.d.N. \quad & 0 \le B_C \le A_C \le C_u
\end{aligned}
$$

Dabei gilt $0 \le \beta_l \le 1, l = 1,2,3$.

Damit der Market–Maker positive erwartete Gewinne[20] beim Verkauf von Calls erzielen kann, müßte er den Askpreis A_C oberhalb von $\frac{C_u}{r}$ setzen, sonst wäre nämlich $(rA_C - C_u)$

[20] Da der Market–Maker immer seinen erwarteten Gewinn maximiert, wird auch verkürzt nur von dem Gewinn des Market–Makers gesprochen.

kleiner als Null. Die Informierten sind aber nicht mehr bereit, zu diesen Preisen zu handeln, sondern sie weichen mit Sicherheit bei Askpreisen, die größer als $A_{C_u}^{krit} = \frac{C_u S_0}{S_u} < \frac{C_u}{r}$ sind, auf den Aktienmarkt aus. Der Market-Maker stellt einen Askpreis A_C, der größer als $\frac{C_u S_0}{S_u}$ ist, um die Informierten vom Optionsmarkt zu verdrängen. Dabei erreicht der Market-Maker Nullgewinne, da der Handel auf dem Optionsmarkt zusammenbricht.
Um positive Gewinne beim Kauf von Calls erwirtschaften zu können, stellt der Market-Maker den Bidpreis B_C unterhalb von $\frac{\mu_C}{r}$. Die Informierten würden im *up*-Zustand nur bei Bidpreisen, die größer als $B_{C_u}^{krit} = \frac{C_u S_0 + (S_u - rS_0) Z_C}{S_u}$ sind, Calls leerverkaufen. Deshalb findet kein Handel zum Bid statt, falls der *up*-Zustand eintritt. Tritt der *down*-Zustand ein, findet Handel statt, da $B_{C_d}^{krit} = \frac{(rS_0 - S_d) Z_C}{2rS_0 - S_d}$ kleiner als $\frac{\mu_C}{r}$ ist. Daraus folgt, daß der Market-Maker mit Wahrscheinlichkeit $\frac{1}{2}$ Verluste macht. Deshalb stellt er den Bidpreis so, daß die Informierten auch im *down*-Zustand nicht mehr mit ihm handeln möchten. Folglich wählt er einen Bidpreis B_C, der kleiner als $\frac{(rS_0 - S_d) Z_C}{2rS_0 - S_d}$ ist. Zu diesem Bidpreis findet kein Handel statt. Aus diesem Grund erzielt der Market-Maker Nullgewinne und der Informierte weicht auf den Aktienmarkt aus.

Im folgenden wird gezeigt, daß $A_{C_u}^{krit}$ und $B_{C_d}^{krit}$ genau dann auch Gleichgewichtspreise sind, wenn die Informierten indifferent zwischen dem Handel mit Aktien und Calls sind, und in diesem Fall nur mit Aktien handeln.
Wenn der Market-Maker einen Askpreis stellt, der größer als $A_{C_u}^{krit}$ ist, und einen Bidpreis, der kleiner als $B_{C_d}^{krit}$ ist, handeln die Informierten mit Sicherheit mit Aktien, da sie auf dem Aktienmarkt höhere Gewinne als auf dem Optionsmarkt erzielen können.
Angenommen, der Market-Maker stellt den Askpreis $A_{C_u}^{krit}$ und die Informierten kaufen sowohl Calls als auch Aktien, dann weicht der Market-Maker von seiner Preisstellungsstrategie ab und stellt einen Askpreis, der größer als $A_{C_u}^{krit}$ ist. Der Grund für das Abweichen liegt darin, daß der Market-Maker mit Sicherheit Verluste erleidet, wenn er Informierten zum Askpreis $A_{C_u}^{krit}$ Calls verkauft. Folglich steht er sich besser, wenn er den Handel auf dem Optionsmarkt zum Erliegen bringt. Somit ist $A_{C_u}^{krit}$ nur ein Gleichgewichtspreis, wenn die Informierten ausschließlich Aktien kaufen, falls sie indifferent zwischen dem Kauf von Aktien und Calls sind. Stellt der Market-Maker den Askpreis $A_{C_u}^{krit}$, dann lohnt sich Abweichen der Informierten von ihrer Portefeuillestrategie nicht, da sie indifferent zwischen dem Kauf von Calls und Aktien sind. Eine analoge Argumentation ist für den Bidpreis $B_{C_d}^{krit}$ zu führen, der nur ein Gleichgewichtspreis ist, wenn die Informierten ausschließlich Aktien leerverkaufen, falls sie indifferent zwischen dem Leerverkauf von Aktien und Calls sind. Folglich stellt der Market-Maker die Preise so, daß er den Informierten vom Optionsmarkt verdrängt, wenn er mit Sicherheit auf einen Informierten trifft.

Der Optionsmarkt bricht in der Folge zusammen. Der Market-Maker quotiert folgende Preise, wobei die Gleichgewichtspreise im Monopolfall mit "*" gekennzeichnet werden:

$$A_C^* \geq \frac{C_u S_0}{S_u} = A_{C_u}^{krit} \tag{3.21}$$

$$B_C^* \leq \frac{(rS_0 - S_d)Z_C}{2rS_0 - S_d} = B_{C_d}^{krit} \tag{3.22}$$

Die Informierten weichen auf den Aktienmarkt aus und erzielen dort positive Gewinne. Der Market–Maker erreicht Nullgewinne, da kein Handel stattgefunden hat. Für den zugehörigen Bid–Ask–Spread gilt:

$$\frac{C_u S_0}{S_u} - \frac{(rS_0 - S_d)Z_C}{2rS_0 - S_d} \leq A_C^* - B_C^* \leq C_u - C_d \tag{3.23}$$

Im Modell von Easley et al. (1994) stellen Market–Maker auf dem Options- und Aktienmarkt Preise. Informierte haben keine Ausweichmöglichkeit auf einen anderen Markt, auf dem die Preise nicht von Market–Makern quotiert werden. Damit die Market–Maker keine Verluste erleiden, müssen sie den maximalen Spread $A_C - B_C = C_u - C_d$ auf dem Optionsmarkt und $S_u - S_d$ auf dem Aktienmarkt stellen.

3.4.2 Marktzusammensetzung: nur Uninformierte

Der Market–Maker kann nur positive erwartete Gewinne erzielen, wenn er mit einem Uninformierten handelt.
Wenn der Market–Maker mit Sicherheit auf einen Uninformierten trifft, wird er den Askpreis möglichst hoch und den Bidpreis möglichst niedrig stellen, um seine erwarteten Gewinne zu maximieren. Dabei muß er allerdings berücksichtigen, daß die Optimisten und Pessimisten auf den Aktienmarkt ausweichen, falls der gestellte Askpreis zu hoch bzw. der Bidpreis zu niedrig ist. Daraus folgt, daß der Market–Maker seine Preise so quotiert, daß die Uninformierten noch gerade bereit sind, mit Optionen zu handeln.

Im folgenden wird die so eben beschriebene Intuition präzisiert.
Aufgrund ihrer linearen Zielfunktion kaufen (verkaufen) die Uninformierten nur Calls bis zum (ab dem) jeweiligen kritischen Ask- (Bid-)preis und handeln nicht mit Aktien. Aus dem Optimierungsproblem des Market–Makers (3.9) ist folgendes zu erkennen:
Um keine erwarteten Verluste zu erleiden, verkauft der Market–Maker zum Askpreis A_C, der größer als $\frac{\mu_C}{r}$ ist, Calls, und kauft zum Bidpreis B_C, der kleiner als $\frac{\mu_C}{r}$ ist, Calls. Da der Preis, bis zu dem die Pessimisten bereit sind, Calls zu kaufen, unterhalb $\frac{\mu_C}{r}$ liegt, kann zwischen ihnen und dem Market–Maker nur eine Leerverkaufstransaktion stattfinden. Der Preis, zu dem die Optimisten Calls leerverkaufen, liegt oberhalb $\frac{\mu_C}{r}$. Daher kann es lediglich zum Kauf von Calls seitens der Optimisten kommen.
Folglich ergibt sich unter Berücksichtigung der Nachfrage der Uninformierten für das Maximierungsproblem des Market–Makers:

$$\max_{A_C, B_C} \quad p \quad \left\{ \frac{(1+\alpha)G}{A_C} \mathbb{I}_{\{A_C < A_{C,1}^{krit}\} \times \{0 \leq B_C < B_{C,1}^{krit}\}}(A_C, B_C)[rA_C - \mu_C] \right. \tag{3.24}$$
$$\left. + \beta_a \frac{(1+\alpha)G}{A_C} \mathbb{I}_{\{A_C = A_{C,1}^{krit}\} \times \{0 \leq B_C < B_{C,1}^{krit}\}}(A_C, B_C)[rA_C - \mu_C] \right\}$$

$$
\begin{aligned}
+(1-p) \quad & \Big\{ -\beta_b \frac{(1+\alpha)G}{Z_C - B_C} \mathbb{I}_{\{A_C > A_{C,2}^{krit}\} \times \{B_C = B_{C,2}^{krit}\}}(A_C, B_C)[rB_C - \mu_C] \\
& -\frac{(1+\alpha)G}{Z_C - B_C} \mathbb{I}_{\{A_C > A_{C,2}^{krit}\} \times \{B_C > B_{C,2}^{krit}\}}(A_C, B_C)[rB_C - \mu_C] \Big\} \\
u.d.N. \quad & 0 \leq B_C \leq A_C \leq C_u
\end{aligned}
$$

Dabei sei $0 \leq \beta_l \leq 1, l = a, b$.

Je größer der Market–Maker den Askpreis wählt, desto höhere erwartete Gewinne erzielt er beim Verkauf von Calls. Deshalb stellt der Market–Maker den größtmöglichen Askpreis, zu dem die Optimisten gerade noch bereit sind, Calls zu kaufen.
Je kleiner der Market–Maker den Bidpreis wählt, desto höhere erwartete Gewinne erreicht er beim Leerkauf von Calls seitens der Pessimisten. Daraus folgt, daß er den kleinstmöglichen Bidpreis stellt, zu dem die Pessimisten gerade noch bereit sind, Calls leer zu verkaufen.

Es wird gezeigt, daß im Gleichgewicht die Uninformierten mit Wahrscheinlichkeit 1 mit Optionen handeln, wenn sie indifferent zwischen dem Aktien– und Optionsmarkt sind.
In der Annahme, daß die Optimisten zwischen dem Kauf von Calls und Aktien mischen oder sogar im Extremfall nur mit Aktien handeln, wenn der Market–Maker den Askpreis $A_{C,1}^{krit}$ stellt, hat die Gewinnfunktion des Market–Makers eine Unstetigkeitsstelle bei $A_{C,1}^{krit}$. Der Askpreis $A_{C,1}^{krit}$ ist kein Gleichgewichtspreis, da der Market–Maker von seiner Preisstellungsstrategie abweicht, indem er der Askpreis um die kleinste Geldeinheit niedriger als $A_{C,1}^{krit}$ setzt. Dann handeln die Optimisten wieder nur mit Calls. In diesem Fall sind die erwarteten Gewinne höher als in einer Situation, in der er den Askpreis $A_{C,1}^{krit}$ setzt und die Optimisten zwischen Calls und Aktien mischen. Stellt der Market–Maker den Askpreis $A_{C,1}^{krit}$, weichen die Optimisten nicht von ihrer Portefeuillestrategie (nur Kauf von Calls, wenn sie indifferent zwischen Calls und Aktien sind) ab, da sie sich aufgrund ihrer Indifferenz zwischen dem Kauf von Aktien und Calls nicht verbessern können. Eine analoge Argumentation ist für den Bidpreis $B_{C,2}^{krit}$ zu führen. Der Market–Maker erzielt die größten erwarteten Gewinne, wenn er den Askpreis $A_{C,1}^{krit}$ und den Bidpreis $B_{C,2}^{krit}$ stellt.

Folglich quotiert der Market–Maker seine Preise folgendermaßen:

$$
\begin{aligned}
A_C &= \frac{\mu_{C,1} S_0}{\mu_{A,1}} = A_{C,1}^{krit} && (3.25) \\
B_C &= \frac{\mu_{C,2} S_0 + (rS_0 - \mu_{A,2}) Z_C}{2rS_0 - \mu_{A,2}} = B_{C,2}^{krit} && (3.26) \\
& && (3.27)
\end{aligned}
$$

Die Höhe des Bid–Ask–Spreads beträgt $A_C^* - B_C^* = \frac{\mu_{C,1} S_0}{\mu_{A,1}} - \frac{\mu_{C,2} S_0 + (rS_0 - \mu_{A,2}) Z_C}{2rS_0 - \mu_{A,2}} > 0$, da $\mu_A = rS_0$.

Glosten und Milgrom (1985), Easley und O'Hara (1987), Biais und Hillion (1991) und Easley et al. (1994) betrachten Market–Maker im Bertrand–Wettbewerb und vernachlässigen Bestandskosten. Daher sind die erwarteten Gewinne der Market–Maker nach jeder Transaktion gleich Null. Unter der Voraussetzung, daß keine Informierten am Markt sind, erzielen die Market–Maker keine erwarteten Verluste. Aus diesem Grund ist der Bid–Ask–Spread gleich Null.

3.4.3 Gemischte Marktzusammensetzung

Aus den beiden dargestellten Extremfällen ergibt sich ein Trade–off für den Market–Maker.

- Ist der Askpreis zu niedrig und der Bidpreis zu hoch, erwirtschaftet der Market–Maker erwartete Verluste, da die erwarteten Gewinne aus Geschäften mit den Uninformierten die erwarteten Verluste aus Geschäften mit den Informierten nicht abdecken können.[21]

- Ist allerdings der gestellte Askpreis zu groß und der Bidpreis zu niedrig, handelt der Market–Maker nur noch mit den Informierten, da die Uninformierten auf den Aktienmarkt ausweichen.

Deshalb stellt der Market–Maker den Bid–Ask–Spread hoch genug, um erwartete Verluste zu vermeiden, ohne dabei die Uninformierten vom Optionsmarkt zu verdrängen.
Es besteht allerdings auch die Möglichkeit, daß der Optionsmarkt nur für die Bid– oder Askseite zusammenbricht, falls der Market–Maker nur für ein Marktsegment für die Verluste aus den Geschäften mit dem Informierten durch die Gewinne aus den Geschäften mit den Uninformierten entschädigt werden kann.[22]

Im weiteren wird die Preisstellungsstrategie des Market–Makers zu der oben dargestellten Intuition formal hergeleitet. Dazu werden die Bereiche der Optimisten, der Pessimisten und der Informierten, in denen sie mit Calls handeln, im Strategienraum des Market–Makers eingezeichnet. Durch Charakterisierung der Nachfrage der Investoren, die in Kap. 3.3.1 und 3.3.2 entwickelt wurde, in den Strategienraum des Market–Makers, ergeben sich vierzehn Gebiete, die in der Abbildung 3.7 dargestellt werden.

---

[21] Diese Intuition wird auch von Bagehot (1971) angesprochen.

[22] Auf diesen Sachverhalt wird im Laufe dieses Kapitels noch näher eingegangen.

Abbildung 3.7. Strategienraum des Market–Makers

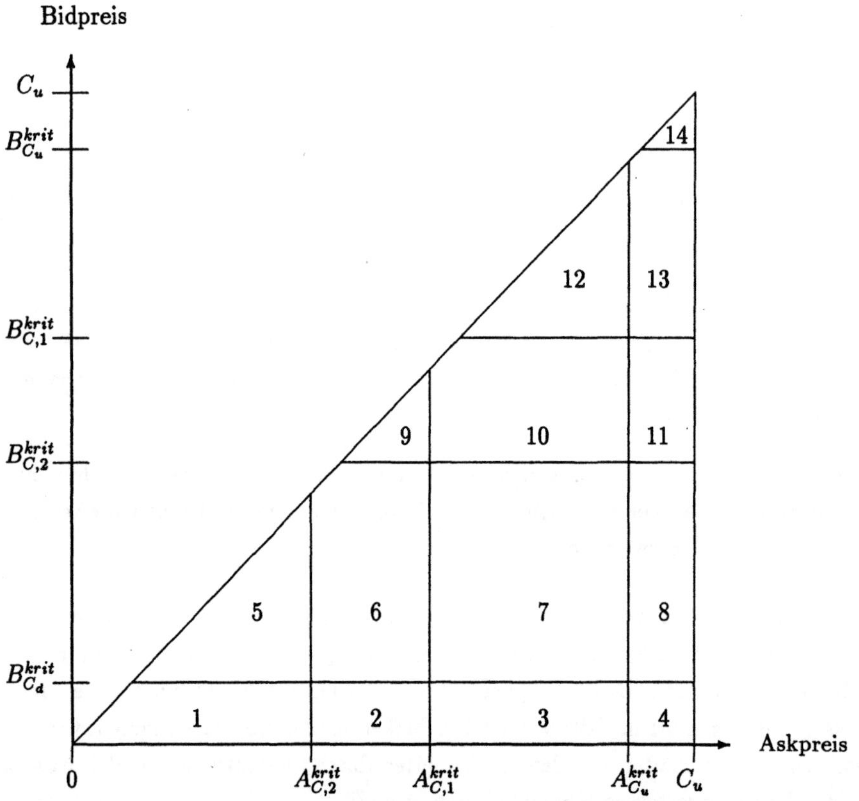

Die Transaktionswünsche der Investoren werden für jedes Gebiet aufgeführt. Diese ergeben sich durch Kombination der Graphiken der Nachfrage nach Calls des jeweiligen Investors.[23] Danach wird für jedes Gebiet einzeln geprüft, ob der Market–Maker nicht–negative erwartete Gewinne erzielen kann. Die Gebiete, in denen er nur Verluste erwarten kann, scheiden als Gebiete aus, in denen die Gleichgewichtspreise liegen können.
Die Strategien in den jeweiligen Gebieten lauten:

1. Die Informierten kaufen, wenn $\theta = u$ eintritt.
   Die Optimisten und Pessimisten kaufen.
   Dies ist ein Verlustgebiet, da der größtmögliche Askpreis noch unterhalb des Askpreises liegt, ab dem der Market–Maker nicht–negative erwartete Profite erzielen kann.[24] Transaktionen zum Bidpreis können nicht stattfinden, da niemand verkaufen würde.

[23] Vgl. die Abbildungen 3.3, 3.4, 3.5 und 3.6.
[24] Vgl. auch Argumentation in Abschnitt 3.4.2.

2. Die Informierten kaufen, wenn $\theta = u$ eintritt.
   Die Optimisten kaufen.
   Positive erwartete Gewinne des Market–Makers sind möglich und der Askpreis ist der Transaktionskurs, solange die erwarteten Gewinne aus dem Geschäft mit den Uninformierten die erwarteten Verluste aus dem Geschäft mit den Informierten abdecken.

3. Die Informierten kaufen, wenn $\theta = u$ eintritt.
   Hier würde der Market–Maker bei Transaktionen zum Askpreis Verluste erleiden, da nur die Informierten bereit wären, mit ihm zu handeln.[25]

4. Keiner der Investoren will handeln.
   Der erwartete Gewinn des Market–Makers ist somit gleich Null.

5. Die Informierten kaufen, wenn $\theta = u$ eintritt, und verkaufen, wenn $\theta = d$ eintritt.
   Die Optimisten und Pessimisten kaufen.
   Dies ist analog Gebiet 1 auch ein Verlustgebiet. Ebenso erzielt der Market–Maker bei Transaktionen zum Bidpreis auch keine erwarteten Gewinne, da er nur mit Informierten zum Bidpreis handeln würde.

6. Die Informierten kaufen, wenn $\theta = u$ eintritt, und verkaufen, wenn $\theta = d$ eintritt.
   Die Optimisten kaufen.
   Dieses Gebiet ist ungünstiger als Gebiet 2, da nun die Informierten auch verkaufen würden.

7. Die Informierten kaufen, wenn $\theta = u$ eintritt, und verkaufen, wenn $\theta = d$ eintritt.
   Hier würden nur Verluste erzielt, da nur die Informierten handeln würden.[26]

8. Die Informierten verkaufen, wenn $\theta = d$ eintritt.
   Dies ist auch ein Verlustgebiet analog zu Gebiet 7.

9. Die Informierten kaufen, wenn $\theta = u$ eintritt, und verkaufen, wenn $\theta = d$ eintritt.
   Die Optimisten kaufen und die Pessimisten verkaufen.
   Der Market–Maker kann nicht–negative erwartete Gewinne erzielen, solange die erwarteten Verluste aus Geschäften mit den Informierten durch die erwarteten Gewinne aus Geschäften mit den Uninformierten gedeckt werden.

10. Die Informierten kaufen, wenn $\theta = u$ eintritt, und verkaufen, wenn $\theta = d$ eintritt.
    Die Pessimisten verkaufen.
    Dieses Gebiet ist ungünstiger als Gebiet 11, da hier die Informierten auch kaufen würden, wenn $\theta = u$ einträte.

---

[25] Vgl. auch Argumentation in Abschnitt 3.4.1.
[26] Vgl. auch Argumentation in Abschnitt 3.4.1.

11. Die Informierten verkaufen, wenn $\theta = d$ eintritt.
Die Pessimisten verkaufen.
Solange die erwarteten Gewinne die erwarteten Verluste decken, sind insgesamt erwartete positive Gewinne möglich und der Bidpreis ist der Transaktionskurs. Da niemand Calls kauft, erzielt der Market–Maker Nullgewinne, und der Askpreis kann kein Transaktionskurs sein. Der Markt bricht auf der Askseite zusammen.

12. Die Informierten kaufen, wenn $\theta = u$ eintritt, und verkaufen, wenn $\theta = d$ eintritt.
Die Optimisten und Pessimisten verkaufen.
Da der kleinstmögliche Bidpreis für den Market–Maker zu ungünstig ist, ist dies ein Verlustgebiet.[27] Zusätzlich würden auch nur die Informierten kaufen. Auf der Askseite kommt der Handel zum Erliegen.

13. Die Informierten verkaufen, wenn $\theta = d$ eintritt.
Die Optimisten und Pessimisten verkaufen.
Analog Gebiet 12 ist dies ein Verlustgebiet, da der kleinstmögliche Bidpreis noch zu ungünstig für den Market–Maker ist. Der Markt bricht auf der Askseite zusammen.

14. Die Informierten verkaufen, wenn $\theta = u$ eintritt.
Die Optimisten und Pessimisten verkaufen.
Hier würden auch Verluste analog Gebiet 13 erzielt.

In den Gebieten, in denen nur Kaufwünsche wie z.B. Gebiet 1 auftreten, sind nur Transaktionen zum Askpreis möglich. Die Bidpreise sind für die Marktgegenseite nicht profitabel. Transaktionen nur zum Bidpreis finden in den Gebieten statt, in denen die Marktgegenseite nur leerverkaufen möchte.

Zusammenfassend kann folgendes festgehalten werden:

- Die Gebiete 1, 3, 5, 7, 8, 12, 13 und 14 sind Gebiete, in denen der Market–Maker Verluste erleiden würde, wenn er diese Preiskombinationen wählt. Folglich können dort keine Gleichgewichtspreise liegen.
  Die Gebiete 3, 7, und 8 sind Gebiete, in denen der Market–Maker nur mit den Informierten handeln könnte.[28] In den Gebieten 1 und 5 würde der Market–Maker selbst beim größtmöglichen Askpreis noch erwartete Verluste erzielen. Ebenso erlitte er in den Gebieten 12, 13 und 14 beim kleinstmöglichen Bidpreis erwartete Verluste.

- Gebiet 2 ist günstiger als Gebiet 6, und Gebiet 11 ist besser als Gebiet 10. Deshalb sind Gebiet 6 und 10 auch keine potentiellen Gebiete für Gleichgewichtspreise.

---

[27] Vgl. auch Abschnitt 3.4.2.

[28] Vgl. Abschnitt 3.4.1.

- Als mögliche Gebiete, in denen Gleichgewichtspreise liegen können, kommen Gebiet 2, 4, 9 und 11 in Frage.
  In Gebiet 4 findet kein Handel statt. In Gebiet 2 finden nur Transaktionen zum Askpreis und in Gebiet 11 nur Transaktionen zum Bidpreis statt. In Gebiet 9 können Transaktionen sowohl zum Ask– als auch zum Bidpreis stattfinden.
  Desweiteren wird in Abhängigkeit vom Parameter η, d.h. vom Anteil der Informierten, untersucht, unter welchen Bedingungen die Gleichgewichtspreise in welchem der vier relevanten Gebiete liegen. Dazu wird der kritische Anteil der Informierten an der Gesamtzahl aller Investoren abgeleitet, bei dem der Market–Maker noch nicht–negative Gewinne beim Handel mit Optionen erreichen kann. Deshalb werden die kritischen Wahrscheinlichkeiten berechnet bei gegebenem Ask– und Bidpreis, bei denen der Market–Maker erwartete Nullgewinne sowohl bei Kauf– als auch bei Verkaufstransaktionen erzielt, wenn er die Möglichkeit des Handelns zuläßt. Das bedeutet, daß der Market–Maker keine prohibitiven Preise stellt, zu denen kein Investor mehr mit Calls handeln möchte. Es sei η^A_{krit} die kritische Wahrscheinlichkeit für die noch Transaktionen zum Askpreis und η^B_{krit} die kritische Wahrscheinlichkeit für die noch Transaktionen zum Bidpreis stattfinden.
  Aus der Bedingung, daß der erwartete Gewinn des Market–Makers im Gleichgewicht bei Transaktionen zum Askpreis Null ist, ergibt sich für η^A_{krit} folgendes:

$$\frac{\eta}{2}\left[\frac{(1+\alpha)G}{A^*_C}(rA^*_C - C_u)\right] \; + \; (1-\eta)p\left[\frac{(1+\alpha)G}{A^*_C}(rA^*_C - \mu_C)\right] = 0$$

$$\Leftrightarrow \eta^A_{krit} \;=\; \frac{p(rA^*_C - \mu_C)}{p(rA^*_C - \mu_C) + \frac{1}{2}(C_u - rA^*_C)} \qquad (3.28)$$

  Aus der Bedingung, daß der erwartete Gewinn des Market–Makers im Gleichgewicht bei Transaktionen zum Bidpreis Null ist, ergibt sich für η^B_{krit} folgendes:

$$\frac{\eta}{2}\left[-\frac{(1+\alpha)G}{Z_C - B^*_C} rB^*_C\right] \; - \; (1-\eta)(1-p)\left[\frac{(1+\alpha)G}{Z_C - B^*_C}(rB^*_C - \mu_C)\right] = 0$$

$$\Leftrightarrow \eta^B_{krit} \;=\; \frac{(1-p)(\mu_C - rB^*_C)}{(1-p)(\mu_C - rB^*_C) + \frac{1}{2} rB^*_C} \qquad (3.29)$$

  Aus den Gleichungen (3.28) und (3.29) ist ersichtlich, daß η^A_{krit} und η^B_{krit} zwischen Null und eins liegen und somit Wahrscheinlichkeiten sind.

Ferner wird untersucht, in welchem der übriggebliebenen Gebiete (2, 4, 9 oder 11) die Gleichgewichtspreise liegen. Die Wahrscheinlichkeit, mit der der Market–Maker auf einen Informierten trifft, ist ausschlaggebend dafür, ob der Market–Maker insgesamt noch positive erwartete Gewinne realisieren kann. Das Gebiet, das jeweils als Gebiet für Gleichgewichtspreise in Frage kommt, ist deshalb abhängig vom exogen gegebenen Parameter η.

Zuerst wird das Gebiet 9 betrachtet. Im Anschluß daran werden die Gebiete 2, 11 und 4 untersucht.

Gebiet 9:

Da die Gewinnfunktion des Market–Makers streng monoton wachsend im Askpreis A_C ist, wird der Market–Maker den größtmöglichen Askpreis stellen. Dieser ist der kritische Askpreis der Optimisten $A_{C,1}^{krit}$. Würde der Market–Maker einen höheren Askpreis stellen, würden die Optimisten nicht mehr mit ihm handeln. Der Market–Maker erzielt beim Askpreis $A_{C,1}^{krit}$ solange nicht–negative Gewinne, bis die erwarteten Verluste aus Geschäften mit den Informierten abgedeckt werden können. Solange $\eta \leq \eta_{krit}^{A}$ ist, kann der Market–Maker nicht–negative erwartete Gewinne bei Transaktionen zum Askpreis erzielen.

Da die Zielfunktion des Market–Makers streng monoton fallend im Bidpreis B_C ist, wird der Market–Maker den kleinstmöglichen Bidpreis stellen. Dieser ist der kritische Bidpreis der Pessimisten $B_{C,2}^{krit}$. Würde der Market–Maker einen kleineren Bidpreis stellen, würden die Pessimisten nicht mehr mit ihm handeln wollen. Dieser Preis ist solange gewinnmaximal, wie die erwarteten Gewinne aus Geschäften mit den Uninformierten die erwarteten Verluste aus Geschäften mit den Informierten abdecken. Wenn $\eta \leq \eta_{krit}^{B}$ ist, kann der Market–Maker noch insgesamt nicht–negative erwartete Gewinne bei Transaktionen zum Bidpreis erzielen.

Sind die Uninformierten indifferent zwischen dem Handel mit Aktien und Optionen, handeln sie nur mit Optionen.[29] Ist allerdings η gleich η_{krit}^{A} oder gleich η_{krit}^{B}, kann die Argumentation von Abschnitt 3.4.2 bezüglich der Portefeuillestrategie der Uninformierten, falls sie indifferent zwischen Calls und Aktien sind, nicht mehr angewandt werden. Wenn z.B. die Optimisten bei Indifferenz nur Aktien kaufen, stellt der Market–Maker einen Askpreis, der zum Marktzusammenbruch führt. Ein etwas kleinerer Askpreis als der kritische Askpreis der Optimisten erbrächte ihm erwartete Verluste.

Daraus folgt, daß der Market–Maker folgende Preise quotiert:

$$A_C^* = \frac{\mu_{C,1} S_0}{\mu_{A,1}} = A_{C,1}^{krit}, \text{ wenn } \eta \leq \frac{p(rA_C^* - \mu_C)}{p(rA_C^* - \mu_C) + \frac{1}{2}(C_u - rA_C^*)} = \eta_{krit}^{A} \tag{3.30}$$

$$B_C^* = \frac{\mu_{C,2} S_0 + (rS_0 - \mu_{A,2}) Z_C}{2rS_0 - \mu_{A,2}} = B_{C,2}^{krit}, \text{ wenn } \eta \leq \frac{(1-p)(\mu_C - rB_C^*)}{(1-p)(\mu_C - rB_C^*) + \frac{1}{2} B_C^*} = \eta_{krit}^{B} \tag{3.31}$$

Einsetzen von $A_C^* = \frac{\mu_{C,1} S_0}{\mu_{A,1}}$ in die Gleichung (3.28) für η_{krit}^{A} ergibt:

$$\eta_{krit}^{A} = \frac{p[(1+2\epsilon)rS_0 - [\mu_A + \epsilon C_u(S_u - S_d)]]}{(1-p)[\mu_A + \epsilon(S_u - S_d)] - rS_0(1+2\epsilon)(\frac{1}{2} - p)}$$

Wird $B_C^* = \frac{\mu_{C,2} S_0 + (rS_0 - \mu_{A,2}) Z_C}{2rS_0 - \mu_{A,2}}$ in die Gleichung (3.29) für $\eta = \eta_{krit}^{B}$ eingesetzt, ergibt sich:

$$\eta_{krit}^{B} = \frac{(1-p)[rS_0 - \mu_A + \epsilon(S_u - S_d) + 2\epsilon rS_0 - r\frac{Z_C}{\mu_C}\epsilon(S_u - S_d)]}{\frac{3}{2}rS_0 - \mu_A + \epsilon(S_u - S_d) + \epsilon rS_0 - \frac{1}{2}r\frac{Z_C}{\mu_C}\epsilon(S_u - S_d) - p[rS_0 - \mu_A + \epsilon(S_u - S_d) + 2\epsilon rS_0 - r\frac{Z_C}{\mu_C}\epsilon(S_u - S_d)]}$$

Solange $\eta \leq min(\eta_{krit}^{A}, \eta_{krit}^{B})$ ist, kann der Market–Maker sowohl bei Transaktionen zum Bidpreis als auch zum Askpreis nicht–negative erwartete Gewinne erzielen. Ansonsten liegen die Gleichgewichtspreise im Gebiet 2, 11 oder 4.

---

[29] Vgl. zur Argumentation Abschnitt 3.4.2.

Gebiet 2:

Der Market–Maker stellt den Askpreis so hoch, daß die Optimisten noch bereit sind, Calls zu verkaufen. Der größtmögliche Askpreis ist gleich $A_{C,1}^{krit}$.[30] Da er aufgrund einer zu hohen Wahrscheinlichkeit des Eintreffens eines Informierten erwartete Verluste beim Kauf von Calls erzielen würde, stellt er den Bidpreis so, daß niemand Calls leerverkaufen möchte. Wenn η kleiner als η_{krit}^{B} sein würde, läge das Gleichgewicht in Gebiet 9, d.h. $B_{C_d}^{krit}$ ist kein Gleichgewichtspreis, da der Market–Maker auch beim Handel zum Bidpreis nicht–negative Gewinne erzielen kann.

Folglich wählt der Market–Maker die folgenden Preise:

$$B_C^* \leq \frac{(rS_0 - S_d)Z_C}{2rS_0 - S_d}, \text{wenn } \eta > \eta_{krit}^{B} \tag{3.32}$$

$$A_C^* = \frac{\mu_{C,1}S_0}{\mu_{A,1}}, \text{wenn } \eta \leq \eta_{krit}^{A} \tag{3.33}$$

Gebiet 11:

Der Market–Maker stellt einen so niedrigen Bidpreis, daß die Investoren gerade noch bereit sind, Calls leerzuverkaufen. Der kleinstmögliche Bidpreis ist gleich $B_{C,2}^{krit}$.[31] Beim Verkauf von Calls würde er erwartete Verluste realisieren, da die Wahrscheinlichkeit des Eintreffens eines Informierten zu hoch ist. Daher stellt er den Askpreis so hoch, daß niemand bereit ist, Calls zu kaufen.

Folglich stellt der Market–Maker die Preise folgendermaßen:

$$A_C^* \geq \frac{C_u S_0}{S_u}, \text{wenn } \eta > \eta_{krit}^{A} \tag{3.34}$$

$$B_C^* = \frac{\mu_{C,2}S_0 + (rS_0 - \mu_{A,2})Z_C}{2rS_0 - \mu_{A,2}}, \text{wenn } \eta \leq \eta_{krit}^{B} \tag{3.35}$$

Gebiet 4:

Wäre $\eta > max(\eta_{krit}^{A}, \eta_{krit}^{B})$, würde der Market– Maker Verluste erzielen, wenn er die Preise so wie in den Gebieten 2, 9 oder 11 stellen würde. Daher stellt er die Preise so, daß er die Informierten vom Optionsmarkt verdrängt. Zu seinem Bedauern verdrängt er auch gleichzeitig die Uninformierten vom Optionsmarkt. Daraus resultieren folgende Gleichgewichtspreise:

$$A_C^* \geq \frac{C_u S_0}{S_u} \tag{3.36}$$

$$B_C^* \leq \frac{(rS_0 - S_d)Z_C}{2rS_0 - S_d} \tag{3.37}$$

Die abgeleiteten Bid–Ask–Spreads für die jeweilige Parameterkonstellation η werden wie folgt zusammengefaßt.

---

[30] Vgl. zur Argumentation auch Gebiet 9.

[31] Vgl. auch Gebiet 9 zur Argumentation.

Es existieren zwei kritische Anteile der Informierten an der Gesamtzahl aller Investoren $0 < \eta^A_{krit} < 1$ and $0 < \eta^B_{krit} < 1$ mit den folgenden Eigenschaften:
a) Falls $\eta \leq min(\eta^A_{krit}, \eta^B_{krit})$ ist, findet Handel auf der Ask– und Bidseite zwischen dem Market–Maker und den Investoren statt. Die Gleichgewichtspreise und der zugehörige Bid–Ask–Spread sind eindeutig.
b) Falls $min(\eta^A_{krit}, \eta^B_{krit}) < \eta \leq max(\eta^A_{krit}, \eta^B_{krit})$ ist, bricht der Optionsmarkt für die Ask– oder Bidseite zusammen.
c) Falls $\eta > max(\eta^A_{krit}, \eta^B_{krit})$ ist, bricht der Handel auf dem Optionsmarkt zusammen.

- *Falls Handel auf der Ask– und Bidseite stattfindet, sind die Gleichgewichtspreise wie folgt gegeben:*

$$(A^*_C, B^*_C) = \left(\frac{\mu_{C,1}S_0}{\mu_{A,1}}, \frac{\mu_{C,2}S_0 + (rS_0 - \mu_{A,2})Z_C}{2rS_0 - \mu_{A,2}}\right) = (A^{krit}_{C,1}, B^{krit}_{C,2})$$

Die Höhe des zugehörigen Bid–Ask–Spreads beträgt:

$$A^*_C - B^*_C = \frac{\mu_{C,1}S_0}{\mu_{A,1}} - \frac{\mu_{C,2}S_0 + (rS_0 - \mu_{A,2})Z_C}{2rS_0 - \mu_{A,2}} \tag{3.38}$$

- *Falls Handel nur zum Askpreis stattfindet, sind die Gleichgewichtspreise wie folgt gegeben:*

$$(A^*_C, B^*_C) \in \left(\frac{\mu_{C,1}S_0}{\mu_{A,1}} \times \left[0, \frac{(rS_0 - S_d)Z_C}{2rS_0 - S_d}\right]\right)$$

Die zugehörigen Bid–Ask–Spreads liegen im folgenden Intervall:

$$\left[\frac{\mu_{C,1}S_0}{\mu_{A,1}} - \frac{(rS_0 - S_d)Z_C}{2rS_0 - S_d}, \frac{\mu_{C,1}S_0}{\mu_{A,1}}\right] \tag{3.39}$$

- *Falls Handel nur zum Bidpreis stattfindet, sind die Gleichgewichtspreise wie folgt gegeben:*

$$(A^*_C, B^*_C) \in \left(\left[\frac{C_u S_0}{S_u}, C_u\right] \times \frac{\mu_{C,2}S_0 + (rS_0 - \mu_{A,2})Z_C}{2rS_0 - \mu_{A,2}}\right)$$

Die zugehörigen Bid–Ask–Spread liegen im folgenden Intervall:

$$\left[\frac{C_u S_0}{S_u} - \frac{\mu_{C,2}S_0 + (rS_0 - \mu_{A,2})Z_C}{2rS_0 - \mu_{A,2}}, C_u - \frac{\mu_{C,2}S_0 + (rS_0 - \mu_{A,2})Z_C}{2rS_0 - \mu_{A,2}}\right] \tag{3.40}$$

- *Falls kein Handel stattfindet, sind die Gleichgewichtspreise wie folgt gegeben:*

$$(A^*_C, B^*_C) \in \left(\left[\frac{C_u S_0}{S_u}, C_u\right] \times \left[0, \frac{(rS_0 - S_d)Z_C}{2rS_0 - S_d}\right]\right)$$

Die zugehörigen Bid–Ask–Spreads liegen im folgenden Intervall:

$$\left[\frac{C_u S_0}{S_u} - \frac{(rS_0 - S_d)Z_C}{2rS_0 - S_d}, C_u\right] \tag{3.41}$$

Die kritischen Wahrscheinlichkeiten sind gegeben durch:

$$\eta_{krit}^{A} = \frac{p[(1+2\epsilon)rS_0-[\mu_A+\epsilon C_u(S_u-S_d)]]}{(1-p)[\mu_A+\epsilon(S_u-S_d)]-rS_0(1+2\epsilon)(\frac{1}{2}-p)}$$

Der Market–Maker erzielt erwartete Nullgewinne bei Transaktionen zum Askpreis.

$$\eta_{krit}^{B} = \frac{(1-p)[rS_0-\mu_A+\epsilon(S_u-S_d)+2\epsilon rS_0-r\frac{z_C}{\mu_C}\epsilon(S_u-S_d)]}{\frac{3}{2}rS_0-\mu_A+\epsilon(S_u-S_d)+\epsilon rS_0-\frac{1}{2}r\frac{z_C}{\mu_C}\epsilon(S_u-S_d)-p[rS_0-\mu_A+\epsilon(S_u-S_d)+2\epsilon rS_0-r\frac{z_C}{\mu_C}\epsilon(S_u-S_d)]}$$

Der Market–Maker erzielt erwartete Nullgewinne bei Transaktionen zum Bidpreis.

Das Resultat über die Höhe des Bid–Ask–Spreads wird graphisch dargestellt, indem der Bid–Ask–Spread in Abhängigkeit vom Anteil der Informierten betrachtet wird. In der Abbildung 3.8 wird die Lage des Gleichgewichts in Abhängigkeit vom Parameter η im Strategienraum des Market–Makers verdeutlicht. Der Übersicht halber werden nur noch die Gebiete betrachtet, in denen die Gleichgewichtspreise liegen können. Die Ränder der relevanten Gebiete werden durch gepunktete Linien markiert.

Abbildung 3.8. Gleichgewicht im Strategieraum des Market–Makers

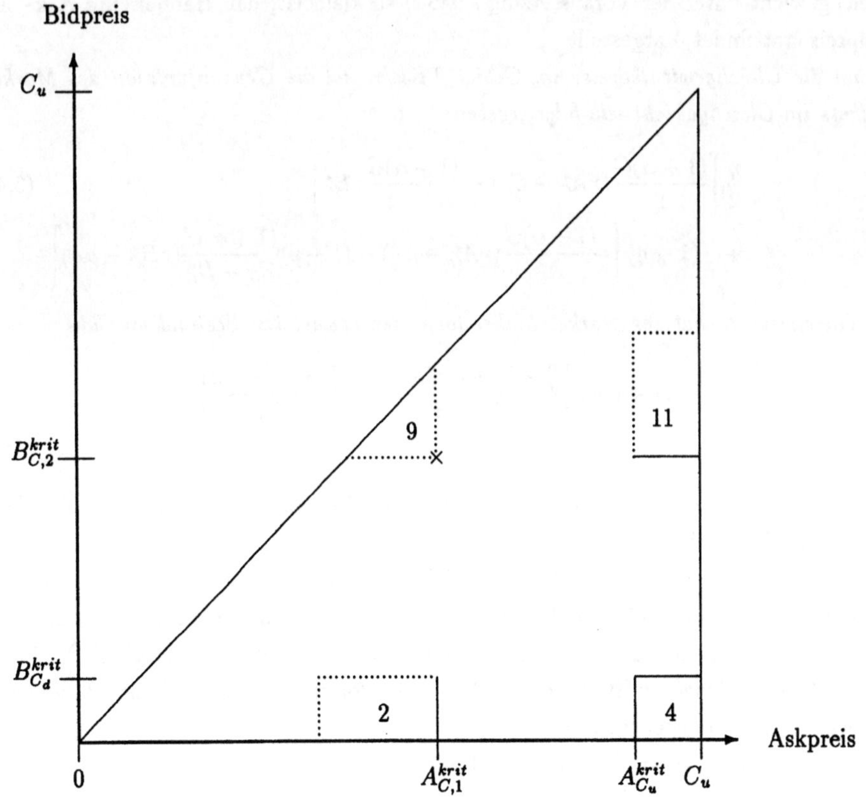

Wenn η kleiner oder gleich $min(\eta^A_{krit}, \eta^B_{krit})$ ist, liegt das Gleichgewicht in der Ecke des Gebietes 9 und wird durch ein Kreuz gekennzeichnet. Wenn η größer als $max(\eta^A_{krit}, \eta^B_{krit})$ ist, sind alle Gleichgewichtspreise nicht mehr eindeutig. Die durchgezogenen Linien veranschaulichen graphisch, daß alle Preiskombinationen im Gebiet 4 Gleichgewichtspreise sein können. Falls $min(\eta^A_{krit}, \eta^B_{krit}) < \eta \leq max(\eta^A_{krit}, \eta^B_{krit})$ ist, liegen die Gleichgewichtspreise entweder im Gebiet 2 oder 11. Es gibt überabzählbar viele Gleichgewichtspreise, die auf den durchgezogenen Linien liegen.
Der Bid–Ask–Spread im Gleichgewicht wird durch den horizontalen Abstand zwischen den Gleichgewichtspreisen und der 45^0 Linie beschrieben.

Bevor auf eine Interpretation des Gleichgewichts eingegangen wird, wird kurz begründet, warum stärkere Annahmen für den weiteren Verlauf der Arbeit getroffen werden.

Im folgenden werden die Annahmen an Z_C so getroffen, daß A^*_C gleich $Z_C - B^*_C$ ist, wobei einerseits $A^*_C = A^{krit}_{C,1}$ und $B^*_C = B^{krit}_{C,2}$ oder andererseits $A^*_C = A^{krit}_{C_u}$ und $B^*_C = B^{krit}_{C_d}$. Das bedeutet, daß die Menge an nachgefragten Calls gleich der Menge an angebotenen Calls der Investoren ist. Diese Bedingung ist genau dann erfüllt, wenn $Z_C = \frac{C_u}{r}$.

Es werden die Gewinnfunktion des Market–Makers und seine erwarteten Bestände im Gleichgewicht unter der Voraussetzung, daß η so klein ist, daß Handel zum Ask- und Bidpreis stattfindet, dargestellt.
Wenn die Gleichgewichtspreise im Gebiet 9 liegen, ist die Gewinnfunktion des Market–Makers im Gleichgewicht wie folgt gegeben:

$$\begin{aligned} \Pi &= \frac{\eta}{2}\left[\frac{(1+\alpha)G}{A^*_C}(rA^*_C - C_u) - \frac{(1+\alpha)G}{Z_C - B^*_C} rB^*_C\right] \\ &+ (1-\eta)\left[p\frac{(1+\alpha)G}{A^*_C}(rA^*_C - \mu_C) - (1-p)\frac{(1+\alpha)G}{Z_C - B^*_C}(rB^*_C - \mu_C)\right] \end{aligned} \tag{3.42}$$

Im Gleichgewicht hat der Market–Maker folgenden erwarteten Bestand an Calls:

$$(1+\alpha)G\left[\frac{\frac{\eta}{2} + (1-\eta)(1-p)}{Z_C - B^*_C} - \frac{\frac{\eta}{2} + (1-\eta)p}{A^*_C}\right] \tag{3.43}$$

Die Abbildung 3.9 beschreibt, wie sich der Bid–Ask–Spread ändert, wenn die Wahrscheinlichkeit η variiert.
Es wird graphisch dargestellt, daß die Möglichkeit besteht, daß der Optionsmarkt nur für eine Seite zusammenbricht. Dieser Fall tritt auf, wenn die erwarteten Bestände des Market–Makers, falls Handel zu beiden Preisen stattfinden kann, nicht gleich Null sind. Die Wahrscheinlichkeit p ist ungleich $\frac{1}{2}$. Es werden folgende Parameterkonstellationen für die Abbildung 3.9 angenommen:
$S_u = 110$, $S_d = 90$, $S_0 = K_C = 100$, $\epsilon = 0,05$, $i = 0$, $p = 0,4$ und $Z_C = \frac{C_u}{r} = 10$.

Abbildung 3.9. Bid–Ask–Spread als Funktion von η

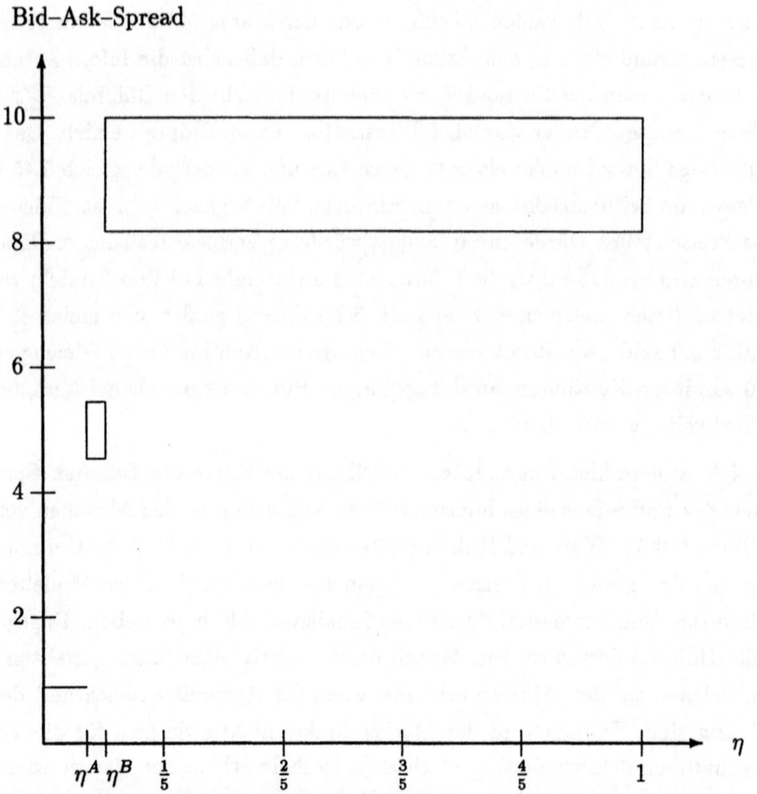

Falls Handel auf beiden Seiten stattfindet, ist die Höhe des Bid–Ask–Spreads im Gleichgewicht gleich 0,89. Falls der Optionsmarkt für die Askseite zusammenbricht, liegen die Bid–Ask–Spreads im Gleichgewicht zwischen 4,54 und 5,45. Falls der Handel auf dem Optionsmarkt zusammengebrochen ist, liegen die Bid–Ask–Spreads im Gleichgewicht zwischen $\frac{90}{11}$ und 10.

Die kritischen Wahrscheinlichkeiten sind wie folgt:

$$\eta^A_{krit} = 0,0726$$
$$\eta^B_{krit} = 0,1051$$

Wenn keine Informierten am Optionsmarkt sind, erreicht der Market–Maker seine größtmöglichen Gewinne. Je höher der Anteil der Informierten ist, desto niedriger werden seine erwarteten Gewinne. Die Gewinnfunktion des Market–Makers ist linear fallend in η. Bis zur kritischen Wahrscheinlichkeit η^A_{krit} bestimmt der Market–Maker denselben Bid-Ask–Spread, da die Optimisten und Pessimisten nur mit Calls handeln und nicht auf den Kassamarkt ausweichen, sofern die gestellten Preise in ihrem Sinn gewinnmaximale Transaktionen zulassen. Ab der Wahrscheinlichkeit η^A_{krit} sind seine erwarteten Gewinne gleich Null, wenn Transaktionen zum Askpreis stattfinden. Wenn der Market–Maker weiterhin den Bid–Ask–Spread gleich 0,89 festlegen würde, die Ungleichung $\eta > \eta^A_{krit}$ gültig wäre und der Investor Calls kaufen möchte, würde der Market–Maker Verluste realisieren. Aus diesem Grund stellt er den Askpreis so hoch, daß selbst die Informierten keine Calls mehr kaufen, wenn der Zustand $\theta = u$ eintritt. Er stellt den Bidpreis $B^{krit}_{C,2} = 4,5$ solange, wie er erwartete Nullgewinne bei Transaktionen zum Bidpreis erzielt. Das heißt, daß der zugehörige Spread größer als oder gleich 4,54 und kleiner oder gleich 5,45 ist. Er erzielt Nullgewinne bei Transaktionen zum Bidpreis, falls η gleich η^B_{krit} ist. Falls er weiterhin diese Preise stellen würde und $\eta > \eta^B_{krit}$, würde er Verluste realisieren. Daher legt er den Bidpreis so fest, daß selbst die Informierten nicht mehr mit ihm handeln würden. Das bedeutet in diesem Beispiel, daß der zugehörige Spread größer oder gleich $\frac{90}{11}$ ist. In der Abbildung 3.9 sind zwei Rechtecke zu sehen, da ein Kontinuum an Gleichgewichtspreisen und somit ein Kontinuum an dazugehörigen Bid–Ask–Spreads existiert, falls die Wahrscheinlichkeit η größer als η^A_{krit} ist.

Im Vergleich zu dem hier vorgestellten Modell hat die Kurve des Bid–Ask–Spread in Abhängigkeit des Eintreffens eines Informierten keine Sprünge in den Modellen von Easley und O'Hara (1987), Biais und Hillion (1991) Easley et al. (1994), da Uninformierte unabhängig von den gestellten Preisen auf jeden Fall handeln. In ihren Modellen wird das Verhalten der Uninformierten durch eine Zufallsvariable beschrieben. Dagegen akzeptieren die Uninformierten in dem Modell dieser Arbeit nicht jeden gestellten Preis, sondern sie weichen auf den Aktienmarkt aus, wenn der Askpreis zu hoch und der Bidpreis zu niedrig sind. Folglich wird der Market–Maker nicht zwingend für die Verluste aus den Geschäften mit Informierten entschädigt. Deshalb erhöht der Market–Maker den Bid–Ask–Spread diskontinuierlich, wenn die Uninformierten zu einem anderen Markt abwandern. Der Market–Maker stellt in diesem Fall den Bid–Ask–Spread so hoch, daß der Optionsmarkt auch für die Informierten unattraktiv wird. In anderen Modellen, wie Glosten und Milgrom (1985), John et al. (1991), Biais und Hillion (1991), Biais und Hillion (1994), sowie Easley et al. (1994) haben die Uninformierten nicht die Möglichkeit, auf einen anderen Markt auszuweichen, auf dem kein Market–Maker die Kurse stellt.
Glosten und Milgrom (1985) zeigen, daß, je nachdem wie groß die Elastizität der Nachfrage der Uninformierten im Verhältnis zur Genauigkeit der Informationen oder zum Anteil der Informierten ist, es zum Marktzusammenbruch kommen kann. Jedoch ergibt sich in ihrem Modell nicht, daß der Wertpapiermarkt für nur eine Marktseite (Kauf oder Verkauf) zusammenbrechen kann.[32]

Im folgenden werden die Gleichgewichtspositionen des Market–Makers beschrieben.
Falls Handel zu beiden Preisen stattfinden kann, sind die erwarteten Bestände des Market–Makers im Gleichgewicht wie folgt gegeben:

---

[32] Auf den Vergleich zu Glosten und Milgrom (1985) bezüglich dieses Sachverhaltes wird in Kapitel 5 näher eingegangen.

Falls $p < \frac{1}{2}$, dann ist erwartete Nachfrage des Market–Makers nach Longpositionen durch $\frac{(1+\alpha)G}{A_C^*}(1-\eta)(1-2p)$ gegeben.
Falls $p = \frac{1}{2}$, dann ist die erwartete Nachfrage des Market–Makers nach Calls gleich Null.
Falls $p > \frac{1}{2}$, dann ist die erwartete Nachfrage des Market–Makers nach Shortpositionen durch $\frac{G}{A_C^*}(1-\eta)(2p-1)$ gegeben.

Falls der Anteil der Optimisten und Pessimisten gleich ist, realisiert der Market–Maker die gleiche Höhe an erwarteten Gewinnen, wenn Handel zum Ask– oder Bidpreis stattfindet. Daher kann der Fall, daß der Optionsmarkt nur für die Ask– oder Bidseite zusammenbricht, nicht eintreten. Das bedeutet insbesondere, daß die kritischen Wahrscheinlichkeiten η_{krit}^A und η_{krit}^B gleich sind. Da dies der realistischere Fall ist, werden für diese Parameterkonstellation die Gleichgewichtspreise und die daraus resultierenden Gleichgewichts–Bid–Ask–Spreads aufgezeigt. Wenn die komparativ–statischen Eigenschaften der Höhe des Bid–Ask–Spreads diskutiert werden, wird auf die eben dargestellte Konstellation bezug genommen.

Falls $p = \frac{1}{2}$ vorausgesetzt wird, sind die kritischen Anteile der Informierten η_{krit}^A und η_{krit}^B gleich. Der kritische Anteil der Informierten wird im folgenden mit η_{krit} bezeichnet. Folglich kann der Fall, daß der Markt nur für eine Seite (Ask oder Bid) zusammenbricht, nicht auftreten.

1. *Falls $0 \leq \eta \leq \eta_{krit}$ ist, existieren eindeutige Gleichgewichtspreise und ein eindeutiger Bid–Ask–Spread in jedem teilspielperfekten Gleichgewicht.*
   Der Bid–Ask–Spread im Gleichgewicht ist wie folgt gegeben:
$$\begin{aligned} A_C^* &= A_{C,1}^{krit} \\ B_C^* &= B_{C,2}^{krit} \\ A_C^* - B_C^* &= \frac{C_u}{r}\,\epsilon\,\frac{2rS_0-(S_u-S_d)}{rS_0+\epsilon(S_u-S_d)} \end{aligned} \tag{3.44}$$

2. *Falls $\eta_{krit} < \eta \leq 1$ ist, existiert ein Kontinuum an Bid–Ask–Spreads in jedem teilspielperfekten Gleichgewicht.*
   Die Bid–Ask–Spreads im Gleichgewicht liegen im folgenden Intervall:
$$\left[\frac{S_d C_u}{r\,S_u}, C_u\right] \tag{3.45}$$

Der kritische Anteil der Informierten η_{krit} ist gleich $\epsilon\frac{2rS_0-(S_u-S_d)}{rS_0+\epsilon(S_u-S_d)}$. Somit beträgt die Höhe des Spreads $\frac{C_u}{r}\eta_{krit}$.

Im ersten Fall existiert ein eindeutiger Bid–Ask–Spread im teilspielperfekten Gleichgewicht, in dem die Optimisten nur Calls kaufen, die Pessimisten nur Calls leerverkaufen, die Informierten nur Calls leerverkaufen, wenn der *down*–Zustand eintritt, und nur Calls kaufen, wenn der *up*–Zustand eintritt. Der Market–Maker realisiert nicht–negative erwartete Gewinne und die Investoren positive erwartete Gewinne gemäß ihrer Erwartungen.

Ein höherer Askpreis als der kritische Askpreis der Optimisten und ein niedrigerer Bidpreis als der kritische Bidpreis der Pessimisten würde die Uninformierten veranlassen, den Optionsmarkt zu verlassen und auf den Aktienmarkt abzuwandern.
Im dritten Fall ist der quotierte Askpreis so hoch und der quotierte Bidpreis so niedrig, daß es für die Optimisten, die Pessimisten und die Informierten besser wäre, mit Aktien zu handeln. Folglich bricht der Handel auf dem Optionsmarkt zusammen, und der Market-Maker erzielt im Durchschnitt Nullgewinne.

Ist die Wahrscheinlichkeit η zu hoch, stellt der Market-Maker den Ask- und Bidpreis so, daß gleichzeitig sowohl für die Kauf- als auch Verkaufsseite der Optionsmarkt zusammenbricht. Wird die Wahrscheinlichkeit η erhöht und lag vorher das Gleichgewicht im Gebiet 9, verlagert es sich ins Gebiet 4. Folglich fällt das kleine Rechteck aus der Abbildung 3.9 weg.
Somit ergibt sich graphisch für den Bid-Ask-Spread in Abhängigkeit vom Anteil der Informierten die Abbildung 3.10:

Abbildung 3.10. Bid-Ask-Spread in Abhängigkeit von η

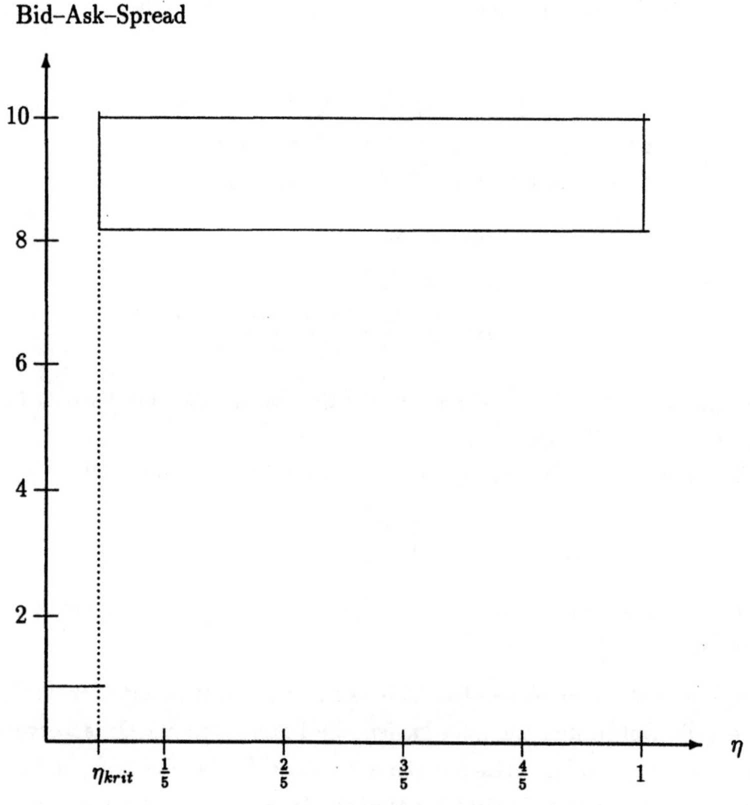

Die gepunktete Linie trennt zwischen dem Bereich des Marktzusammenbruchs und dem Handel.

Wenn $p = \frac{1}{2}$, dann ergibt sich für die Gewinnfunktion des Market-Makers (3.42) im Gleichgewicht

$$\begin{aligned} \Pi &= \frac{\eta}{2}\left[\frac{(1+\alpha)}{A_C^*}G(rA_C^* - C_u) - \frac{(1+\alpha)}{Z_C - B_C^*}G(rB_C^* - C_d)\right] \\ &+ \frac{1-\eta}{2}\left[\frac{(1+\alpha)}{A_C^*}G(rA_C^* - \mu_C) - \frac{(1+\alpha)}{Z_C - B_C^*}G(rB_C^* - \mu_C)\right]. \end{aligned} \tag{3.46}$$

Da die Gleichung $Z_C - B_C^* = A_C^*$ vorausgesetzt wird, folgt die Gleichheit von $\frac{(1+\alpha)}{A_C^*}$ und $\frac{(1+\alpha)}{Z_C - B_C^*}$. Daher vereinfacht sich die Gewinnfunktion des Market-Makers (3.46) folgendermaßen:

$$\Pi = \frac{(1+\alpha)G}{2A_C^*}\{r(A_C^* - B_C^*) - \eta(C_u - C_d)\} \tag{3.47}$$

Es wird gezeigt, daß die Gewinnfunktion des Market-Makers sich aus dem Gewinn bei symmetrischer Information abzüglich der Kosten der adversen Selektion zusammensetzt. Die Gewinnfunktion des Market-Makers (Gleichung (3.47)) kann wie folgt interpretiert werden:
Der Ausdruck $\frac{(1+\alpha)G}{A_C^*}\frac{1}{2}r(A_C^* - B_C^*)$ beschreibt den erwarteten Gewinn, den der Market-Maker mit Sicherheit erhält. Das heißt, daß dieser Ausdruck unabhängig vom Anteil der Informierten an der Gesamtzahl aller Investoren ist. Wenn kein Informierter am Markt ist, dann ist die Höhe des Gewinns bei symmetrischer Information gleich der des Gesamtgewinns, da die Kosten der adversen Selektion gleich Null sind. Dabei beträgt die Höhe des erwarteten Handelsvolumens $\frac{1}{2}\frac{(1+\alpha)G}{A_C^*}$, bzw. dieser Term stellt die erwartete Nachfrage der Investoren nach Calls im Gleichgewicht dar. Der Term $(A_C^* - B_C^*)$ entspricht der Preisspanne zwischen dem Verkaufs- und Kaufpreis des Market-Makers. Das Produkt aus der Preisspanne und dem erwarteten Handelsvolumen wird aufgezinst, da der Market-Maker den Gewinn aus Geschäften mit Uninformierten zum Zinssatz i risikolos anlegen kann.
Der Ausdruck $\frac{(1+\alpha)G}{A_C^*}\frac{\eta}{2}(C_u - C_d)$ stellt die Kosten der adversen Selektion des Market-Makers dar. Der Term $\frac{(1+\alpha)G}{2A_C^*}$ entspricht dem erwarteten Handelsvolumen, C_u verliert der Market-Maker pro verkauftem Call an die Informierten und C_d erhält der Market-Maker pro gekauftem Call von den Informierten. Somit verliert der Market-Maker den Betrag in der Höhe von $\frac{(1+\alpha)G}{2A_C^*}C_u$, wenn die Informierten ($\theta = u$) Calls kaufen. Der Market-Maker erhält $\frac{(1+\alpha)G}{2A_C^*}\frac{\eta}{2}C_d = 0$, wenn die Informierten ($\theta = d$) Calls leerverkaufen, da der Call im *down*-Zustand nichts wert ist.

Werden die Gleichgewichtspreise in die Gleichung für den erwarteten Gewinn bei symmetrischer Information eingesetzt, ergibt sich:

$$R := \frac{(1+\alpha)G}{A_C^*}\frac{1}{2}r(A_C^* - B_C^*) = \frac{(1+\alpha)\,G\epsilon[2rS_0 - (S_u - S_d)]}{(1+2\epsilon)S_0} \tag{3.48}$$

Auf analoge Weise ergibt sich für die Kosten adverser Selektion des Market–Makers:

$$C := \frac{(1+\alpha)G\,\eta}{A_C^*}\frac{\eta}{2}C_u = (1+\alpha)\,G\,\eta\,\frac{rS_0 + \epsilon(S_u - S_d)}{(1+2\epsilon)S_0} \tag{3.49}$$

In Abschnitt 3.5 werden u.a. die komparativ–statischen Eigenschaften von (3.48) und (3.49) untersucht.

3.5 Einflußfaktoren im Gleichgewicht

Im folgenden werden die komparativ–statischen Eigenschaften des Gleichgewichts für den Fall untersucht, daß der Anteil der Pessimisten gleich dem Anteil der Optimisten ist. Da die Gleichung $\mu_A = rS_0$ gilt, wird für die weitere Analyse überall μ_A durch rS_0 ersetzt.

Im weiteren Verlauf der Arbeit werden die Gleichgewichtspreise betrachtet, die in Gebiet 9 (Handel) oder Gebiet 4 (kein Handel) liegen. Für jedes dieser Gebiete werden die komparativ–statischen Eigenschaften der Höhe des Bid–Ask–Spreads, der Nachfrage nach Calls bzw. des Angebots an Calls der Investoren,[33] der kritischen Wahrscheinlichkeit η_{krit} und der Gewinnfunktion des Market–Makers dargestellt.

Es werden folgende exogene Parametereinflüsse untersucht:

- Volatilität des Aktienkurses $(S_u - S_d)$[34]
- heutiger Aktienkurs S_0
- Basispreis des Calls K_C
- Zinssatz i
- Verzerrung der Uninformierten ϵ

Zur Analyse der Einflußfaktoren auf die Höhe des Bid–Ask–Spreads wird in den Bereichen, in denen ein Kontinuum von Preisen Gleichgewichtspreise sind, der kleinste Askpreis und der größte Bidpreis herangezogen. Der Gewinn der Marktteilnehmer bleibt dann unverändert bei einer Erhöhung des Gleichgewichtsaskpreises und einer Senkung des Gleichgewichtsbidpreises, da die Investoren sowieso zum Aktienmarkt abwandern. Der Market–Maker erzielt folglich Nullgewinne, da der Handel auf dem Optionsmarkt zusammengebrochen ist. Dieser Fall wird auch analysiert, um die Eigenschaften des kleinstmöglichen

[33] Da im Gleichgewicht die Höhe der Nachfrage nach Calls gleich der Höhe des Angebots an Calls ist, wird im folgenden nur noch von der Nachfrage der Investoren gesprochen. Für das Angebot an Calls gelten die gleichen Eigenschaften.

[34] Als Ersatzgröße für die Volatilität des Aktienkurses wird die Größe $(S_u - S_d)$ genommen, da im Fall einer Zweipunktverteilung folgende Beziehung zwischen $S_u - S_d$ und der Varianz σ_A^2 der Aktie gilt: $\sigma_A^2 = \frac{1}{4}(S_u - S_d)^2$. Daraus folgt, daß $\sigma_A = \frac{1}{2}(S_u - S_d)$ ist. Daher wird im folgenden $(S_u - S_d)$ als Volatilität des Aktienkurses bezeichnet.

Spreads zu untersuchen, der notwendig ist, um den Handel auf dem Optionsmarkt zum Erliegen zu bringen.

3.5.1 Einfluß der Volatilität des Aktienkurses

Als Ersatzgröße für die Volatilität des Aktienkurses wird die Größe $(S_u - S_d)$ verwandt. Eine Erhöhung der Volatilität des Aktienkurses wird immer bei einer gleichzeitigen Erhöhung von S_u und Senkung von S_d untersucht. Dabei sei die Höhe der Veränderung von S_u gleich der von S_d. Das bedeutet, daß S_u um $\Delta > 0$ erhöht, S_d um Δ gesenkt wird. Daraus folgt, daß der Erwartungswert μ_C des Calls und $(C_u - C_d)$ steigen, wobei als Ersatzgröße für die Volatilität des Calls die Größe $(C_u - C_d)$ verwandt wird. Der Einfluß der Volatilität des Aktienkurses $(S_u - S_d)$ auf den Erwartungswert des Aktienkurses μ_A ist unbestimmt.
Im folgenden wird eine Erhöhung der Volatilität des Aktienkurses bei konstantem Erwartungswert des Aktienkurses μ_A betrachtet. Der Erwartungswert μ_C und die Volatilität $(C_u - C_d)$ des Calls lassen sich in Abhängigkeit von $(S_u - S_d)$ darstellen. Da $C_d = 0$ ist, gilt $C_u = 2\mu_C$.[35] Aus diesem Grund werden in Zukunft nur die partiellen Ableitungen nach μ_C betrachtet.

Wie schon in der Beschreibung der Modellstruktur dargestellt wurde, gilt:

$$\begin{aligned} S_u &= rS_0 + \frac{1}{2}(S_u - S_d) \\ S_d &= rS_0 - \frac{1}{2}(S_u - S_d) \end{aligned}$$

Daher läßt sich der Erwartungswert des Calls in Abhängigkeit der Volatilität des Aktienkurses $(S_u - S_d)$ darstellen.

$$\mu_C = \frac{1}{2}(rS_0 - K) + \frac{1}{4}(S_u - S_d) \tag{3.50}$$

Für die Änderungen in Abhängigkeit von $(S_u - S_d)$ gilt:

$$\begin{aligned} \frac{\partial \mu_C}{\partial (S_u - S_d)} &= \frac{1}{4} \\ \frac{\partial S_u}{\partial (S_u - S_d)} &= \frac{1}{2} \\ \frac{\partial S_d}{\partial (S_u - S_d)} &= -\frac{1}{2} \end{aligned}$$

Zuerst wird der Bid–Ask–Spread untersucht, wenn die Ungleichung $\eta \leq \eta_{krit}$ gültig ist. Danach wird der kleinste Bid–Ask–Spread analysiert, wenn $\eta > \eta_{krit}$ ist. Bevor der

[35] Das heißt, daß die Volatilität $(C_u - C_d)$ des Calls sich nur um einen Proportionalitätsfaktor vom Erwartungswert des Calls μ_C unterscheidet.

Gesamteffekt untersucht wird, wird jeweils die Änderung der Gleichgewichtspreise analysiert.

Es sei $\eta \leq \eta_{krit}$:
Die Effekte der Änderung des kritischen Askpreises der Optimisten können folgendermaßen aufgespalten werden:

$$\frac{dA_{C,1}^{krit}}{d(S_u - S_d)} = \frac{\partial A_{C,1}^{krit}}{\partial \mu_C}\frac{\partial \mu_C}{\partial (S_u - S_d)} + \frac{\partial A_{C,1}^{krit}}{\partial (S_u - S_d)}$$

Es wurde gezeigt, daß die Optimisten entweder nur Calls oder Aktien kaufen. Ihre erwarteten Gewinne[36] sind gegeben durch:

- long Positionen in Aktien:

$$iG + \frac{(1+\alpha)G}{S_0}\epsilon(S_u - S_d) \tag{3.51}$$

- long Positionen in Calls:

$$iG + \frac{(1+\alpha)G}{A_C}((1+2\epsilon)\mu_C - rA_C) \tag{3.52}$$

Der kritische Askpreis der Optimisten $A_{C,1}^{krit}$ wird durch Gleichsetzen von (3.51) und (3.52) bestimmt. Der direkte Effekt ist negativ aufgrund der Substitutionsbeziehung zu Aktien. Ist nämlich die Volatilität des Aktienkurses $(S_u - S_d)$ höher, steigt der erwartete Gewinn beim Kauf von Aktien, wie aus der Gleichung (3.51) zu erkennen ist. Je höher die Volatilität des Aktienkurses $(S_u - S_d)$ ist, desto größer wird der Erwartungswert des Calls μ_C. Der indirekte Effekt über den Erwartungswert des Calls μ_C ist positiv, da der Askpreis steigend im Erwartungswert aus Sicht der Optimisten $\mu_{C,1}$ ist. Der Wert der Option $\frac{\mu_C}{r}$ steigt, da der Zinssatz i bei einer Variation der Volatilität des Aktienkurses $(S_u - S_d)$ konstant bleibt.[37] Da der indirekte Effekt den direkten Effekt überwiegt, ist der gesamte Effekt positiv, und somit steigt der kritische Askpreis der Optimisten bei zunehmender Volatilität des Aktienkurses $(S_u - S_d)$.
Der Effekt einer Erhöhung der Volatilität des Aktienkurses auf den kritischen Bidpreis der Pessimisten kann wie folgt aufgespalten werden:

$$\frac{dB_{C,2}^{krit}}{d(S_u - S_d)} = \frac{\partial B_{C,2}^{krit}}{\partial \mu_C}\frac{\partial \mu_C}{\partial (S_u - S_d)} + \frac{\partial B_{C,2}^{krit}}{\partial (S_u - S_d)}$$

Ebenso wurde gezeigt, daß die Pessimisten nur Aktien oder Calls leerverkaufen. Die Höhe ihrer erwarteten Gewinne beträgt:

---

[36] In der Spieltheorie wird die Gewinnfunktion eines Spielers als Auszahlungsfunktion bezeichnet.

[37] Es kann mit dem theoretischen Optionspreis argumentiert werden, da π die risikoadjustierte Wahrscheinlichkeit ist.

- short Positionen in Aktien:

$$iG + \frac{(1+\alpha)G}{S_0}\epsilon(S_u - S_d) \tag{3.53}$$

- short Positionen in Calls:

$$iG + \frac{(1+\alpha)G}{C_u/r - B_C}(rB_C - (1-2\epsilon)\mu_C) \tag{3.54}$$

Der direkte Effekt ist positiv aufgrund der Substitutionsbeziehung zu Aktien analog dem kritischen Askpreis der Optimisten, wie aus der Gleichung (3.53) zu erkennen ist. Der indirekte Effekt ist positiv, da der Erwartungswert des Calls aus Sicht der Pessimisten zunimmt. Somit sind sowohl der direkte als der indirekte Effekt positiv, so daß bei einer Erhöhung der Volatilität des Aktienkurses $(S_u - S_d)$ der kritische Bidpreis der Pessimisten steigt.

Insgesamt betrachtet ist die Änderung der Höhe des Bid–Ask–Spreads wie folgt gegeben:
Wenn der Anteil der Informierten so klein ist, daß Handel stattfindet, beträgt die Änderung der Höhe des Bid–Ask–Spreads:

$$\begin{aligned} \frac{d(A_C^* - B_C^*)}{d(S_u - S_d)} &= \frac{\partial(A_C^* - B_C^*)}{\partial\mu_C}\frac{\partial\mu_C}{\partial(S_u - S_d)} + \frac{\partial(A_C^* - B_C^*)}{\partial(S_u - S_d)} \\ &= \frac{1}{2}\frac{\epsilon[2rS_0 - (S_u - S_d)]}{r[rS_0 + \epsilon(S_u - S_d)]} - \frac{2\epsilon S_0[\mu_C + \epsilon C_u]}{[rS_0 + \epsilon(S_u - S_d)]^2} > 0 \end{aligned} \tag{3.55}$$

Aus der Gleichung (3.55) ist zu erkennen, daß der Bid–Ask–Spread bei steigender Volatilität des Aktienkurses $(S_u - S_d)$ wächst. Der Gleichgewichtsask- und -bidpreis steigen bei einer Erhöhung des Erwartungswertes des Calls c.p., da die Option mehr wert ist. Der Askpreis steigt stärker als der Bidpreis an, da der Erwartungswert des Calls $\mu_{C,1}$ aus Sicht der Optimisten stärker als der Erwartungswert des Calls $\mu_{C,2}$ aus Sicht der Pessimisten zunimmt. Somit ist der direkte Effekt des Erwartungswertes des Calls μ_C positiv. Das heißt:

$$\frac{\partial(A_C^* - B_C^*)}{\partial\mu_C} = \frac{2\epsilon[2rS_0 - (S_u - S_d)]}{r[rS_0 + \epsilon(S_u - S_d)]} > 0 \tag{3.56}$$

Der kritische Askpreis der Optimisten fällt und der kritische Bidpreis der Pessimisten steigt c.p. bei einer Erhöhung der Volatilität des Aktienkurses $(S_u - S_d)$ aufgrund der Substitutionsbeziehung zu Aktien. Die erwarteten Gewinne beim Handel mit Aktien sind c.p. wachsend in der Volatilität des Aktienkurses $(S_u - S_d)$, wodurch der Handel mit Aktien rentabler wird. Diesen Sachverhalt verdeutlichen (3.51) und (3.53). Daher ist der direkte Effekt der Volatilität des Aktienkurses $(S_u - S_d)$ negativ.

$$\frac{\partial(A_C^* - B_C^*)}{\partial(S_u - S_d)} = -\frac{2\epsilon S_0(\mu_C + \epsilon C_u)}{[rS_0 + \epsilon(S_u - S_d)]^2} < 0 \tag{3.57}$$

Folglich ist der direkte Effekt von $(S_u - S_d)$ negativ und der indirekte Effekt von $(S_u - S_d)$ über μ_C positiv. Der indirekte Effekt dominiert, so daß das Vorzeichen der Gleichung (3.55) insgesamt positiv ist.

Es sei $\eta > \eta_{krit}$:
Der Effekt der Volatilität des Aktienkurses auf den Askpreis kann wie folgt dargestellt werden:

$$\frac{dA_{C_u}^{krit}}{d(S_u - S_d)} = \frac{\partial A_{C_u}^{krit}}{\partial \mu_C}\frac{\partial \mu_C}{\partial (S_u - S_d)} + \frac{\partial A_{C_u}^{krit}}{\partial S_u}\frac{\partial S_u}{\partial (S_u - S_d)} + \frac{\partial A_{C_u}^{krit}}{\partial (S_u - S_d)}$$

Es wurde gezeigt, daß die Informierten Aktien oder Calls kaufen, wenn der *up*–Zustand eintritt.

- long Positionen in Aktien:

$$i\,G + \frac{(1+\alpha)G}{S_0}(S_u - rS_0) \tag{3.58}$$

- long Positionen in Calls:

$$i\,G + \frac{(1+\alpha)G}{A_C}(C_u - rA_C) \tag{3.59}$$

Der direkte Effekt ist Null, da die Informierten wissen, daß der Aktienkurs steigen wird. Der Gesamteffekt ist positiv, da der indirekte positive Effekt über den Erwartungswert des Calls μ_C den indirekten negativen Effekt über S_u überwiegt. S_u ist wachsend in der Volatilität des Aktienkurses $(S_u - S_d)$. Der Effekt über S_u drückt die Substitutionsbeziehung zwischen dem Aktien– und Callkauf aus. Diese Tatsache ist aus den Gleichungen (3.59) und (3.58) zu erkennen. Je größer nämlich S_u c.p. ist, desto höher ist der Gewinn beim Kauf von Aktien.
Der Effekt der Volatilität auf den Bidpreis kann wie folgt aufgesplittet werden:

$$\frac{dB_{C_d}^{krit}}{d(S_u - S_d)} = \frac{\partial B_{C_d}^{krit}}{\partial \mu_C}\frac{\partial \mu_C}{\partial (S_u - S_d)} + \frac{\partial B_{C_d}^{krit}}{\partial S_d}\frac{\partial S_d}{\partial (S_u - S_d)} + \frac{\partial B_{C_d}^{krit}}{\partial (S_u - S_d)}$$

Die Gewinne der Informierten für den Zustand $\theta = d$ sind gegeben durch:

- short Positionen in Aktien:

$$i\,G + \frac{(1+\alpha)G}{S_0}(rS_0 - S_d) \tag{3.60}$$

- short Positionen in Calls:

$$i\,G + \frac{(1+\alpha)G}{C_u/r - B_C}\,rB_C \tag{3.61}$$

Analog zum kritischen Askpreis ist der direkte Effekt Null. Beide indirekten Effekte sind positiv, so daß der Gesamteffekt positiv ist.
S_d sinkt bei steigender Volatilität. Zusätzlich sinkt der Bidpreis c.p. bei steigendem S_d, so daß der indirekte Effekt über S_d insgesamt wieder positiv ist.

Die Änderung der Höhe des Bid–Ask–Spreads beträgt:

$$\begin{aligned}\frac{d(A_C^* - B_C^*)}{d(S_u - S_d)} &= \frac{\partial(A_C^* - B_C^*)}{\partial \mu_C}\frac{\partial \mu_C}{\partial(S_u - S_d)} \\ &+ \frac{\partial(A_C^* - B_C^*)}{\partial S_d}\frac{\partial S_d}{\partial(S_u - S_d)} + \frac{\partial(A_C^* - B_C^*)}{\partial S_u}\frac{\partial S_u}{\partial(S_u - S_d)} + \frac{\partial(A_C^* - B_C^*)}{\partial(S_u - S_d)} \\ &= \frac{1}{2}\frac{S_d}{rS_u} - \frac{S_0 C_u}{S_u^2} > 0\end{aligned}$$

Bei Erhöhung des Erwartungswertes des Calls μ_C c.p. steigen der Askpreis und der Bidpreis. Da der Askpreis stärker als der Bidpreis ansteigt, ist der direkte Effekt des Erwartungswertes des Calls μ_C positiv.

$$\frac{\partial(A_C^* - B_C^*)}{\partial \mu_C} = 2\frac{S_d}{rS_u} > 0 \tag{3.62}$$

Die indirekten Effekte über S_u und S_d setzen sich aus der Wirkung von S_u auf $A_C^* = A_{C_u}^{krit}$ und S_d auf $B_C^* = B_{C_d}^{krit}$ zusammen. Der kritische Askpreis des Informierten im *up*–Zustand sinkt, da der Gewinn beim Kauf von Aktien c.p. steigend in S_u ist, wie (3.58) zeigt.

$$\frac{\partial(A_C^* - B_C^*)}{\partial S_u} = -\frac{S_0 C_u}{S_u^2} < 0 \tag{3.63}$$

Dagegen sinkt der kritische Bidpreis der Informierten im *down*–Zustand, wenn c.p. S_d wächst. Da jedoch S_d in $(S_u - S_d)$ fallend ist, ist der gesamte Effekt über S_d negativ.

$$\frac{\partial(A_C^* - B_C^*)}{\partial S_d} = \frac{S_0 C_u}{S_u^2} > 0 \tag{3.64}$$

Analog zum direkten Effekt von $(S_u - S_d)$ beim Handel ist die Summe aus den beiden Effekten über S_u und S_d negativ, wenn kein Handel stattfindet, da S_u wachsend und S_d fallend in der Volatilität des Aktienkurses $(S_u - S_d)$ ist.
Der direkte Effekt der Volatilität des Aktienkurses $(S_u - S_d)$ ist Null, da die Differenz zwischen S_u und S_d nicht maßgeblich für die Portefeuillewahl der Informierten ist. Da der indirekte Effekt von $(S_u - S_d)$ über μ_C überwiegt, ist der Bid–Ask–Spread wachsend in der Volatilität des Aktienkurses $(S_u - S_d)$.

Die kritische Wahrscheinlichkeit η_{krit} fällt.

$$\frac{d\eta_{krit}}{d(S_u - S_d)} = -\epsilon r S_0 \frac{1 + 2\epsilon}{[rS_0 + \epsilon(S_u - S_d)]^2} < 0, \tag{3.65}$$

Die Abbildung 3.11 zeigt im [η,Bid–Ask–Spread]–Diagramm, wie sich die Höhe des Bid–Ask–Spreads und die kritische Wahrscheinlichkeit η_{krit} verändern, wenn die Volatilität des

Aktienkurses $(S_u - S_d)$ erhöht wird.
Da sich bei einer Variation der Volatilität des Aktienkurses $(S_u - S_d)$ nicht nur die Höhe des Bid–Ask–Spreads sondern auch die kritische Wahrscheinlichkeit η_{krit} verändert, wird die Änderung der Höhe des Spreads und von η_{krit} in Abhängigkeit vom Anteil der Informierten verdeutlicht. Die durchgezogene Linie verdeutlicht die Lage der Höhe des Spreads vor einer Erhöhung der Volatilität des Aktienkurses $(S_u - S_d)$ und die gepunktete Linie nach einer Erhöhung der Volatilität des Aktienkurses $(S_u - S_d)$.[38]

Abbildung 3.11. Bid–Ask–Spread bei Variation der Volatilität des Aktienkurses

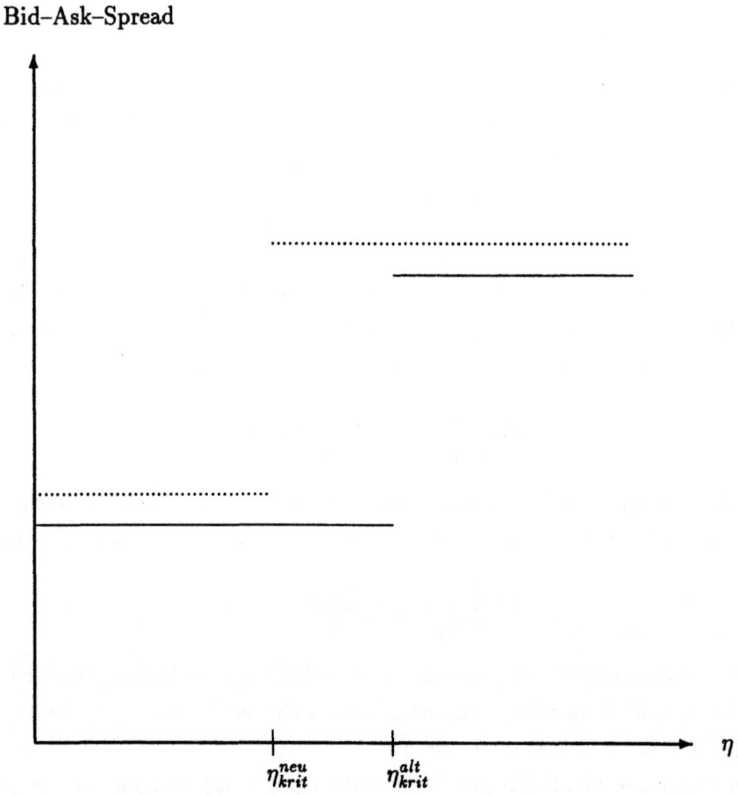

Die Abbildung 3.11 veranschaulicht, daß zwar der jeweilige Spread, d.h. der für $\eta \leq \eta_{krit}$ und der für $\eta > \eta_{krit}$ steigt. Jedoch sinkt die kritische Wahrscheinlichkeit η_{krit}. Somit muß der Market–Maker nach einer Erhöhung der Volatilität des Aktienkurses $(S_u - S_d)$ schon bei einem etwas niedrigeren Anteil der Informierten den Spread vergrößern, so daß sogar die Informierten kein Interesse mehr haben, mit Calls zu handeln. Für den Market–Maker bedeutet daher eine zunehmende Volatilität des Aktienkurses $(S_u - S_d)$ einen Rückgang

[38] Für die weiteren Abbildungen in diesem Kapitel wird die Konvention beibehalten, daß die durchgezogene Linie die Situation vor Variation der exogenen Variablen und die gepunktete Linie die Situation nach Variation der exogenen Einflußgröße repräsentiert.

seiner Gewinne bei symmetrischer Information und eine Zunahme der Kosten der adversen Selektion. Jedoch lohnt es sich für den Market–Maker nicht, den gleichen Bid–Ask–Spread wie vor einer Erhöhung der Volatilität des Aktienkurses $(S_u - S_d)$ zu stellen, da dann seine erwarteten Gewinne noch weiter abnehmen würden. Es ist nämlich für den Market–Maker immer noch gewinnmaximal, wenn er die Höhe des Bid–Ask–Spreads so bestimmt, daß die Uninformierten noch gerade bereit sind, mit ihm zu handeln.

Die gerade beschriebene Intuition wird im folgenden formal erläutert.
Die nächste Gleichung zeigt, daß die Nachfrage der Investoren bei steigender Volatilität fällt. Diese Tatsache ist darauf zurückzuführen, daß der Gleichgewichtsaskpreis, der dem kritischen Askpreis der Optimisten entspricht bzw. die Differenz von Z_C und dem Gleichgewichtsbidpreis, wachsend in der Volatilität des Aktienkurses $(S_u - S_d)$ ist.[39] Es besteht nämlich eine inverse Beziehung zwischen dem Gleichgewichtsaskpreis bzw. $Z_C - B_C^*$ und der Nachfrage der Investoren.

$$\begin{aligned}\frac{d(\frac{(1+\alpha)G}{A_C^*})}{d(S_u - S_d)} &= \frac{\partial((\frac{(1+\alpha)G}{A_C^*})}{\partial \mu_C}\frac{\partial \mu_C}{\partial(S_u - S_d)} + \frac{\partial((\frac{(1+\alpha)G}{A_C^*})}{\partial(S_u - S_d)} \\ &= -\frac{(1+\alpha)G}{S_0\,\mu_{C,1}^2}\left[\frac{1}{4}(1+2\epsilon)(rS_0 + \epsilon(S_u - S_d)) + \epsilon\mu_{C,1}\right] < 0\end{aligned} \tag{3.66}$$

Da die Nachfrage der Marktteilnehmer bei höherer Volatilität des Aktienkurses $(S_u - S_d)$ sinkt und da dieser Effekt den Effekt eines Anstiegs des Bid–Ask–Spreads überwiegt, sinken die erwarteten Gewinne des Market–Makers bei symmetrischer Information aus dem Bid–Ask–Spread. Zusätzlich ist aus Gleichung (3.49) ersichtlich, daß die Kosten der adversen Selektion c.p. steigend in der Volatilität des Aktienkurses $(S_u - S_d)$ sind. Folglich sinken die erwarteten Gewinne des Market–Makers bei wachsender Volatilität des Aktienkurses $(S_u - S_d)$. Daraus ergibt sich, daß der Market–Maker mit weniger Informierten handeln kann, d.h. die kritische Wahrscheinlichkeit η_{krit} gesunken ist, ohne dabei selbst Verluste beim Handel mit Calls in Kauf nehmen zu müssen.
Somit steht sich der Market–Maker besser, wenn sich die Volatilität des Aktienkurses $(S_u - S_d)$ nicht erhöht, da seine erwarteten Gewinne zurückgehen, obwohl er einen höheren Spread setzen kann.

3.5.2 Einfluß des heutigen Aktienkurses

Eine Erhöhung des Erwartungswertes vom Aktienkurs μ_A wird immer bei einer gleichzeitigen Steigerung von S_u und S_d betrachtet. Das bedeutet, daß S_u und S_d um Δ erhöht werden. Die Volatilität $(C_u - C_d)$ und der Erwartungswert μ_C des Calls steigen, wenn der Erwartungswert des Aktienkurses μ_A steigt. Die Wirkung auf die Volatilität des Aktienkurses $(S_u - S_d)$ ist unbestimmt. Aufgrund der Annahme $\mu_A = rS_0$ bedeutet eine

[39] Da $Z_C - B_C^* = A_C^*$, bezieht sich die weitere Analyse der Nachfrage der Investoren auf den Gleichgewichtsaskpreis. Eine analoge Argumentation kann für den Gleichgewichtsbidpreis auch durchgeführt werden.

Variation des heutigen Aktienkurses S_0 gleichzeitig eine Veränderung des Erwartungswertes des Aktienkurses μ_A, wenn der Zinssatz i konstant gehalten wird.
Im folgenden wird die Änderung anstatt einer Variation des Erwartungswertes des Aktienkurses μ_A immer eine Variation des heutigen Aktienkurses S_0 bei konstanter Volatilität des Aktienkurses $(S_u - S_d)$ und konstantem Zinssatz i betrachtet.

S_u und S_d steigen bei größerem heutigen Aktienkurs S_0. Für die Änderungen gilt:

$$\frac{\partial S_u}{\partial S_0} = r$$
$$\frac{\partial S_d}{\partial S_0} = r$$

Aus Gleichung (3.50) folgt, daß auch der Erwartungswert μ_C des Calls steigend im heutigen Aktienkurs S_0 ist. Für die Änderung in Abhängigkeit vom heutigen Aktienkurs S_0 gilt:

$$\frac{\partial \mu_C}{\partial S_0} = \frac{r}{2}$$

Es sei $\eta \leq \eta_{krit}$:
Die Effekte des heutigen Aktienkurses S_0 auf den kritischen Askpreis der Optimisten können folgendermaßen aufgespalten werden:

$$\frac{dA_{C,1}^{krit}}{dS_0} = \frac{\partial A_{C,1}^{krit}}{\partial \mu_C}\frac{\partial \mu_C}{\partial S_0} + \frac{\partial A_{C,1}^{krit}}{\partial S_0}$$

Mit wachsendem heutigen Aktienkurs S_0 steigt der Erwartungswert des Calls μ_C. Folglich ist der indirekte Effekt positiv. Der direkte Effekt ist positiv, da die maximale mögliche Menge an Aktien, die gehandelt werden können, zurückgeht und dadurch die erwarteten Gewinne der Optimisten beim Handel mit Aktien sinken. Somit ist der Kauf von Aktien keine attraktivere Alternative für die Optimisten. Diesen Sachverhalt verdeutlicht (3.51). Daraus folgt, daß sowohl der direkte als auch der indirekte Effekt positiv sind, so daß der Gesamteffekt positiv ist.
Die Effekte des heutigen Aktienkurses S_0 auf den kritischen Bidpreis der Pessimisten können folgendermaßen aufgespalten werden:

$$\frac{dB_{C,2}^{krit}}{dS_0} = \frac{\partial B_{C,2}^{krit}}{\partial \mu_C}\frac{\partial \mu_C}{\partial S_0} + \frac{\partial B_{C,2}^{krit}}{\partial S_0}$$

Der direkte Effekt ist negativ, da der erwartete Gewinn beim Leerverkauf von Aktien aufgrund fallender maximal möglicher Mengen an Aktien, die sie leerverkaufen können, sinkt. Der indirekte Effekt über den Erwartungswert des Calls μ_C ist positiv, da der Erwartungswert des Calls aus Sicht der Pessimisten steigt. Da der indirekte Effekt den direkten negativen Effekt überwiegt, ist der Gesamteffekt positiv.

Der Effekt des heutigen Aktienkurses S_0 auf die Höhe des Spreads kann wie folgt dargestellt werden:

$$\frac{d(A_C^* - B_C^*)}{dS_0} = \frac{\partial(A_C^* - B_C^*)}{\partial \mu_C}\frac{\partial \mu_C}{\partial S_0} + \frac{\partial(A_C^* - B_C^*)}{\partial S_0}$$

$$= \frac{\epsilon(2rS_0 - (S_u - S_d)}{rS_0 + \epsilon(S_u - S_d))} + 2\frac{(\mu_C + \epsilon C_u)\epsilon(S_u - S_d)}{[rS_0 + \epsilon(S_u - S_d)]^2} > 0$$

Der direkte Effekt ist positiv, da der kritische Askpreis der Optimisten steigt, und der kritische Bidpreis der Pessimisten fällt bei einer c.p. Erhöhung des heutigen Aktienkurses S_0. Der Grund liegt darin, daß mit steigendem heutigen Aktienkurs S_0, die Menge, die an Aktien gehandelt werden kann, sinkt. Dies führt dazu, daß es sich für die Uninformierten weniger lohnt, mit Aktien zu handeln. Die erwarteten Gewinne beim Handel mit Aktien sinken, wie die Gleichungen (3.51) und (3.53) zeigen.

$$\frac{\partial(A_C^* - B_C^*)}{\partial S_0} = 2\frac{(\mu_C + \epsilon C_u)\epsilon(S_u - S_d)}{[rS_0 + \epsilon(S_u - S_d)]^2} > 0 \qquad (3.67)$$

Hingegen ist der indirekte Effekt über den Erwartungswert des Calls μ_C positiv, weil der kritische Askpreis der Optimisten mehr als der kritische Bidpreis der Pessimisten ansteigt. Diese Tatsache läßt sich darauf zurückführen, daß der Erwartungswert des Calls aus Sicht der Optimisten stärker als der aus Sicht der Pessimisten zunimmt. Sowohl der direkte als auch der indirekte Effekt sind positiv, so daß der Gesamteffekt positiv ist.

Es sei $\eta > \eta_{krit}$:
Der Effekt des heutigen Aktienkurses S_0 auf den Askpreis ist folgendermaßen:

$$\frac{dA_{C_u}^{krit}}{dS_0} = \frac{\partial A_{C_u}^{krit}}{\partial \mu_C}\frac{\partial \mu_C}{\partial S_0} + \frac{\partial A_{C_u}^{krit}}{\partial S_u}\frac{\partial S_u}{\partial S_0} + \frac{\partial A_{C_u}^{krit}}{\partial S_0}$$

Je größer der heutige Aktienkurs S_0 ist, desto größer ist S_u. Die Vorzeichen der indirekten Effekte sind analog zu denen bei Betrachtung der Volatilität. Jedoch ist zusätzlich der direkte Effekt positiv, da die Informierten bei steigendem heutigen Aktienkurs S_0 weniger Aktien kaufen können, so daß der Gewinn beim Aktienkauf c.p. sinkt. Dies verdeutlicht (3.58). Folglich ist der Gesamteffekt positiv.
Der Effekt beim heutigen Aktienkurs S_0 auf den Bidpreis ist wie folgt gegeben:

$$\frac{dB_{C_d}^{krit}}{dS_0} = \frac{\partial B_{C_d}^{krit}}{\partial \mu_C}\frac{\partial \mu_C}{\partial S_0} + \frac{\partial B_{C_d}^{krit}}{\partial S_d}\frac{\partial S_d}{\partial S_0} + \frac{\partial B_{C_d}^{krit}}{\partial S_0}$$

Der Effekt über den Erwartungswert des Calls μ_C ist positiv. S_d ist wachsend im heutigen Aktienkurs S_0. Da jedoch der Bidpreis c.p. bei steigendem S_d sinkt, ist der indirekte Effekt über S_d negativ. Zusätzlich ist der direkte Effekt positiv. Der Gesamteffekt ist positiv, da die beiden positiven Effekte den negativen Effekt überkompensieren.

Die Änderung der Höhe des Bid–Ask–Spreads beträgt:

$$\begin{aligned} &\frac{d(A_C^* - B_C^*)}{dS_0} \\ &= \frac{\partial(A_C^* - B_C^*)}{\partial \mu_C}\frac{\partial \mu_C}{\partial S_0} + \frac{\partial(A_C^* - B_C^*)}{\partial S_d}\frac{\partial S_d}{\partial S_0} + \frac{\partial(A_C^* - B_C^*)}{\partial S_u}\frac{\partial S_u}{\partial S_0} + \frac{\partial(A_C^* - B_C^*)}{\partial S_0} \\ &= \frac{S_d}{S_u} + \frac{C_u(S_u - S_d)}{S_u^2} > 0 \end{aligned}$$

Der indirekte Effekt über den Erwartungswert μ_C ist positiv, da der Bidpreis weniger stark als der Askpreis ansteigt, analog zur Betrachtung der Variation der Volatilität des Aktienkurses.

Der indirekte Effekt über S_u ist negativ aufgrund der Substitutionsmöglichkeit zu den Aktien, da der Gewinn beim Aktienkauf c.p. in S_u steigt und S_u wachsend im heutigen Aktienkurs S_0 ist, wie die Gleichung (3.58) zeigt.

$$\frac{\partial(A_C^* - B_C^*)}{\partial S_u} = -\frac{S_0 C_u}{S_u^2} < 0 \tag{3.68}$$

Der kritische Bidpreis $B_{C_d}^{krit}$ fällt zwar, wenn c.p. S_d steigt, weil der Gewinn beim Leerverkauf von Aktien sinkt, so daß der Leerverkauf von Calls im Vergleich zu Aktien gewinnbringender wird. Dies ist aus der Gleichung (3.60) zu erkennen. Da S_d steigend im heutigen Aktienkurs S_0 ist, ist der indirekte Effekt über S_d positiv.

$$\frac{\partial(A_C^* - B_C^*)}{\partial S_d} = \frac{S_0 C_u}{S_u^2} > 0 \tag{3.69}$$

Da der Einfluß von S_u auf den kritischen Askpreis der Informierten gleich dem Einfluß von S_d auf den kritischen Bidpreis der Informierten für den *down*–Zustand ist, und sowohl S_u als auch S_d steigend im heutigen Aktienkurs S_0 sind, heben sich die beiden Effekte auf den Bid–Ask–Spread auf.

Steigt c.p. der heutige Aktienkurs S_0, wird der Kauf des Calls attraktiver, da der Gewinn beim Aktienkauf sinkt.[40] Diese Tatsache liegt darin begründet, daß die Menge sinkt, mit der die Informierten maximal handeln können. Daher sind die Informierten bereit, mehr für den Kauf des Calls zu bezahlen. Der kritische Bidpreis der Informierten ($\theta = d$) im Vergleich zum kritischen Bidpreis der Pessimisten betrachtet steigt auch, da beim Anstieg des heutigen Aktienkurses S_0 c.p. der Gewinn beim Leerverkauf von Aktien steigt.[41] Daher wird der Leerverkauf von Aktien gewinnbringender für die Informierten, so daß sie erst zu einem höheren Bidpreis Calls leerverkaufen. Da der Askpreis stärker als der Bidpreis ansteigt, ist der direkte Effekt positiv.

$$\frac{\partial(A_C^* - B_C^*)}{\partial S_0} = \frac{C_u(S_u - S_d)}{S_u^2} > 0 \tag{3.70}$$

Der Market–Maker kann mit mehr Informierten als vor der Erhöhung des heutigen Aktienkurses S_0 handeln. Somit gilt für die Änderung der kritischen Wahrscheinlichkeit:

$$\frac{d\eta_{krit}}{dS_0} = \epsilon\frac{(1+2\epsilon)(S_u - S_d)}{[rS_0 + \epsilon(S_u - S_d)]^2} > 0 \tag{3.71}$$

Die Abbildung 3.12 verdeutlicht die Änderung der Höhe des Spreads und der kritischen Wahrscheinlichkeit η_{krit} bei Variation des heutigen Aktienkurses S_0.

---

[40] Vgl. die Gleichung (3.58).

[41] Vgl. die Gleichung (3.60).

Abbildung 3.12. Bid–Ask–Spread bei Variation des heutigen Aktienkurses

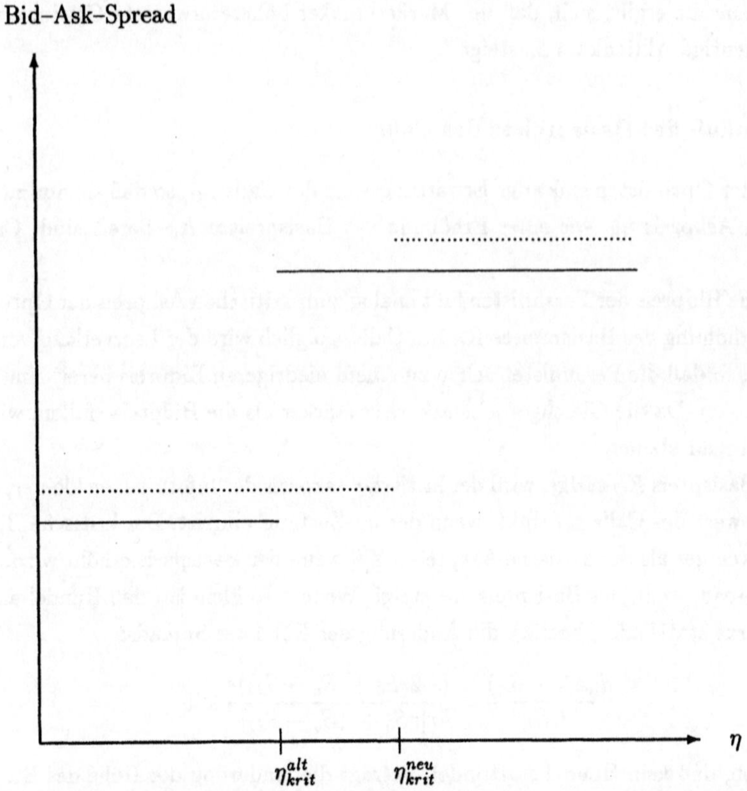

Anhand der Abbildung 3.12 ist zu sehen, daß sowohl die Spreads für $\eta \leq \eta_{krit}^{alt}$ und $\eta \geq \eta_{krit}^{neu}$ als auch die kritische Wahrscheinlichkeit η_{krit} sich erhöhen. Jedoch kann man nicht sagen, daß der Spread für alle Parameterwerte η bei steigendem heutigen Aktienkurs S_0 steigt. Der Grund liegt darin, daß der Market–Maker, ohne erwartete Verluste zu realisieren, mit mehr Informierten als vor einer Erhöhung des heutigen Aktienkurses S_0 handeln kann. Somit bestimmt der Market–Maker erst bei einem größeren η_{krit} den zum Marktzusammenbruch auf dem Optionsmarkt führenden Bid–Ask–Spread. Folglich wird die Höhe des Bid–Ask–Spreads im Bereich zwischen η_{krit}^{alt} und η_{krit}^{neu} kleiner.

Die soeben graphisch beschriebenen Variationen werden formal dargestellt.
Die Nachfrage der Investoren geht zurück, wenn der heutige Aktienkurs S_0 größer wird. Der Grund dafür ist, daß der Gleichgewichtsaskpreis steigt, was ein Sinken der Nachfrage der Investoren bewirkt.

$$\frac{d(\frac{(1+\alpha)G}{A_C^*})}{dS_0} = -(1+\alpha)G\frac{\epsilon(S_u - S_d)\mu_{C,1} + \frac{1}{4}(1+2\epsilon)(rS_0 + \epsilon(S_u - S_d))S_0}{(\mu_{C,1}S_0)^2} < 0 \qquad (3.72)$$

Die Gleichungen (3.48) und (3.49) verdeutlichen, daß der Gewinn bei symmetrischer Information steigend und die Kosten der adversen Selektion fallend im heutigen Aktienkurs S_0 sind.[42] Daraus ergibt sich, daß der Market–Maker höhere erwartete Gewinne erzielt, wenn der heutige Aktienkurs S_0 steigt.

3.5.3 Einfluß des Basispreises des Calls

Aus Sicht der Optimisten sinkt der Erwartungswert des Calls μ_C, so daß sie nur zu einem niedrigeren Askpreis als vor einer Erhöhung des Basispreises K_C bereit sind, Calls zu kaufen.

Der kritische Bidpreis der Pessimisten fällt analog zum kritischen Askpreis der Optimisten bei einer Erhöhung des Basispreises K_C des Calls. Folglich wird der Leerverkauf von Calls attraktiver, so daß die Pessimisten schon zu einem niedrigeren Bidpreis bereit sind, Calls leerzuverkaufen. Da die Gleichgewichtsaskpreise stärker als die Bidpreise fallen, wird der Bid–Ask–Spread kleiner.

Wenn der Basispreis K_C steigt, wird der kritische Askpreis der Informierten kleiner, da der Erwartungswert des Calls μ_C sinkt, wenn der *up*–Zustand eintritt. Der kritische Bidpreis $B_{C_d}^{krit}$ fällt weniger als der kritische Askpreis $A_{C_u}^{krit}$, wenn der Basispreis erhöht wird. Somit fällt der Spread, wenn der Basispreis K_C steigt. Wenn η so klein ist, daß Handel auf dem Optionsmarkt stattfindet, beträgt die Änderung der Höhe des Spreads:

$$\frac{d(A_C^* - B_C^*)}{dK_C} = \frac{(-2rS_0 + (S_u - S_d))\epsilon}{r[rS_0 + \epsilon(S_u - S_d)]} < 0 \tag{3.73}$$

Ist η so groß, daß kein Handel stattfindet, beträgt die Änderung der Höhe des Bid–Ask–Spreads:

$$\frac{d(A_C^* - B_C^*)}{dK_C} = -\frac{S_d}{rS_u} < 0 \tag{3.74}$$

Für alle Parameterwerte η gilt, daß der Bid–Ask–Spread fällt, wenn der Basispreis des Calls K_C erhöht wird.

Die kritische Wahrscheinlichkeit η_{krit} ist unabhängig vom Basispreis des Calls K_C. Es gilt:

$$\frac{d\eta_{krit}}{dK_C} = 0 \tag{3.75}$$

Die Änderung des Bid–Ask–Spreads bei einer Erhöhung des Basispreises des Calls K_C wird graphisch in der Abbildung 3.13 verdeutlicht.

---

[42] Die nächsten beiden Ableitungen zeigen die Änderungen in Abhängigkeit vom heutigen Aktienkurs S_0. $\frac{\partial R}{\partial S_0} = \frac{(1+\alpha)G\epsilon(S_u - S_d)}{(1+2\epsilon)S_0^2} > 0$ und $\frac{\partial C}{\partial S_0} = -\eta\frac{(1+\alpha)G\epsilon(S_u - S_d)}{(1+2\epsilon)S_0^2} < 0$.

Abbildung 3.13. Bid–Ask–Spread bei Variation des Basispreises des Calls

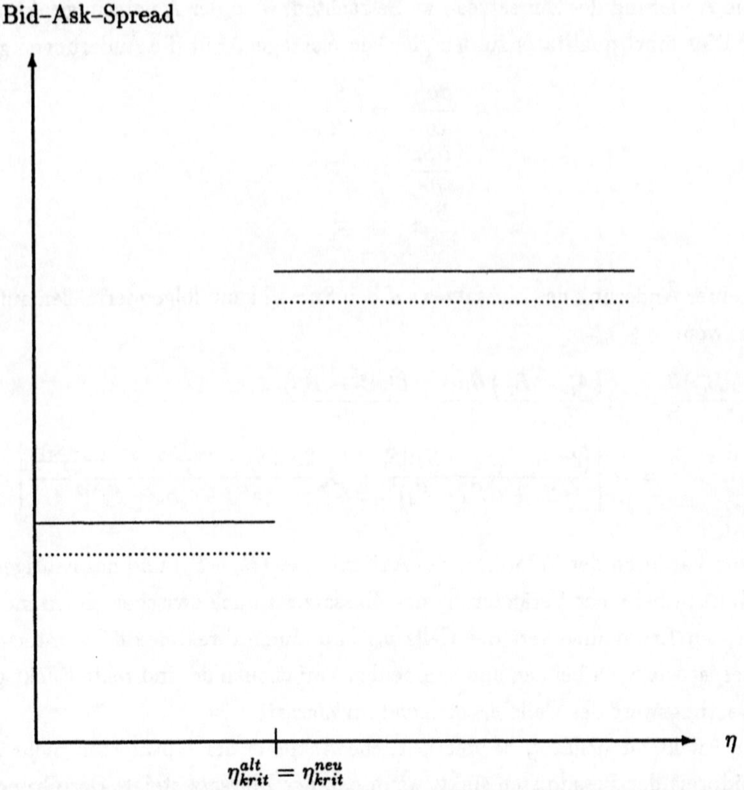

Aus der Abbildung 3.13 ist ersichtlich, daß die Spreads für alle Parameterwerte η sinken. Jedoch übt eine Änderung des Basispreises K_C keinen Einfluß auf die kritische Wahrscheinlichkeit η_{krit} aus. Das bedeutet, daß der maximale Anteil an Informierten, mit denen der Market–Maker ohne erwartete Verluste zu erleiden, handeln kann, gleich bleibt.

Sowohl die Gewinne bei symmetrischer Information als auch die Kosten der adversen Selektion des Market–Makers sind unabhängig vom Basispreis K_C. Das bedingt, daß der erwartete Gewinn des Market–Makers nicht vom Basispreis K_C abhängt. Folglich kann der Market–Maker mit genau sovielen Informierten wie vor einer Erhöhung des Basispreises K_C handeln, ohne selbst dabei Verluste erleiden zu müssen.

Wird der Basispreis K_C erhöht, steigt die Nachfrage der Investoren nach Calls, da der Gleichgewichtsaskpreis fallend im Basispreis K_C ist.

$$\frac{d(\frac{(1+\alpha)G}{A_C^*})}{dK_C} = (1+\alpha)G\frac{(rS_0 + \epsilon(S_u - S_d))}{(1+2\epsilon)\mu_C^2 S_0} > 0 \tag{3.76}$$

3.5.4 Einfluß des Zinssatzes

Anstatt eine Änderung des Zinssatzes i zu betrachten, wird der Aufzinsungsfaktor r herangezogen. Dies führt qualitativ zu den gleichen Aussagen. Für die Änderungen gilt:

$$\frac{\partial \mu_C}{\partial r} = \frac{S_0}{2}$$
$$\frac{\partial S_u}{\partial r} = S_0$$
$$\frac{\partial S_d}{\partial r} = S_0$$

Der Effekt einer Änderung des Zinssatzes auf den Spread kann folgendermaßen aufgespalten werden, wenn $\eta \leq \eta_{krit}$:

$$\frac{d(A_C^* - B_C^*)}{dr} = \frac{\partial(A_C^* - B_C^*)}{\partial \mu_C}\frac{\partial \mu_C}{\partial r} + \frac{\partial(A_C^* - B_C^*)}{\partial r}$$
$$= \epsilon\left[\frac{[2rS_0 - (S_u - S_d)]S_0}{rS_0 + \epsilon(S_u - S_d)} + C_u\frac{2S_0(S_0 - \frac{S_u - S_d}{r}) + \epsilon\frac{(S_u - S_d)^2}{r^2}}{[rS_0 + \epsilon(S_u - S_d)]^2}\right] > 0$$

Analog zur Variation der Volatilität des Aktienkurses $(S_u - S_d)$ und des heutigen Aktienkurses S_0 kann bei einer Veränderung des Zinssatzes i auch zwischen einem indirekten Effekt über den Erwartungswert des Calls μ_C und einem direkten Effekt unterschieden werden. Hier ist wie auch bei den anderen beiden Variationen der indirekte Effekt positiv, da der Erwartungswert des Calls μ_C steigend im Zinssatz i ist.
Der direkte Effekt ist negativ, da der kritische Askpreis der Optimisten mehr als der kritische Bidpreis der Pessimisten sinkt, wenn c.p. der Zinssatz steigt. Der Grund dafür ist, daß der erwartete Gewinn mit Calls sinkt und beim Handel mit Aktien unverändert bleibt.[43]

$$\frac{\partial(A_C^* - B_C^*)}{\partial r} = -\frac{2\epsilon S_0[C_u S_0 - (S_u - S_d)\frac{C_u}{r}] - \frac{C_u}{r^2}\epsilon^2(S_u - S_d)^2}{(rS_0 + \epsilon(S_u - S_d))^2} < 0 \qquad (3.77)$$

Der Gesamteffekt ist positiv, da der indirekte Effekt stärker als der direkte Effekt ist.

Es findet kein Handel statt:

$$\frac{d(A_C^* - B_C^*)}{r}$$
$$= \frac{\partial(A_C^* - B_C^*)}{\partial \mu_C}\frac{\partial \mu_C}{\partial r} + \frac{\partial(A_C^* - B_C^*)}{\partial S_u}\frac{\partial S_u}{\partial r} + \frac{\partial(A_C^* - B_C^*)}{\partial S_d}\frac{\partial S_d}{\partial r} + \frac{\partial(A_C^* - B_C^*)}{\partial r}$$
$$= \frac{S_d S_0}{rS_u} - \frac{C_u[\frac{4S_0 S_d}{r} - \frac{S_d^2}{r^2} - 2S_0^2]}{S_u^2} > 0$$

Der indirekte Effekt über den Erwartungswert μ_C ist positiv analog zum Fall bei Handel. Die indirekten Effekte über S_u und S_d heben sich analog zur Betrachtung des Einflußes

[43] Hier wird ohne Berücksichtigung des sicheren Gewinns iG argumentiert.

des heutigen Aktienkurses S_0 auf den Bid–Ask–Spread im Fall "Nicht–Handel" auf. Der direkte Effekt ist analog zum Fall "Handel" auch positiv. Jedoch ist im Unterschied zum kritischen Askpreis der Optimisten der kritische Askpreis $A_{C_u}^{krit}$ c.p. unabhängig vom Zinssatz i und der kritische Bidpreis $B_{C_d}^{krit}$ c.p. betrachtet wachsend im Zinssatz i, da der erwartete Gewinn beim Leerverkauf von Aktien mehr steigt als von Calls, wenn c.p. der Zinssatz i wächst.

$$\frac{\partial(A_C^* - B_C^*)}{\partial r} = -\frac{C_u[\frac{4S_0S_d}{r} - \frac{S_d^2}{r^2} - 2S_0^2]}{S_u^2} < 0 \qquad (3.78)$$

Da der positive Effekt über den Erwartungswert μ_C den negativen direkten überwiegt, ist der Gesamteffekt positiv. Der Market–Maker setzt den Bid–Ask–Spread höher als vor einer Erhöhung des Zinssatzes, wenn zu viele Informierte am Markt sind. Der Optionsmarkt wird nämlich erst zu einem etwas höheren Bid–Ask–Spread unattraktiv für Informierte.

Die Abbildung 3.14 verdeutlicht den Zusammenhang zwischen dem Zinssatz i und der Höhe des Bid–Ask–Spreads sowie der kritischen Wahrscheinlichkeit η_{krit}.

Abbildung 3.14. Bid–Ask–Spread bei Variation des Zinssatzes

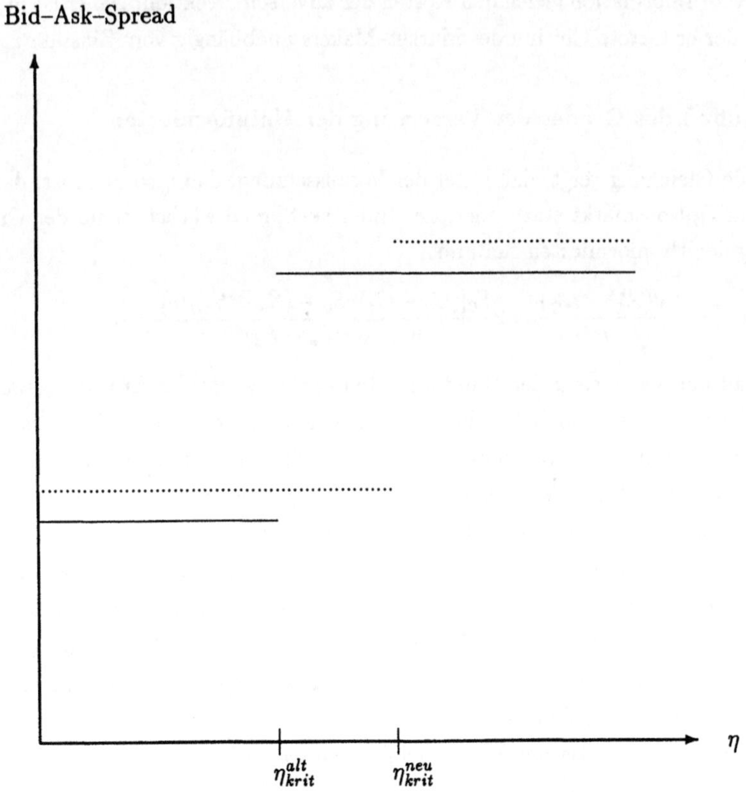

Es ergibt sich das gleiche qualitative Resultat wie bei einer Erhöhung des heutigen Aktienkurses S_0.

Die nächste Gleichung zeigt, daß die Nachfrage der Investoren mit steigendem Zinssatz i abnimmt, da der Gleichgewichtsaskpreis wachsend im Zinssatz i ist.

$$\frac{d(\frac{(1+\alpha)G}{A_C^*})}{dr} = -(1+\alpha)\,G\,\frac{(rS_0+\epsilon(S_u-S_d)\frac{1}{2}-\mu_{C,1}}{\mu_{C,1}^2} < 0 \tag{3.79}$$

Die kritische Wahrscheinlichkeit η_{krit} steigt bei wachsendem heutigen Aktienkurs S_0.

$$\frac{d\eta_{krit}}{dr} = \frac{2S_0\epsilon(S_u-S_d)(2\epsilon+1)}{[rS_0+\epsilon(S_u-S_d)]^2} > 0 \tag{3.80}$$

Da die erwarteten Gewinne bei symmetrischer Information stärker als die Kosten der adversen Selektion zunehmen, wachsen die erwarteten Gewinne des Market-Makers bei steigendem Zinssatz i, solange die Wahrscheinlichkeit η kleiner als die kritische Wahrscheinlichkeit η_{krit} ist. Daher kann der Market-Maker bei einer Erhöhung des Zinssatzes i mit mehr Informierten handeln und dabei noch nicht-negative Gewinne erzielen, wenn $\eta < \eta_{krit}$ gültig ist.
Wenn η gleich der kritischen Wahrscheinlichkeit η_{krit} ist, sind die erwarteten Gewinne bei symmetrischer Information gleich den Kosten der adversen Selektion. Daher ist in diesem Spezialfall der erwartete Gewinn des Market-Makers unabhängig vom Zinssatz i.

3.5.5 Einfluß des Grades der Verzerrung der Uninformierten

Die folgende Gleichung zeigt, daß unter der Voraussetzung, daß η so klein ist, daß Handel auf dem Optionsmarkt stattfindet, der Bid-Ask-Spread wächst, wenn der Grad der Verzerrung der Uninformierten zunimmt:

$$\frac{d(A_C^*-B_C^*)}{d\epsilon} = 2\frac{S_0[(C_u-C_d)rS_0-(S_u-S_d)\mu_C]}{[rS_0+\epsilon(S_u-S_d)]^2} > 0 \tag{3.81}$$

Ist der Grad der Verzerrung der Uninformierten größer, steigt der Erwartungswert $\mu_{C,1}$ aus Sicht der Optimisten, so daß sie bereit sind, noch zu einem höheren Askpreis Calls zu kaufen. Ebenso sinkt der Erwartungswert $\mu_{C,2}$ aus Sicht der Pessimisten, so daß sie schon ab einem niedrigeren Bidpreis Calls leerverkaufen. Je größer der Grad der Verzerrung ist, desto größer ist der Askpreis und desto kleiner ist der Bidpreis, zu denen die Uninformierten bereit sind, mit Calls zu handeln. Dadurch erhöht sich der Bid-Ask-Spread.
Findet kein Handel statt, ist die Höhe des Bid-Ask-Spreads unabhängig von der Verzerrung, da nur noch die Strategie der Informierten für den Market-Maker maßgeblich ist. Da die kritischen Preise des Informierten die Gleichgewichtspreise unabhängig von ϵ sind, ist der Spread ebenso unabhängig von ϵ.
Für die Änderung der kritischen Wahrscheinlichkeit η_{krit} gilt:

$$\frac{d\eta_{krit}}{d\epsilon} = \left(1-\frac{\epsilon(S_u-S_d)}{rS_0+\epsilon(S_u-S_d)}\right)\frac{2rS_0-(S_u-S_d)}{rS_0+\epsilon(S_u-S_d)} > 0 \tag{3.82}$$

Abbildung 3.15. Bid–Ask–Spread bei Variation von ϵ

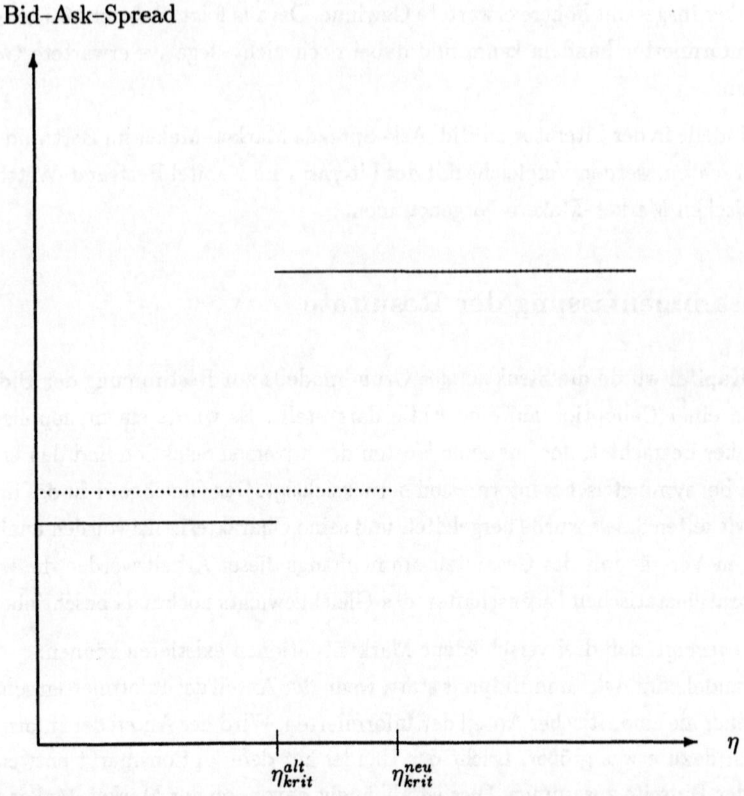

Die Abbildung 3.15 verdeutlicht die Änderung der Höhe des Spreads und der kritischen Wahrscheinlichkeit η_{krit}, wenn der Grad der Verzerrung der Uninformierten ϵ zunimmt.

Der Market–Maker kann bei gleichbleibendem Anteil der Informierten am Markt höhere erwartete Gewinne als vor einer Erhöhung von ϵ erzielen. Analog zu einer Erhöhung des heutigen Aktienkurses S_0 steigt der Spread für η kleiner oder gleich η_{krit}^{alt} an. Im Gegensatz zur Variation des heutigen Aktienkurses S_0 verändert sich nicht die Höhe des Spreads für η größer oder gleich η_{krit}^{neu} bei einer Erhöhung des Grades der Verzerrung von den Uninformierten ϵ.

Die Nachfrage der Investoren nach Calls sinkt, da der Gleichgewichtsaskpreis steigt.

$$\frac{d(\frac{(1+\alpha)G}{A_C^*})}{d\epsilon} = -(1+\alpha)G\frac{rS_0C_u - \mu_C(S_u - S_d)}{\mu_{C,1}^2} < 0 \tag{3.83}$$

Die erwarteten Gewinne des Market–Makers bei symmetrischer Information sind steigend in ϵ, und die Kosten adverser Selektion sind fallend in ϵ.[44] Folglich realisiert der Market–Maker insgesamt höhere erwartete Gewinne. Daraus folgt, daß der Market–Maker mit mehr Informierten handeln kann, und dabei noch nicht–negative erwartete Gewinne erzielen kann.

Da die Modelle in der Literatur zu Bid–Ask–Spreads Market–Maker im Bertrand–Wettbewerb betrachten, werden Vergleiche mit der Literatur im Kapitel Bertrand–Wettbewerb unter identischen Market–Makern vorgenommen.

3.6 Zusammenfassung der Resultate

In diesem Kapitel wurde die Struktur des Grundmodells zur Bestimmung der Bid–Ask–Spreads von einer Calloption auf eine Aktie dargestellt. Es wurde ein monopolistischer Market–Maker betrachtet, der nur seine Kosten der adversen Selektion und den erwarteten Gewinn bei symmetrischer Information berücksichtigt. Das Gleichgewicht des in dieser Arbeit entwickelten Spiels wurde hergeleitet, und seine Charakteristika wurden analysiert. Zum besseren Verständnis des Gesamtzusammenhangs dieser Arbeit werden die wichtigsten komparativ–statischen Eigenschaften des Gleichgewichts nochmals beschrieben.

Es wurde gezeigt, daß drei verschiedene Marktsituationen existieren können:
Es findet Handel zum Ask– und Bidpreis statt, wenn der Anteil der Informierten sehr klein ist, d.h. kleiner als ein kritischer Anteil der Informierten. Wird der Anteil der Informierten im Vergleich dazu etwas größer, bricht der Handel auf dem Optionsmarkt entweder für die Ask– oder Bidseite zusammen. Dies ist abhängig davon, ob der Market–Maker für die Verluste aus Verkaufs– bzw. Kauftransaktionen mit den Informierten entschädigt werden kann. Wenn der Anteil der Informierten am Markt zu hoch ist, kann sich der Market–Maker nur noch vor erwarteten Verlusten schützen, indem er den Spread so hoch stellt, daß der Handel auf dem Optionsmarkt insgesamt zusammenbricht.

Wenn der Anteil der Optimisten gleich dem der Pessimisten ist, kann der Optionsmarkt nicht nur für eine Seite zusammenbrechen. Die Ergebnisse der qualitativen komparativ–statischen Eigenschaften des Gleichgewichts werden zusammenfassend in der Tabelle 3.1 dargestellt.

Wenn der Pfeil nach oben (unten) gerichtet ist, liegt ein Anstieg (Rückgang) vor. Die Unabhängigkeit von einer exogenen Größe wird durch - gekennzeichnet. Wenn $\eta = \eta_{krit}$ ist, bleibt der erwartete Gewinn des Market–Makers bei einer Variation des Zinssatzes unverändert. Ein vertikaler Strich bedeutet Unabhängigkeit von der exogenen Größe.

---

[44] Diesen Sachverhalt verdeutlichen die nächsten beiden Ableitungen.
$\frac{\partial R}{\partial \epsilon} = \frac{(1+\alpha)G\epsilon[2rS_0-(S_u-S_d)]}{(1+2\epsilon)^2 S_0} > 0$ und $\frac{\partial C}{\partial \epsilon} = -\eta\frac{2(1+\alpha)G\epsilon S_0}{(1+2\epsilon)^2 S_0} < 0$.

Tabelle 3.1. Komparativ–statische Resultate des Grundmodells

	$(S_u - S_d)$	S_0	K_C	i	ϵ
$A_{C,1}^{krit}$	↑	↑	↓	↑	↑
$B_{C,2}^{krit}$	↑	↑	↓	↑	↓
$A_C^* - B_C^*$	↑	↑	↓	↑	↑
η_{krit}	↓	↑	–	↑	↑
R	↓	↑	–	↑	↑
C	↑	↓	–	↑	↓
$\Pi\|_{\eta \leq \eta_{krit}}$	↓	↑	–	↑	↑

Zu den Charakteristika des Gleichgewichts läßt sich folgendes sagen:
Die Höhe des Bid–Ask–Spreads nimmt c.p. bei steigender Volatilität des Aktienkurses, bei wachsendem heutigen Aktienkurs, bei steigendem Zinssatz und bei zunehmendem Grad der Verzerrung der Uninformierten zu. Dabei sind bei der Betrachtung sowohl der Volatilität als auch des heutigen Aktienkurses und des Zinssatzes die indirekten Effekte über den Erwartungswert des Calls positiv, da der Erwartungswert des Calls aus Sicht der Optimisten mehr als der aus Sicht der Pessimisten zunimmt. Jedoch ist der direkte Effekt der Volatilität des Aktienkurses aufgrund der Substitutionsbeziehung zu Aktien negativ. Der direkte Effekt des Zinssatzes ist negativ aufgrund des Abzinsungseffektes.
Der direkte Effekt des heutigen Aktienkurses ist positiv, da die mögliche Menge an Aktien, mit denen die Investoren handeln können, bei steigendem heutigen Aktienkurs zurückgeht. Die Höhe des Bid–Ask–Spreads nimmt ab, wenn c.p. der Basispreis der Option wächst. Bei steigendem Basispreis sinkt der Wert des Calls, so daß auch der Bid–Ask–Spread fällt.

Die erwarteten Gewinne des Market–Makers steigen, wenn c.p. der heutige Aktienkurs oder der Grad der Verzerrung der Uninformierten zunimmt, da die Kosten der adversen Selektion fallen und die erwarteten Gewinne bei symmetrischer Information wachsen. Ebenso ist der kritische Anteil der Informierten, den der Market–Maker verkraften kann, steigend in den eben genannten Parametern. Wenn die Volatilität des Aktienkurses steigt, sinken die erwarteten Gewinne bei symmetrischer Information und steigen die Kosten adverser Selektion. Dies bedingt, daß die erwarteten Gewinne des Market–Makers zurückgehen. Zusätzlich sinkt der kritische Anteil der Informierten, den der Market–Maker, ohne erwartete Verluste zu erleiden, bedienen kann. Der Basispreis des Calls hat keinen Einfluß auf den kritischen Anteil an Informierten, auf die Kosten der adversen Selektion und erwarteten Gewinne bei symmetrischer Information. Bei steigendem Zinssatz nehmen sowohl die erwarteten Gewinne bei symmetrischer Information als auch die Kosten der adversen Selektion zu. Solange wenig Informierte am Markt sind, ist der Zuwachs der erwarteten Gewinne bei symmetrischer Information größer als der Zuwachs der Kosten der adversen Selektion. Daraus folgt, daß die erwarteten Gewinne des Market–Makers wachsen. Wenn jedoch nur Informierte auf den Optionsmarkt kommen, nimmt der Vorsprung aus dem Gewinn bei symmetrischer Information im Vergleich zu den Kosten der adversen Selektion ab. Ist die kritische Schwelle an Informierten, die der Market–Maker ohne Verluste bedienen kann, erreicht, erzielt der Market–Maker Nullgewinne. Folglich sind dann die Kosten der adversen Selektion gleich den erwarteten Gewinnen bei symmetrischer Information. Der kritische Anteil der Informierten ist steigend im Zinssatz.

4

Spreadanalyse von Call– und Putoptionen bei einem monopolistischen Market–Maker

Market–Maker stellen in der Regel Quotes für Calls und Puts auf dasselbe Underlying. Daher wird in diesem Kapitel untersucht, wie sich die Preisstellungsstrategie des Market–Makers ändert, wenn der Market–Maker Preise für Calls und Puts auf dieselbe Aktie stellt.
Der Market–Maker maximiert seine erwarteten Gewinne aus Geschäften mit Calls und Puts auf dasselbe Underlying. Die Investoren können ihr Portefeuille aus vier verschiedenen Wertpapieren, dem Call, dem Put, der zugrundeliegenden Aktie und der Anleihe zusammenstellen. Folglich ändert sich das Anlageverhalten der Investoren, wenn sie zusätzlich zu den bisherigen Wertpapieren mit Puts handeln können.

In diesem Kapitel wird eine Vorgehensweise analog zu Kapitel 3 gewählt.
Zuerst wird die erweiterte Modellstruktur erläutert. Auf dieser Grundlage werden die Anlagestrategie der Investoren und die Preisstellungsregel des Market–Makers abgeleitet. Aus der Differenz zwischen den quotierten Ask–und Bidpreisen resultieren die Bid–Ask–Spreads im Gleichgewicht. Die komparativ–statischen Eigenschaften des Gleichgewichts werden analysiert. Zum Abschluß werden die wichtigsten Resultate zusammengefaßt und mit den Ergebnissen verglichen, die man erhält, wenn der Market–Maker nur Quotes für Calls stellt.

4.1 Modellstruktur

Im folgenden stellt der Market–Maker nicht nur Ask– und Bidpreise für Calls sondern auch für Puts auf dieselbe Aktie. Der Askpreis für Puts wird mit A_P und der Bidpreis mit B_P bezeichnet. Daher haben die Investoren zusätzlich die Möglichkeit, mit Puts auf dieselbe Aktie zu handeln.
Aus diesem Grund muß sowohl in der Budgetrestriktion als auch im Nettoendgewinn der Investoren die Kauf– oder Verkaufsmöglichkeit von Puts berücksichtigt werden. Die Investoren müssen auch Sicherheitsleistungen für den Leerverkauf von Puts erbringen. Pro leerverkauftem Put müssen sie $Z_P > B_P$ an Sicherheitszahlung leisten, die sie am Ende der Periode verzinst zurückerhalten. Analog zur Sicherheitsleistung für Leerverkäufe von Calls wird die Höhe der Sicherheitsleistung für Leerverkäufe von Puts so festgelegt, daß die maximale Anzahl an Puts, die die Investoren von ihrem Budget kaufen können, gleich

der maximalen Anzahl ist, die sie leerverkaufen können.
Es sei P_θ der Wert des Puts im Zustand θ. Der Basispreis des Puts wird mit K_P bezeichnet. Für den Basispreis K_P des Puts gilt $S_d < K_P \leq S_u$. Dann ist der Put im Gegensatz zum Call im *up*–Zustand wertlos und im *down*–Zustand beträgt sein Wert $K_P - S_d$. Die Nachfrage des Investors i nach Puts wird mit x_P^i gekennzeichnet. Zur besseren Übersicht werden Kreditaufnahmemöglichkeiten der Investoren ausgeschlossen. Das bedeutet, daß der Parameter α auf Null gesetzt wird. Im übrigen gelten dieselben Voraussetzungen wie im Grundmodell.
Für die Budgetrestriktion gilt:

$$\begin{aligned} G = x_B^i + & \\ & max(x_A^i, 0)\, S_0 + |min(x_A^i, 0)|\,(Z_S - S_0) + \\ & + max(x_C^i, 0)\, A_C + |min(x_C^i, 0)|\,(Z_C - B_C) \\ & + max(x_P^i, 0)\, A_P + |min(x_P^i, 0)|\,(Z_P - B_P), \quad I = I, U_j, \quad j = 1,2 \end{aligned} \tag{4.1}$$

Ferner gilt:

$$x_i^B \geq 0, \quad i = I, U_j, \qquad j = 1,2 \tag{4.2}$$

Analog zum Fall, in dem nur Calls berücksichtigt werden, können die beiden Nebenbedingungen (4.1) und (4.2) der Investoren zu einer reduzierten Nebenbedingung vereinfacht werden.

$$\begin{aligned} G \geq \; & max(x_A^i, 0)\, S_0 + |min(x_A^i, 0)|\,(Z_S - S_0) + \\ & + max(x_C^i, 0)\, A_C + |min(x_C^i, 0)|\,(Z_C - B_C) \\ & + max(x_P^i, 0)\, A_P + |min(x_P^i, 0)|\,(Z_P - B_P), \quad i = I, U_j, \qquad j = 1,2 \end{aligned} \tag{4.3}$$

Die Nebenbedingung (4.3) beschreibt einen Oktaeder im Nachfrageraum (Aktie, Call, Put).

Der Nettoendgewinn $\tilde{W}^i$ des Investors i ist folgendermaßen gegeben:

$$\begin{aligned} \tilde{W}^i \; = \; & max(x_A^i, 0)\,(\tilde{S} - S_0) \\ + \; & |min(x_A^i, 0)|\,[r Z_S - \tilde{S} - (Z_S - S_0)] \\ + \; & max(x_C^i, 0)\,(\tilde{C} - A_C) \\ + \; & |min(x_C^i, 0)|\,[r Z_C - \tilde{C} - (Z_C - B_C)] \\ + \; & max(x_P^i, 0)\,(\tilde{P} - A_P) \\ + \; & |min(x_P^i, 0)|\,[r Z_P - \tilde{P} - (Z_P - B_P)] \\ + \; & x_B^i\,(r - 1), \quad i = I, U_j, \quad j = 1,2 \end{aligned} \tag{4.4}$$

Analog zu Kapitel 3 läßt sich der Nettoendgewinn des i–ten Investors vereinfacht darstellen. Dabei sei $\tilde{P}$ eine Zufallsvariable, die die möglichen Realisationen des Putkurses am Ende der Periode beschreibt:

$$\tilde{W}^i = \quad G\,(r - 1) \tag{4.5}$$

$$
\begin{aligned}
&+x_A^i\,(\tilde{S}-rS_0)\\
&+x_C^i\,\tilde{C}-r[max(x_C^i,0)\,A_C+min(x_C^i,0)\,B_C]\\
&+x_P^i\,\tilde{P}-r[max(x_P^i,0)\,A_P+min(x_P^i,0)\,B_P], \quad i=I,U_j, \quad j=1,2
\end{aligned}
$$

In der weiteren Analyse wird mit Hilfe der Gleichung (4.5) der erwartete Nettoendgewinn der Investoren berechnet.

Im folgenden werden die Maximierungsprobleme der Marktteilnehmer dargestellt. Die Uninformierten maximieren ihren erwarteten Gewinn gemäß ihrer Erwartungen.

$$
\begin{aligned}
\max_{x_A,x_C,x_P} \quad & E^{U_j}(\tilde{W}^{U_j}), \qquad j=1,2 \\
u.d.N. \quad & (4.3)
\end{aligned}
\tag{4.6}
$$

Die Informierten maximieren für jeden Zustand separat ihren Gewinn.

$$
\begin{aligned}
\max_{x_{A_\theta},x_{C_\theta},x_{P_\theta}} \quad & W_\theta^I, \qquad \theta=u,d \\
u.d.N. \quad & (4.3)
\end{aligned}
\tag{4.7}
$$

Aus dem Maximierungsproblem ergibt sich für jeden Zustand eine separate Nachfrage nach Calls (Aktien) $x_{C_\theta}^I$ ($x_{A_\theta}^I$) sowie nach Puts $x_{P_\theta}^I$ mit $\theta=u,d$.

Der Market–Maker maximiert seinen erwarteten Gewinn, indem er seine optimalen Ask- und Bidpreise stellt. Es sei μ_P der Erwartungswert des Puts aus der Sicht des Market-Makers.
Die Struktur der Gewinnfunktion des Market–Makers entspricht der des Grundmodells, in dem nur Calls berücksichtigt werden. Sie wird lediglich um die erwarteten Gewinne aus Geschäften mit Uninformierten und die erwarteten Verluste aus Geschäften mit Informierten für Puts ergänzt.

$$
\begin{aligned}
\max_{B_C,A_C,B_P,A_P} \quad & \eta \quad \Big\{ \sum_{\theta\in\{u,d\}} \frac{1}{2}\, max(x_{C_\theta}^I,0)\,(rA_C-C_\theta) \\
& \qquad + \sum_{\theta\in\{u,d\}} \frac{1}{2}\, min(x_{C_\theta}^I,0)\,(rB_C-C_\theta) \\
& \qquad + \sum_{\theta\in\{u,d\}} \frac{1}{2}\, max(x_{P_\theta}^I,0)\,(rA_P-P_\theta) \\
& \qquad + \sum_{\theta\in\{u,d\}} \frac{1}{2}\, min(x_{P_\theta}^I,0)\,(rB_P-P_\theta) \Big\} \\
& +(1-\eta) \quad \Big\{ p\Big[max(x_C^{U_1},0)\,(rA_C-\mu_C) \\
& \qquad +min(x_C^{U_1},0)\,(rB_C-\mu_C) \\
& \qquad +max(x_P^{U_1},0)\,(rA_P-\mu_P) \\
& \qquad +min(x_P^{U_1},0)\,(rB_P-\mu_P) \Big]
\end{aligned}
\tag{4.8}
$$

$$
\begin{aligned}
&+(1-p)\Big[max(x_C^{U_2},0)\,(rA_C-\mu_C)\\
&\qquad +min(x_C^{U_2},0)\,(rB_C-\mu_C)\\
&\qquad +max(x_P^{U_2},0)\,(rA_P-\mu_P)\\
&\qquad +min(x_P^{U_2},0)\,(rB_P-\mu_P)\Big]\Big\}
\end{aligned}
$$

$$
u.d.N. \qquad 0 \le B_C \le A_C \le C_u;\; 0 \le B_P \le A_P \le P_d
$$

4.2 Anlageverhalten der Investoren

Für die Untersuchung von Puts werden analog zu Abschnitt 3.3 weitere Abkürzungen für die Erwartungswerte aus der Sicht des Market–Makers und der Uninformierten eingeführt:

$$
\begin{aligned}
\mu_P &= \frac{1}{2}(P_u+P_d)\\
\mu_{P,1} &= \mu_P-\epsilon(P_d-P_u)\\
\mu_{P,2} &= \mu_P+\epsilon(P_d-P_u)
\end{aligned}
$$

Da die Zielfunktion und die reduzierte Nebenbedingung (4.3) der Investoren linear sind, liegt das Optimum ihres Maximierungsproblems im Eckpunkt des Simplex, der durch die reduzierte Nebenbedingung (4.3) beschrieben wird. Zusätzlich zu den im Grundmodell beschriebenen Handelsstrategien der Marktgegenseite können sich die Investoren entscheiden, entweder möglichst viele Puts von ihrem Budget zu kaufen oder möglichst viele Puts leerzuverkaufen.

vi.) nur Putkauf:

$$
x_A=0, \qquad x_C=0, \qquad x_P=\frac{G}{A_P}, \qquad x_B=0
$$

vii.) nur Putleerverkauf:

$$
x_A=0, \qquad x_C=0, \qquad x_P=-\frac{G}{Z_P-B_P}, \qquad x_B=0
$$

In den ersten fünf Alternativen aus Kapitel 3 ist jeweils $x_P=0$.

4.2.1 Anlageverhalten der Uninformierten

Wie schon in Kap. 3.3.1 gezeigt wurde, verkaufen die Optimisten niemals Aktien leer. Sie sind indifferent zwischen dem Kauf von Aktien und Calls beim Askpreis $A_{C,1}^{krit}$ und zwischen dem Kauf von Aktien und dem Leerverkauf von Calls beim Bidpreis $B_{C,1}^{krit}$. Zusätzlich kommen noch die Möglichkeiten hinzu, daß sie Puts kaufen oder leerverkaufen oder indifferent zwischen dem Handel mit Puts und dem Kauf von Aktien sind. Die Optimisten können auch indifferent zwischen Longpositionen in Calls und dem Handel mit Puts sowie indifferent zwischen Shortpositionen in Calls und dem Handel mit Puts sein. Im folgenden werden immer unter Verwendung der Gleichung (4.5) die erwarteten Nettoendgewinne der Investoren berechnet.

Zunächst werden die Indifferenzbedingungen für den Handel mit Aktien und Puts abgeleitet, wobei S_0 vorerst nicht durch $\frac{\mu_A}{r}$ substituiert wird.
Für die Optimisten ergibt sich:
Aus dem Vergleich von i.) und vi.) [Aktie long und Put long] folgt:

$$iG + \frac{G}{S_0}[\mu_{A,1} - rS_0] = iG + \frac{G}{A_P}[\mu_{P,1} - rA_P]$$

$$\Leftrightarrow A_{P,1}^{krit} = \frac{\mu_{P,1} S_0}{\mu_{A,1}} \tag{4.9}$$

Die Optimisten sind beim kritischen Askpreis $A_{P,1}^{krit}$ indifferent zwischen dem Kauf von Puts und dem Kauf von Aktien.

Ein Vergleich von i.) und vii.) [Aktie long und Put short] ergibt:

$$iG + \frac{G}{S_0}[\mu_{A,1} - rS_0] = iG - \frac{G}{Z_P - B_P}[\mu_{P,1} - rB_P]$$

$$\Leftrightarrow B_{P,1}^{krit} = \frac{\mu_{P,1} S_0 + (\mu_{A,1} - rS_0) Z_P}{\mu_{A,1}} \tag{4.10}$$

Beim kritischen Bidpreis $B_{P,1}^{krit}$ ist sind die Optimisten indifferent zwischen dem Leerverkauf von Puts und dem Kauf von Aktien.
Analog zu den kritischen Preisen im Grundmodell erfüllen die kritischen Putpreise die Bedingung $A_{P,1} < B_{P,1}$. Es ergeben sich die gleichen Indifferenzbedingungen für den Kauf von Aktien und Calls wie im Grundmodell.[1]

Da die Struktur für die Optimisten und Pessimisten identisch ist, werden die Indifferenzbedingungen zwischen dem Handel mit Calls und Puts für beide Gruppen von Uninformierten simultan aufgeschrieben.

Ebenso wurde im Grundmodell gezeigt, daß die Pessimisten niemals Aktien kaufen. Die Pessimisten sind indifferent zwischen dem Leerverkauf von Aktien und Calls beim Bidpreis $B_{C,2}^{krit}$. Beim Askpreis $A_{C,2}^{krit}$ sind sie indifferent zwischen dem Leerverkauf von Aktien und dem Kauf von Calls. Hinzu kommt, daß die Pessimisten alternativ mit Puts handeln können oder sie indifferent zwischen dem Handel mit Puts und Calls sowie Aktien sind.

Für die Pessimisten ergibt sich:
Aus dem Vergleich von ii.) und vi.) [Aktie short und Put long] folgt:

$$iG - \frac{G}{S_0}[\mu_{A,2} - rS_0] = iG + \frac{G}{A_P}[\mu_{P,2} - rA_P]$$

[1] Vgl. Kap. 3.3.1.

$$\Leftrightarrow A_{P,2}^{krit} = \frac{\mu_{P,2}S_0}{2rS_0 - \mu_{A,2}} \tag{4.11}$$

Die Pessimisten sind beim kritischen Askpreis $A_{P,2}^{krit}$ indifferent zwischen dem Leerverkauf von Aktien und dem Kauf von Puts.

Aus dem Vergleich von ii.) und vii.) [Aktie short und Put short] ergibt sich:

$$\begin{aligned} iG - \frac{G}{S_0}[\mu_{A,2} - rS_0] &= iG - \frac{G}{Z_P - B_P}[\mu_{P,2} - rB_P] \\ \Leftrightarrow B_{P,2}^{krit} &= \frac{\mu_{P,2}S_0 + (rS_0 - \mu_{A,2})Z_P}{2rS_0 - \mu_{A,2}} \end{aligned} \tag{4.12}$$

Sie sind indifferent zwischen dem Leerverkauf von Puts und Aktien beim kritischen Bidpreis $B_{P,2}^{krit}$.
Der kritische Askpreis $A_{P,2}^{krit}$ ist kleiner als der kritische Bidpreis $B_{P,2}^{krit}$.

Die Indifferenzpreise für den Call wurden schon im Grundmodell abgeleitet.

Im folgenden werden die Indifferenzbedingungen für die Uninformierten zwischen dem Handel mit Calls und Puts hergeleitet. Hierbei wird zunächst vernachlässigt, daß auch die Uninformierten gleichzeitig zwischen dem Handel mit Aktien und zwischen Calls und Puts indifferent sein können. Möglich sind Indifferenzen zwischen Longpositionen in Calls und Puts sowie Shortpositionen in Calls und Puts. Ferner können die Fälle auftreten, daß die Uninformierten indifferent zwischen dem Kauf von Calls und Leerverkauf von Puts sowie dem Leerverkauf von Calls und dem Kauf von Puts sind.

iii.) versus vi.) [Call long und Put long]

$$\begin{aligned} iG + \frac{G}{A_C}[\mu_{C,j} - rA_C] &= iG + \frac{G}{A_P}[\mu_{P,j} - rA_P] \\ \Leftrightarrow A_P\mu_{C,j} &= A_C\mu_{P,j} \end{aligned} \tag{4.13}$$

Wenn die Bedingung (4.13) erfüllt ist, sind die Uninformierten indifferent zwischen Longpositionen in Calls und Puts. Gilt $A_P\mu_{C,j} > A_C\mu_{P,j}$, dann kaufen die Uninformierten nur Calls. Ist $A_P\mu_{C,j}$ kleiner als $A_C\mu_{P,j}$, gehen die Uninformierten nur Longpositionen in Puts ein.

iv.) versus vii.) [Call short und Put short]

$$\begin{aligned} iG + \frac{G}{Z_C - B_C}[rB_C - \mu_{C,j}] &= iG + \frac{G}{Z_P - B_P}[rB_P - \mu_{P,j}] \\ \Leftrightarrow B_C(rZ_P - \mu_{P,j}) + Z_C\mu_{P,j} &= Z_P\mu_{C,j} + B_P(rZ_C - \mu_{C,j}) \end{aligned} \tag{4.14}$$

Gilt die Bedingung (4.14), so sind die Uninformierten indifferent zwischen dem Leerverkauf von Calls und Puts. Falls $B_C(rZ_P - \mu_{P,j}) + Z_C\mu_{P,j}$ größer als $Z_P\mu_{C,j} + B_P(rZ_C - \mu_{C,j})$ ist, verkaufen die Uninformierten nur Calls leer. Wenn die Bedingung $B_C(rZ_P - \mu_{P,j}) + Z_C\mu_{P,j} < Z_P\mu_{C,j} + B_P(rZ_C - \mu_{C,j})$ erfüllt ist, gehen die Uninformierten nur Shortpositionen in Puts ein.

iii.) versus vii.) [Call long und Put short]

$$\begin{aligned} iG + \frac{G}{A_C}[\mu_{C,j} - rA_C] &= iG + \frac{G}{Z_P - B_P}[rB_P - \mu_{P,j}] \\ \Leftrightarrow A_C(rZ_P - \mu_{P,j}) &= Z_P\mu_{C,j} - B_P\mu_{C,j} \end{aligned} \tag{4.15}$$

Falls die Bedingung (4.15) erfüllt ist, sind die Uninformierten indifferent zwischen dem Kauf von Calls und dem Leerverkauf von Puts. Ist $A_C(rZ_P - \mu_{P,j}) > Z_P\mu_{C,j} - B_P\mu_{C,j}$, so kaufen die Uninformierten nur Calls. Wenn $A_C(rZ_P - \mu_{P,j}) < Z_P\mu_{C,j} - B_P\mu_{C,j}$, so ziehen die Uninformierten den Kauf von Calls dem Leerverkauf von Puts vor.

iv.) versus vi.) [Call short und Put long]

$$\begin{aligned} iG + \frac{G}{Z_C - B_C}[rB_C - \mu_{C,j}] &= iG + \frac{G}{A_P}[\mu_{P,j} - rA_P] \\ \Leftrightarrow A_P(rZ_C - \mu_{C,j}) &= Z_C\mu_{P,j} - B_C\mu_{P,j} \end{aligned} \tag{4.16}$$

Die Uninformierten sind indifferent zwischen Shortpositionen in Calls und Longpositionen in Puts, falls die Bedingung (4.16) gilt. Wenn $A_P(rZ_C - \mu_{C,j})$ größer (kleiner) als $Z_C\mu_{P,j} - B_C\mu_{P,j}$ ist, dann verkaufen (kaufen) sie nur Calls leer (Puts).

Es wird nun aufgezeigt, unter welchen Bedingungen die Uninformierten welche Portefeuilleentscheidung treffen. Dazu wird zunächst dargestellt, welche Preiskombinationen generell auftreten können und danach wird gezeigt, welche Preiskombinationen widersprüchlich und somit nicht relevant sind.
Es sei O der Index für den Optionstyp, wobei $O = C$ für eine Calloption und $O = P$ für eine Putoption steht. Die folgenden Kombinationen für die Ask- und Bidpreise der Optionen können grundsätzlich auftreten:

$$\left\{ \begin{array}{ll} 1) & A_O > A_{O,j}^{krit} \\ 2) & A_O = A_{O,j}^{krit} \\ 3) & A_O < A_{O,j}^{krit} \end{array} \right\} \times \left\{ \begin{array}{ll} i) & B_O > B_{O,j}^{krit} \\ ii) & B_O = B_{O,j}^{krit} \\ iii) & B_O < B_{O,j}^{krit} \end{array} \right\}$$

Es wird nachgewiesen, daß die Kombinationen 2i), 2ii), 3i) und 3ii) sowohl für den Call als auch für den Put nicht auftreten können. Somit sind nur noch fünf Kombinationen für die Ask- und Bidpreise der Optionen möglich, die noch zu untersuchen sind. Die eben genannten vier Kombinationen sind unvereinbar damit, daß der vom Market–Maker gestellte Askpreis größer oder gleich dem gestellten Bidpreis ist und der kritische Bidpreis der Uninformierten immer größer als der kritische Askpreis ist.
Der Beweis wird exemplarisch für 2i) vorgeführt. Für die anderen drei Kombinationen ist die Argumentation analog zu führen.

Beweis. Für 2i):

$$\begin{array}{llll} \text{Es sei } A_O = A_{O,j}^{krit} & \wedge & B_{O,j}^{krit} < B_O, & j = 1,2, \quad O = C, P \\ \text{Dann } A_O = A_{O,j}^{krit} & < & B_{O,j}^{krit} < B_O, & \text{Widerspruch zu } A_O \geq B_O \quad q.e.d. \end{array}$$

Basierend auf den Überlegungen, wann die Uninformierten zwischen dem Handel mit Aktien und Optionen sowie dem Handel mit Calls und Puts indifferent sind, werden die Anlagestrategien der Uninformierten in der Tabelle 4.1 dargestellt. In die Tabelle wird die Nummer der jeweiligen Portefeuillewahl aus der Anlagestrategie der Uninformierten eingetragen.
Wenn die Optimisten mit Aktien handeln, kaufen sie nur Aktien. Die Pessimisten verkaufen Aktien leer, wenn sie mit Aktien handeln.
Zuerst werden die reinen Anlageformen (z.B. nur Kauf von Calls) dargestellt. Anschließend werden die gemischten Portefeuilleentscheidungen erläutert.
Es bestehen die folgenden Portefeuillemöglichkeiten für die Uninformierten:

1. nur Handel mit Aktien
2. nur Kauf von Calls
3. nur Leerverkauf von Calls
4. nur Leerverkauf von Puts
5. nur Kauf von Puts
6. Mischung aus Kauf von Calls und Leerverkauf von Puts
7. Mischung aus Kauf von Calls und Kauf von Puts
8. Mischung aus Leerverkauf von Calls und Kauf von Puts
9. Mischung aus Leerverkauf von Calls und Leerverkauf von Puts
10. Mischung aus Handel mit Aktien und Kauf von Calls
11. Mischung aus Handel mit Aktien und Leerverkauf von Calls
12. Mischung aus Handel mit Aktien und Leerverkauf von Puts
13. Mischung aus Handel mit Aktien und Kauf von Puts
14. Mischung aus Handel mit Aktien, Kauf von Calls und Leerverkauf von Puts
15. Mischung aus Handel mit Aktien und Kauf von Calls und Puts
16. Mischung aus Handel mit Aktien, Leerverkauf von Calls und Kauf von Puts
17. Mischung aus Handel mit Aktien und Leerverkauf von Calls und Puts

Es kann nicht vorkommen, daß die Uninformierten indifferent zwischen Call long und Call short sowie Put long und Put short sind, da ihr kritischer Bidpreis größer als ihr kritischer Askpreis sowohl für den Call als auch für den Put ist.[2]
Die Möglichkeiten der Portefeuillestrategie 1., 2., 3., 10., 11. traten schon im Grundmodell auf.

Nur wenn der gestellte Askpreis der Option (sowohl Call als auch Put) kleiner als ihr kritischer Askpreis ist, kaufen die Uninformierten die Option. Sie verkaufen die Option nur dann leer, wenn der gestellte Bidpreis größer als ihr kritischer Bidpreis ist. Wenn sie indifferent zwischen dem Handel mit Optionen und Aktien sind, mischen sie ihr Portefeuille.

Tabelle 4.1. Anlagestrategie der Uninformierten

Call \ Put	1i)	1ii)	1iii)	2iii)	3iii)
1i)	3., 4., 9.	3.	3.	3.	3., 5., 8.
1ii)	4.	17.	11.	16.	5.
1iii)	4.	12.	1.	13.	5.
2iii)	4.	14.	10.	15.	5.
3iii)	2., 4., 6.	2.	2.	2.	2., 5., 7.

In den Feldern 1*i*) × 1*i*), 1*i*) × 3*iii*), 3*iii*) × 1*i*) und 3*iii*) × 3*iii*) sind jeweils drei Portefeuillestrategien möglich. Welche der drei Anlagestrategien die Uninformierten letztendlich verfolgen, ist von den Bedingungen (4.13), (4.14), (4.15) und (4.16) abhängig.

4.2.2 Anlageverhalten der Informierten

Zuerst wird der Fall betrachtet, daß der Aktienkurs und somit der Kurs des Calls steigt. Danach wird der Fall eines Kursrückgangs untersucht.

Fall des Kursanstiegs: $\theta = u$

Wenn der *up*–Zustand eintritt, kaufen die Informierten keine Puts, da sie dann ihre größten Verluste realisieren würden. Aus diesem Grund ist ihre Portefeuilleentscheidung unabhängig vom gestellten Askpreis für den Put.

Im folgenden werden die Indifferenzbedingungen zwischen dem Kauf von Aktien und dem Handel mit Optionen hergeleitet.
Die Indifferenzbedingungen zwischen dem Kauf von Aktien und dem Handel von Calls wurden im Grundmodell schon abgeleitet. Zunächst wird untersucht, unter welchen Be-

[2] Vgl. auch die graphische Darstellung der Handelsalternativen der Uninformierten im Grundmodell.

dingungen die Informierten indifferent zwischen dem Kauf von Aktien und dem Handel mit Puts sind.

Ein Vergleich von (i.) und (vii.) [Aktie long und Put short] ergibt:

$$\begin{aligned} iG + \frac{G}{S_0}[S_u - rS_0] &= iG - \frac{G}{Z_P - B_P}[P_u - rB_P] \\ \Leftrightarrow B_{P_u}^{krit} &= \frac{P_u S_0 + (S_u - rS_0)Z_P}{S_u} \end{aligned} \tag{4.17}$$

Beim kritischen Bidpreis $B_{P_u}^{krit}$ sind die Informierten indifferent zwischen dem Leerverkauf von Puts und dem Kauf von Aktien.

Es wird aufgezeigt, wann die Informierten, wenn der *up*–Zustand eintritt, indifferent zwischen Put short und dem Handel mit Calls sind. Die Möglichkeit, daß die Informierten auch gleichzeitig zum Kauf von Aktien indifferent sein können, wird hier noch nicht berücksichtigt.
Aus dem Vergleich von iii) und vii) [Call long und Put short] folgt:

$$\begin{aligned} iG + \frac{G}{A_C}[C_u - rA_C] &= iG + \frac{G}{Z_P - B_P}[rB_P - P_u] \\ \Leftrightarrow \frac{P_d}{r}C_u &= P_d A_C + B_P C_u \end{aligned} \tag{4.18}$$

Falls (4.18) erfüllt ist, dann sind die Informierten indifferent zwischen dem Kauf von Calls und dem Leerverkauf von Puts. Ist $\frac{P_d}{r}C_u$ größer als $P_d A_C + B_P C_u$, dann kaufen die Informierten nur Calls. Wenn $\frac{P_d}{r}C_u$ kleiner als $P_d A_C + B_P C_u$ ist, gehen sie nur Shortpositionen in Puts ein.

Für die weitere Analyse wird $Z_C = \frac{C_u}{r}$ und $Z_P = \frac{P_d}{r}$ angenommen. Unter diesen Voraussetzungen gilt die Bedingung (4.19). In Abschnitt 4.2 wird noch gezeigt, daß unter diesen Annahmen an die Höhe der Sicherheitsleistungen die Mengen an Calls bzw. Puts, die die Investoren nachfragen, gleich der Menge an Calls bzw. Puts sind, die die Investoren leerverkaufen können.[3]
Aus dem Vergleich von iv) und vii) [Call short und Put short] folgt:

$$\begin{aligned} iG + \frac{G}{Z_C - B_C}[rB_C - C_u] &= iG + \frac{G}{Z_P - B_P}[rB_P - P_u] \\ \Leftrightarrow B_C &= \frac{C_u}{r} \end{aligned} \tag{4.19}$$

Aus der Gleichung (4.19) ergibt sich, daß die Informierten gleichzeitig indifferent zum Kauf von Aktien sind, wenn sie indifferent zwischen Shortpositionen in Calls und Shortpositionen in Puts sind. Der Leerverkauf von Calls ist genau dann günstiger als der Kauf von Aktien, wenn der Leerverkauf von Calls günstiger als der Leerverkauf von Puts ist. Es

[3] Im Grundmodell wurde schon gezeigt, daß die Menge an Calls im Gleichgewicht, die die Investoren anbieten bzw. nachfragen können, identisch sind, wenn $Z_C = \frac{C_u}{r}$.

ist nicht möglich, daß die Informierten Shortpositionen in Puts Shortpositionen in Calls vorziehen, da die daraus resultierende Bedingung $B_C < \frac{C_u}{r}$ im Widerspruch zu $B_C > B_{C_u}^{krit}$ steht, weil $B_{C_u}^{krit}$ gleich $\frac{C_u}{r}$ ist.

Die folgenden Preiskombinationen können generell auftreten:
Für Calls:

$$\left\{\begin{array}{ll} 1) & A_C > A_{C_u}^{krit} \\ 2) & A_C = A_{C_u}^{krit} \\ 3) & A_C < A_{C_u}^{krit} \end{array}\right\} \times \left\{\begin{array}{ll} i) & B_C > B_{C_u}^{krit} \\ ii) & B_C = B_{C_u}^{krit} \\ iii) & B_C < B_{C_u}^{krit} \end{array}\right\}$$

Für Puts:

$$\begin{array}{rlcl} i) & B_P & > & B_{P_u}^{krit} \\ ii) & B_P & = & B_{P_u}^{krit} \\ iii) & B_P & < & B_{P_u}^{krit} \end{array}$$

Da die Informierten keine Puts kaufen, falls der *up*–Zustand eintritt, ist der Askpreis des Puts irrelevant. Daher muß nicht mehr zwischen A_P "<", "=" oder ">" $A_{P_u}^{krit}$ unterschieden werden. Die Kombinationen 2i), 2iii), 3i) und 3ii) können aus den gleichen Argumenten wie bei den Uninformierten nicht auftreten.

Die Tabelle 4.2 verdeutlicht die Anlagestrategie der Informierten, falls der *up*–Zustand eintritt.
Die Anlagemöglichkeiten der Informierten für den Fall, daß der *up*–Zustand eintritt, sind wie folgt gegeben:

1. nur Kauf von Aktien
2. nur Kauf von Calls
3. nur Leerverkauf von Calls
4. nur Leerverkauf von Puts
5. Mischung aus Kauf von Calls und Leerverkauf von Puts
6. Mischung aus Kauf von Aktien und Kauf von Calls
7. Mischung aus Kauf von Aktien und Leerverkauf von Calls
8. Mischung aus Kauf von Aktien und Leerverkauf von Puts
9. Mischung aus Kauf von Aktien und Calls und Leerverkauf von Puts
10. Mischung aus Kauf von Aktien und Leerverkauf von Calls und Puts

Die Alternativen 1., 2., 3., 6. und 7. traten schon im Grundmodell auf.

Die Informierten kaufen Calls, falls der quotierte Preis kleiner als ihr kritischer Askpreis ist. Sie verkaufen die Option leer, falls der gestellte Bidpreis größer als ihr kritischer Bidpreis ist. Beim kritischen Askpreis $A_{C_u}^{krit}$ sind sie indifferent zwischen dem Kauf von Calls und dem Kauf von Aktien. Beim kritischen Bidpreis $B_{C_u}^{krit}$ bzw. $B_{P_d}^{krit}$ sind sie indifferent zwischen dem Leerverkauf von Calls bzw. Puts und dem Kauf von Aktien.

Tabelle 4.2. Anlageentscheidung der Informierten für den *up*–Zustand

Call \ Put	i)	ii)	iii)
1i)	3.	3.	3.
1ii)	4.	10.	7.
1iii)	4.	8.	1.
2iii)	4.	9.	6.
3iii)	2., 4., 5.	2.	2.

Wenn der Market–Maker Quotes stellen würde, die die Bedingungen in Feld $3iii) \times i)$ erfüllen, gibt es drei unterschiedliche Anlagestrategien für die Uninformierten. Dies ist abhängig von der Indifferenzbedingung (4.18).

Fall des Kursrückgangs: $\theta = d$

Die Informierten kaufen im *down*–Zustand keine Calls, da sie dann ihre höchsten Verluste erlitten. Deshalb ist ihre Portefeuillewahl unabhängig vom gestellten Askpreis für den Call.

Es werden die Indifferenzbeziehungen zwischen dem Leerverkauf von Aktien und dem Handel von Optionen hergeleitet.
Der Indifferenzpreis zwischen dem Leerverkauf von Aktien und dem Leerverkauf von Calls wurde schon im Grundmodell berechnet.
Aus dem Vergleich von iii.) und vi.) [Aktie short und Put long] folgt:

$$\begin{aligned} iG - \frac{G}{S_0}[S_d - rS_0] &= iG + \frac{G}{A_P}[P_d - rA_P] \\ \Leftrightarrow A_{P_d}^{krit} &= \frac{P_d S_0}{2rS_0 - S_d} \end{aligned} \tag{4.20}$$

Beim kritischen Askpreis $A_{P_d}^{krit}$ sind die Informierten indifferent zwischen dem Leerverkauf von Aktien und dem Kauf von Puts.

Ein Vergleich von ii.) und vii.) [Aktie short und Put short] ergibt:

$$iG - \frac{G}{S_0}[S_d - rS_0] = iG - \frac{G}{Z_P - B_P}[P_d - rB_P]$$

$$\Leftrightarrow B_{P_d}^{krit} = \frac{P_d S_0 + (rS_0 - S_d)Z_P}{2rS_0 - S_d} \tag{4.21}$$

Die Informierten sind beim kritischen Bidpreis $B_{P_d}^{krit}$ indifferent zwischen Shortpositionen in Aktien und Puts.

Der nächste Abschnitt zeigt, unter welchen Bedingungen die Informierten indifferent zwischen dem Leerverkauf von Calls und dem Handel mit Puts sind. Zusätzlich besteht die Möglichkeit, daß sie auch gleichzeitig zwischen dem Leerverkauf von Aktien indifferent sein können.
Aus dem Vergleich von iv.) und vi.) [Call short und Put long] folgt:

$$iG + \frac{G}{Z_C - B_C}[rB_C - C_d] = iG + \frac{G}{A_P}(P_d - rA_P)$$

$$\Leftrightarrow \frac{C_u}{r}P_d = P_d B_C + C_u A_P \tag{4.22}$$

Wenn die Bedingung (4.22) erfüllt ist, sind die Informierten indifferent zwischen dem Leerverkauf von Calls und dem Kauf von Puts. Ist $\frac{C_u}{r}P_d$ größer als $P_d B_C + C_u A_P$, verkaufen die Informierten nur Calls leer. Wenn $\frac{C_u}{r}P_d < P_d B_C + C_u A_P$, dann gehen sie nur Longpositionen in Puts ein.

Ein Vergleich von iv.) und vi.) [Call short und Put short] ergibt unter der Verwendung von $Z_P = \frac{P_d}{r}$ und $Z_C = \frac{C_u}{r}$:

$$iG + \frac{G}{Z_C - B_C}[rB_C - C_d] = iG + \frac{G}{Z_P - B_P}[rB_P - P_d]$$

$$\Leftrightarrow B_P = \frac{P_d}{r} \tag{4.23}$$

Aus der Gleichung (4.23) folgt, daß die Informierten indifferent zwischen dem Leerverkauf von Calls und Puts sind, genau dann wenn sie indifferent zwischen dem Leerverkauf von Aktien und dem Leerverkauf von Puts sind. Shortpositionen in Puts sind genau dann günstiger als Shortpositionen in Calls, wenn Shortpositionen in Puts höhere Gewinne als der Kauf von Aktien erbringen. Analog dazu sind Shortpositionen in Calls gewinnbringender als Shortpositionen in Puts genau dann, wenn der Leerverkauf von Calls günstiger als der Leerverkauf von Aktien ist. Der Fall, daß der Leerverkauf von Puts gewinnbringender als der Leerverkauf von Calls ist, kann nicht auftreten. Shortpositionen in Puts sind günstiger als Shortpositionen in Calls, wenn die Ungleichung $B_P < \frac{P_d}{r}$ gilt. Diese Bedingung steht jedoch im Widerspruch zur Ungleichung $B_P > B_{P_d}^{krit}$, da die Gleichung $B_{P_d}^{krit} = \frac{P_d}{r}$ gültig ist.

Die folgenden Preiskombinationen können auftreten:
Für Calls:

$$\begin{aligned} i) \quad B_C &> B_{C_d}^{krit} \\ ii) \quad B_C &= B_{C_d}^{krit} \\ iii) \quad B_C &< B_{C_d}^{krit} \end{aligned} \tag{4.24}$$

Für Puts:

$$\left\{\begin{array}{ll} 1) & A_P > A_{P_d}^{krit} \\ 2) & A_P = A_{P_d}^{krit} \\ 3) & A_P < A_{P_d}^{krit} \end{array}\right\} \times \left\{\begin{array}{ll} i) & B_P > B_{P_d}^{krit} \\ ii) & B_P = B_{P_d}^{krit} \\ iii) & B_P < B_{P_d}^{krit} \end{array}\right\}$$

Der Askpreis des Calls ist irrelevant, da die Informierten keine Calls kaufen, falls der *down*–Zustand eintritt. Sie würden dann ihre größten Verluste realisieren.

Auf Grundlage der bisherigen Überlegungen ergibt sich folgendes für die Nachfrage der Informierten:
Die möglichen Anlagemöglichkeiten der Informierten für *down*–Zustand lauten:

1. nur Leerverkauf von Aktien
2. nur Leerverkauf von Calls
3. nur Leerverkauf von Puts
4. nur Kauf von Puts
5. Mischung aus Leerverkauf von Calls und Kauf von Puts
6. Mischung aus Leerverkauf von Aktien und Calls
7. Mischung aus Leerverkauf von Aktien und Puts
8. Mischung aus Leerverkauf von Aktien und Kauf von Puts
9. Mischung aus Leerverkauf von Aktien, Calls und Puts
10. Mischung aus Leerverkauf von Aktien und Calls und Kauf von Puts

Die Möglichkeiten 1., 2. und 6. traten schon im Grundmodell auf.

Die Portefeuillestrategie der Informierten für den *down*–Zustand wird in der Tabelle 4.3 dargestellt.

Tabelle 4.3. Anlageentscheidung der Informierten für den *down*– Zustand

Call \ Put	1i)	1ii)	1iii)	2iii)	3iii)
i)	3.	2.	2.	2.	2., 4., 5.
ii)	3.	9.	6.	10.	4.
iii)	3.	7.	1.	8.	4.

Bei der Kombination $i) \times 3iii)$ sind prinzipiell drei Handelsstrategien möglich. Welche der drei Strategien letztendlich die Informierten wählen, ist von der Bedingung (4.22) abhängig.

4.3 Bid–Ask–Spreads im Gleichgewicht

Im Grundmodell kamen Gebiete im Ask–Bid–Raum des Calls, in denen der Market–Maker erwartete Verluste erleidet, als Gebiete, in denen Gleichgewichtspreise liegen können, nicht in Frage. Hier werden analog zur Vorgehensweise im Grundmodell die Portefeuillemöglichkeiten der Investoren eliminiert, bei denen der Market–Maker von vornherein Verluste erzielen würde. Das bedeutet, daß die Kombinationen von Ask– und Bidpreisen ausscheiden, bei denen der Market–Maker keine nicht–negativen erwarteten Gewinne erzielen kann.

Betrachtet man die Gewinnfunktion des Market–Makers (4.8), ist zu erkennen, daß der Market–Maker Verluste realisieren würde, wenn er den Askpreis der Option kleiner als $\frac{\mu_O}{r}$ und den Bidpreis der Option größer als $\frac{\mu_O}{r}$ stellen würde.
Für die Beziehung zwischen den kritischen Preisen der Uninformierten und $\frac{\mu_O}{r}$ gilt folgendes:

$$A_{C,2}^{krit} < B_{C,2}^{krit} < \frac{\mu_C}{r} < A_{C,1}^{krit} < B_{C,1}^{krit} \qquad (4.25)$$
$$A_{P,1}^{krit} < B_{P,1}^{krit} < \frac{\mu_P}{r} < A_{P,2}^{krit} < B_{P,2}^{krit} \qquad (4.26)$$

Folglich kann es im Gleichgewicht nur vorkommen, daß die Optimisten nur Calls kaufen, nur Puts leerverkaufen oder indifferent zwischen Longpositionen in Calls und Shortpositionen in Puts sind, sofern η klein genug ist, so daß Handel auf dem Optionsmarkt stattfindet. Ebenso verkaufen die Pessimisten ausschließlich Calls leer, kaufen ausschließlich Puts oder sind indifferent zwischen Shortpositionen in Calls und Longpositionen in Puts.
Daraus folgt, daß für den Market–Maker die Preiskombinationen 2), 4), 6), 10), 12) und 14) aus der Handlungsstrategie der Optimisten und die Preiskombinationen 3), 5), 8), 11), 13) und 17) aus der Portefeuillestrategie der Pessimisten relevant sind.

Im folgenden wird gezeigt, daß die Indifferenzbedingung zwischen Longpositionen in Calls und Shortpositionen in Puts für die Optimisten gleich der Indifferenzbedingung für die Informierten ist, wenn der *up*–Zustand eintritt.
Die Optimisten sind genau dann zwischen dem Kauf von Calls und dem Leerverkauf von Puts indifferent, wenn folgende Bedingung erfüllt ist, die aus (4.15) folgt:

$$B_P = \frac{P_d}{r} - \frac{(1+2\epsilon)\mu_P}{(1+2\epsilon)\mu_C} A_C \qquad (4.27)$$

Für den Fall, daß der *up*–Zustand eintritt, sind die Informierten genau dann indifferent zwischen dem Kauf von Calls und dem Leerverkauf von Puts, wenn die nächste Bedingung, die sich durch Umformen aus der Bedingung (4.18) ergibt, erfüllt ist:

$$B_P = \frac{P_d}{r} - \frac{2\mu_P}{2\mu_C} A_C \tag{4.28}$$

Die beiden Indifferenzbedingungen (4.27) und (4.28) sind gleich.

Ebenso wird gezeigt, daß die Indifferenzbedingung zwischen Shortpositionen in Calls und Longpositionen in Puts für die Pessimisten gleich der Indifferenzbedingung für die Informierten ist, falls der *down*–Zustand eintritt.
Die Pessimisten sind genau dann zwischen dem Leerverkauf von Calls und dem Kauf von Puts indifferent, wenn die folgende Bedingung, die eine Umformung der Bedingung (4.16) ist, gültig ist:

$$B_C = \frac{C_u}{r} - \frac{(1+2\epsilon)\mu_C}{(1+2\epsilon)\mu_P} A_P \tag{4.29}$$

Falls der *down*–Zustand eintritt, sind die Informierten genau dann indifferent zwischen Shortpositionen in Calls und Longpositionen in Puts, wenn die nachstehende Gleichung, die man durch Umformen der Bedingung (4.22) erhält, erfüllt ist:

$$B_C = \frac{C_u}{r} - \frac{2\mu_C}{2\mu_P} A_P \tag{4.30}$$

Es ergibt sich die Gleichheit der Indifferenzbedingung der Pessimisten (4.29) und der Informierten (4.30).

Somit gibt es neun Kombinationen, wie die Investoren mit Optionen handeln können, die sich als Kreuzprodukt der folgenden zwei Mengen schreiben lassen. Im weiteren Verlauf dieses Kapitels wird noch darauf eingegangen, wie die Investoren zwischen Optionen und Aktien mischen.

$$\left\{\begin{array}{c}\text{Die Optimisten und Informierten } (\theta = u) \text{ kaufen nur Calls.}\\ \text{Die Optimisten und Informierten } (\theta = u) \text{ verkaufen nur Puts leer.}\\ \text{Beide Gruppen sind indifferent zwischen Call long und Put short.}\end{array}\right\}$$
$$\times \tag{4.31}$$
$$\left\{\begin{array}{c}\text{Die Pessimisten und Informierten } (\theta = d) \text{ verkaufen nur Calls leer.}\\ \text{Die Pessimisten und Informierten } (\theta = d) \text{ kaufen nur Puts.}\\ \text{Beide Gruppen sind indifferent zwischen Call short und Put long.}\end{array}\right\}$$

Für die weitere Analyse dieses Kapitels wird angenommen, daß $p = \frac{1}{2}$. Ferner werden Z_C und Z_P analog zur Vorgehensweise im Grundmodell so bestimmt, daß im Gleichgewicht $Z_C - B_C^* = A_C^*$ und $Z_P - B_P^* = A_P^*$, da dann die Mengen an Optionen, die die Investoren kaufen können, gleich der sind, die sie verkaufen können. Unter diesen Voraussetzungen kann der Fall, daß der Markt nur für eine Marktseite zusammenbricht, nicht auftreten.

Zuerst wird der Fall betrachtet, daß η so klein ist, daß Handel auf dem Optionsmarkt stattfindet. Im weiteren werden die neun Möglichkeiten von Portefeuilleentscheidungen der Investoren besprochen, die sich aus dem Kreuzprodukt der oben aufgeführten Mengen (4.31) ergeben haben.

Der interessanteste Fall ist der, in dem die Optimisten und Pessimisten sowie die Informierten indifferent zwischen dem Handel mit Calls und Puts sind. Im Grundmodell wurde gezeigt, daß die Uninformierten im Gleichgewicht nur mit Calls handeln, falls sie indifferent zwischen dem Handel mit Aktien und Calls sind. Analog zum Grundmodell kann auch bewiesen werden, daß die Uninformierten im Gleichgewicht nur mit Puts handeln, falls sie indifferent zwischen Puts und Aktien sind. Das bedeutet, daß die kritischen Preise der Uninformierten nur Gleichgewichtspreise sein können, wenn die Uninformierten bei Indifferenz zwischen Aktien und Optionen nur mit Optionen handeln. Im folgenden reicht es somit aus, sich auf die Indifferenz zwischen Calls und Puts zu beschränken, sofern der Market–Maker einen Askpreis für den Call (Put) stellt, der kleiner oder gleich dem die kritischen Askpreis der Optimisten (Pessimisten) ist, und einen Bidpreis für den Call (Put), der größer oder gleich dem kritischen Bidpreis der Pessimisten (Optimisten) ist.

Im Grundmodell wurde gezeigt, daß im Gleichgewicht die Informierten mit Aktien handeln, wenn sie indifferent zwischen dem Handel mit Aktien und Optionen sind. Eine analoge Argumentation kann für die Situation der Indifferenz zwischen dem Handel mit Aktien und Puts geführt werden. Folglich handeln die Informierten im Gleichgewicht nur mit Aktien und nicht mit Optionen, falls sie indifferent zwischen Optionen und Aktien sind.

Es sei $0 \leq \tau_j \leq 1, j = 1,2$ das Gewicht dafür, wie die Uninformierten zwischen Calls und Puts mischen. Ferner sei $0 \leq \tau_\theta \leq 1, \theta = u, d$ das Gewicht dafür, wie die Informierten zwischen Calls und Puts mischen.

Unter Berücksichtigung der Handelsstrategie der Investoren und den Portefeuillestrategien, die nie zu nicht–negativen Gewinnen des Market–Makers führen, ergibt sich für die Gewinnfunktion des Market–Makers:

$$\begin{aligned}
\max_{A_C,B_C,A_P,B_P} \quad \tfrac{1}{2}\eta \quad & \Big\{ \tau_u \frac{G}{A_C}(rA_C - C_u) I\!I_{\{A_C<A_{C_u}^{krit}\}\times\{0\leq B_C<B_{C_u}^{krit}\}}(A_C,B_C) \\
& -(1-\tau_u)\frac{G}{Z_P - B_P}(rB_P - P_u) I\!I_{\{0\leq A_P\leq P_d\}\times\{0\leq B_P<B_{P_u}^{krit}\}}(A_P,B_P) \\
& +\tau_d \frac{G}{A_P}(rA_P - P_d) I\!I_{\{A_P<A_{P_u}^{krit}\}\times\{0\leq B_P<B_{P_u}^{krit}\}}(A_P,B_P) \\
& -(1-\tau_d)\frac{G}{Z_C - B_C}(rB_C - C_d) I\!I_{\{0\leq A_C\leq C_u\}\times\{B_C>B_{C_d}^{krit}\}}(A_C,B_C) \Big\} \\
& +\frac{1}{2}(1-\eta)\Big\{ \tau_1 \frac{G}{A_C}(rA_C - \mu_C) I\!I_{\{A_C\leq A_{C,1}^{krit}\}\times\{0\leq B_C<B_{C,1}^{krit}\}}(A_C,B_C) \\
& -(1-\tau_1)\frac{G}{Z_P - B_P}(rB_P - \mu_P) I\!I_{\{A_P>A_{P,1}^{krit}\}\times\{B_P\geq B_{P,1}^{krit}\}}(A_P,B_P)
\end{aligned}$$

$$
\begin{aligned}
& + \quad \tau_2 \frac{G}{A_P}(rA_P - \mu_P)\mathbb{I}_{\{A_P \le A_{P,2}^{krit}\}\times\{0\le B_P < B_{P,2}^{krit}\}}(A_P, B_P) \\
& \quad -(1-\tau_2)\frac{G}{Z_C - B_C}(rB_C - \mu_C)\mathbb{I}_{\{A_C > A_{C,2}^{krit}\}\times\{B_C \ge B_{C,2}^{krit}\}}(A_C, B_C)\Big\} \\
u.d.N. \quad & 0 \le B_C \le A_C \le C_u \\
& 0 \le B_P \le A_P \le P_d \qquad (4.32) \\
& (4.28) \text{ und } (4.30)
\end{aligned}
$$

Da die Zielfunktion des Market–Makers (4.32) streng monoton steigend in den Askpreisen und streng monoton fallend in den Bidpreisen ist, wählt der Market–Maker die Askpreise möglichst groß und die Bidpreise möglichst klein, ohne dabei die Uninformierten vom Optionsmarkt zu verdrängen. Dies sind der kritische Askpreis der Optimisten $A_{C,1}^{krit}$ für den Call, der kritische Askpreis der Pessimisten $A_{P,2}^{krit}$ für den Put, der kritische Bidpreis der Optimisten $B_{P,1}^{krit}$ für den Put und der kritische Bidpreis der Pessimisten $B_{C,2}^{krit}$ für den Call. Die so erhaltenen Gleichgewichtspreise erfüllen die beiden Indifferenzbedingungen zwischen dem Call und Put. Dies läßt sich durch Einsetzen der Gleichgewichtspreise in die beiden Indifferenzbedingungen (4.28) und (4.30) zeigen.
Damit die abgeleiteten Preise auch wirklich Gleichgewichtspreise sein können, müssen ferner noch die Gleichgewichtsgewichte τ_j und τ_θ bestimmt werden. Im folgenden wird gezeigt, daß die kritischen Preise nur Gleichgewichtspreise sind, wenn $\tau_1 = \tau_u$ und $\tau_2 = \tau_d$. Das bedeutet, daß die Informierten, falls der *up*–Zustand eintritt, und Optimisten, sowie die Informierten, falls der *down*–Zustand eintritt, im gleichen Verhältnis zwischen Calls und Puts mischen. Andernfalls lohnt es sich für den Market–Maker von seiner Preisstrategie abzuweichen, indem er den Marktzusammenbruch auf dem Call– und oder auf dem Putmarkt herbeiführt. Angenommen τ_1 sei kleiner als τ_u. In diesem Fall ist die Menge an Calls, die die Optimisten nachfragen, kleiner als die Menge an Calls, die die Informierten nachfragen. Dann sind u.U. die erwarteten Verluste aus dem Geschäft mit den Informierten auf dem Callmarkt größer als die erwarteten Gewinne aus dem Geschäft mit den Optimisten. Somit ist es für den Market–Maker optimal bei einem kleineren kritischen Anteil der Informierten, als in dem Fall, in der die Menge an Calls, die die beiden Gruppen nachfragen, gleich ist, den Marktzusammenbruch auf der Askseite des Callmarktes herbeizuführen. Das bedeutet, daß in dieser beschriebenen Situation der Market–Maker von seiner Preisstellungstrategie abweicht. Daraus folgt, daß der kritische Askpreis der Optimisten $A_{C,1}^{krit}$ nur dann immer ein Gleichgewichtspreis ist, wenn die Informierten im *up*–Zustand genauso viele Calls wie die Optimisten nachfragen. Analog zu $\tau_1 = \tau_u$ kann gezeigt werden, daß im Gleichgewicht $\tau_2 = \tau_d$. Zur Vereinfachung wird für die weitere Analyse angenommen, daß $\tau_1 = \tau_2 = \frac{1}{2}$. Das heißt, daß die Informierten, falls der *up*–Zustand eintritt, und die Optimisten im Fall der Indifferenz zwischen dem Kauf von Calls und dem Leerverkauf von Puts, jeweils die Hälfte ihres Budgets für den Kauf von Calls und die andere Hälfte für den Leerverkauf von Puts verwenden. Ebenso verwenden die Informier-

ten, falls der *down*–Zustand eintritt, und die Pessimisten jeweils die Hälfte ihres Budgets für den Kauf von Puts und die andere Hälfte für den Leerverkauf von Calls, wenn beide Gruppe von Investoren indifferent zwischen Longpositionen in Puts und Shortpositionen in Calls sind.

Sofern die Wahrscheinlichkeit η klein genug ist, so daß die erwarteten Gewinne des Market–Makers beim Handel mit Optionen nicht–negativ sind, lauten die Gleichgewichtspreise :

$$A_C^* = \frac{\mu_{C,1} S_0}{\mu_{A,1}} \tag{4.33}$$

$$B_C^* = \frac{\mu_{C,2} S_0 + (rS_0 - \mu_{A,2}) Z_C}{2rS_0 - \mu_{A,2}} \tag{4.34}$$

$$A_P^* = \frac{\mu_{P,2} S_0}{2rS_0 - \mu_{A,2}} \tag{4.35}$$

$$B_P^* = \frac{\mu_{P,1} S_0 + [(\mu_{A,1} - rS_0) Z_P}{\mu_{A,1}} \tag{4.36}$$

Unter Verwendung von $\mu_A = rS_0$ ergibt sich durch Einsetzen von $Z_P = \frac{P_d}{r}$ in $Z_P - B_P^*$, daß $A_P^* = Z_P - B_P^*$.

Die Höhe der dazugehörigen Bid–Ask–Spreads unter Verwendung der Gleichung $\mu_A = rS_0$ beträgt:

$$A_C^* - B_C^* = \frac{C_u}{r} \epsilon \frac{2rS_0 - (S_u - S_d)}{rS_0 + \epsilon(S_u - S_d)} \tag{4.37}$$

$$A_P^* - B_P^* = \frac{P_d}{r} \epsilon \frac{2rS_0 - (S_u - S_d)}{rS_0 + \epsilon(S_u - S_d)} \tag{4.38}$$

Man erhält den gleichen Spread des Calls wie im Grundmodell. Die Höhe des Bid–Ask–Spreads vom Call ist gleich der Höhe des Bid–Ask–Spreads vom Put genau dann, wenn folgende Gleichung erfüllt ist.

$$\begin{aligned} C_u &= P_d \\ \Leftrightarrow 2rS_0 &= K_C + K_P \end{aligned} \tag{4.39}$$

Hinreichend dafür, daß die Bid–Ask–Spreads gleich groß sind, ist, daß der Basispreis des Calls gleich dem des Puts $K = K_C = K_P$ sowie gleich dem aufgezinsten heutigen Aktienkurses S_0 ist. Beträgt die Höhe des Zinssatzes i zusätzlich Null, dann sind die beiden Bid–Ask–Spreads gleich hoch, wenn die Option zu Beginn der Periode am Geld ist.

Die erwarteten Bestände des Market–Makers an Calls im Gleichgewicht sind folgendermaßen gegeben:

Longpositionen in Calls:

$$\frac{\eta}{2} \frac{G}{2A_C^*} + \frac{1-\eta}{2} \frac{G}{2A_C^*} = \frac{G}{4A_C^*} \tag{4.40}$$

Shortpositionen in Calls:

$$\frac{\eta}{2}\frac{G}{2(Z_C - B_C^*)} + \frac{1-\eta}{2}\frac{G}{2(Z_C - B_C^*)} = \frac{G}{4(Z_C - B_C^*)} \tag{4.41}$$

Insgesamt hat also der Market–Maker erwartete Nullbestände an Calls im Gleichgewicht, da $Z_C - B_C^*$ gleich A_C^* ist.
Longpositionen in Puts:

$$\frac{\eta}{2}\frac{G}{2A_P^*} + \frac{1-\eta}{2}\frac{G}{2A_P^*} = \frac{G}{4A_P^*} \tag{4.42}$$

Shortpositionen in Puts:

$$\frac{\eta}{2}\frac{G}{2(Z_P - B_P^*)} + \frac{1-\eta}{2}\frac{G}{2(Z_P - B_P^*)} = \frac{G}{4(Z_P - B_P^*)} \tag{4.43}$$

Der Market–Maker hat auch erwartete Nullbestände an Puts im Gleichgewicht, da die Gleichung $Z_P - B_P^* = A_P^*$ gilt.

Analog zum Grundmodell läßt sich wieder ein kritischer Anteil der Informierten η berechnen, bei dem der Marktzusammenbruch auftritt, wenn η größer als dieser kritische Anteil der Informierten ist. Hierzu wird das größtmögliche η abgeleitet, so daß der Market–Maker beim Handel noch erwartete Nullgewinne erzielen kann. Es wird gezeigt, daß dieser kritische Anteil der Informierten eindeutig ist.
Dazu wird berechnet, für welche Wahrscheinlichkeit η die erwarteten Gewinne des Market–Makers im Gleichgewicht bei Kauf– und Verkaufstransaktionen für die beiden Optionen gleich Null sind.
Der erwartete Gewinn des Market–Makers im Gleichgewicht aus Transaktionen zum Askpreis für den Call ist gleich Null. Daraus ergibt sich durch Umformen für die kritische Wahrscheinlichkeit η^{A_C}:

$$\begin{aligned} \frac{\eta}{2}\frac{1}{2}\frac{G}{A_C^*}(rA_C^* - C_u) &+ \frac{1-\eta}{2}\frac{1}{2}\frac{G}{A_C^*}(rA_C^* - \mu_C) = 0 \\ \Leftrightarrow \eta^{A_C} &= \frac{rA_C^* - \mu_C}{\mu_C} \end{aligned} \tag{4.44}$$

Der erwartete Gewinn des Market–Makers im Gleichgewicht aus Transaktionen zum Bidpreis für den Call ist gleich Null. Durch Umformen erhält man:

$$\begin{aligned} -\frac{\eta}{2}\frac{1}{2}\frac{G}{Z_C - B_C^*}(rB_C^* - C_d) &- \frac{1-\eta}{2}\frac{1}{2}\frac{G}{Z_C - B_C^*}(rB_C^* - \mu_C) = 0 \\ \Leftrightarrow \eta^{B_C} &= \frac{\mu_C - rB_C^*}{\mu_C} \end{aligned} \tag{4.45}$$

Der erwartete Gewinn des Market–Makers im Gleichgewicht aus Transaktionen zum Askpreis des Puts ist gleich Null. Durch Umformen ergibt sich:

$$\begin{aligned} \frac{\eta}{2}\frac{1}{2}\frac{G}{A_P^*}(rA_P^* - P_d) &+ \frac{1-\eta}{2}\frac{1}{2}\frac{G}{A_P^*}(rA_P^* - \mu_P) = 0 \\ \Leftrightarrow \eta^{A_P} &= \frac{rA_P^* - \mu_P}{\mu_P} \end{aligned} \tag{4.46}$$

Der erwartete Gewinn des Market–Makers im Gleichgewicht aus Transaktionen zum Bidpreis des Puts ist gleich Null. Mittels Umformung ergibt sich:

$$-\frac{\eta}{2}\frac{1}{2}\frac{G}{Z_P - B_P^*}(rB_P^* - P_u) \quad - \quad \frac{1-\eta}{2}\frac{1}{2}\frac{G}{Z_P - B_P^*}(rB_P^* - \mu_P) = 0$$

$$\Leftrightarrow \eta^{B_P} \quad = \quad \frac{\mu_P - rB_P^*}{\mu_P} \tag{4.47}$$

Werden die Gleichgewichtspreise in die jeweiligen Gleichungen für die kritischen Wahrscheinlichkeiten eingesetzt, folgt, daß alle vier kritischen Wahrscheinlichkeiten gleich sind. Zusätzlich ergibt sich, daß die vier kritischen Wahrscheinlichkeiten gleich der kritischen Wahrscheinlichkeit η_{krit} aus dem Grundmodell sind.
Die kritische Wahrscheinlichkeit η_{krit} ist somit gegeben durch:

$$\eta_{krit} = \epsilon \frac{2rS_0 - (S_u - S_d)}{rS_0 + \epsilon(S_u - S_d)} \tag{4.48}$$

Ist die Wahrscheinlichkeit η größer als die kritische Wahrscheinlichkeit η_{krit}, quotiert der Market–Maker die Preise, so daß der Handel auf dem Optionsmarkt zusammenbricht. Das bedeutet, daß die Askpreise größer oder gleich den kritischen Askpreisen der Informierten sind und die Bidpreise kleiner oder gleich den kritischen Bidpreisen der Informierten.
Für die Gleichgewichtspreise gilt folgendes:

$$A_C^* \geq \frac{C_u S_0}{S_u} \tag{4.49}$$

$$B_C^* \leq \frac{(rS_0 - S_d)C_u}{r[2rS_0 - S_d]} \tag{4.50}$$

$$A_P^* \geq \frac{P_d S_0}{[2rS_0 - S_d]} \tag{4.51}$$

$$B_P^* \leq \frac{(S_u - rS_0)P_d}{rS_u} \tag{4.52}$$

Für die zugehörigen Bid–Ask–Spreads im Gleichgewicht gilt:

$$\frac{S_d C_u}{rS_u} \leq \; A_C^* - B_C^* \; \leq C_u - C_d \tag{4.53}$$

$$\frac{S_d P_d}{rS_u} \leq \; A_P^* - B_P^* \; \leq P_d - P_u \tag{4.54}$$

Wenn der Market–Maker die niedrigsten Askpreise und die höchsten Bidpreise stellt, sind die beiden Bid–Ask–Spreads gleich hoch, wenn die Gleichung (4.39) erfüllt ist.

Die abgeleiteten Bid–Ask–Spreads im Gleichgewicht für die jeweilige Parameterkonstellation η werden wie folgt zusammengefaßt: Im Gleichgewicht handeln die Informierten nur mit Aktien, wenn sie indifferent zwischen Optionen und Aktien sind. Die Uninformierten handeln nur mit Optionen, wenn sie indifferent zwischen Aktien und Optionen sind.
Es existiert ein kritischer Anteil der Informierten an der Gesamtzahl aller Investoren

$0 < \eta_{krit} < 1$ mit den folgenden Eigenschaften:
a) Falls $\eta \leq \eta_{krit}$, findet Handel auf dem Optionsmarkt zwischen dem Market–Maker und den Investoren statt und der Bid–Ask–Spread im Gleichgewicht ist eindeutig.
b) Falls $\eta > \eta_{krit}$, bricht der Handel auf dem Optionsmarkt zusammen.

- *Falls Handel stattfindet, sind die Gleichgewichtspreise wie folgt gegeben:*

$$(A_C^*, B_C^*) = \left(\frac{\mu_{C,1}S_0}{\mu_{A,1}}, \frac{\mu_{C,2}S_0 + (rS_0 - \mu_{A,2})Z_C}{2rS_0 - \mu_{A,2}}\right)$$

$$(A_P^*, B_P^*) = \left(\frac{\mu_{P,1}S_0 + [(\mu_{A,1} - rS_0)Z_P}{\mu_{A,1}}, \frac{\mu_{P,2}S_0}{2rS_0 - \mu_{A,2}}\right)$$

Die Höhe der Bid–Ask–Spreads im Gleichgewicht ist wie folgt gegeben:

$$A_C^* - B_C^* = \frac{C_u}{r}\epsilon\frac{2rS_0 - (S_u - S_d)}{rS_0 + \epsilon(S_u - S_d)} \tag{4.55}$$

$$A_P^* - B_P^* = \frac{P_d}{r}\epsilon\frac{2rS_0 - (S_u - S_d)}{rS_0 + \epsilon(S_u - S_d)} \tag{4.56}$$

- *Falls kein Handel stattfindet, sind die Gleichgewichtspreise wie folgt gegeben:*

$$(A_C^*, B_C^*) \in \left(\left[\frac{C_u S_0}{S_u}, C_u\right], \left[0, \frac{(rS_0 - S_d)C_u}{r[2rS_0 - S_d]}\right]\right)$$

$$(A_P^*, B_P^*) \in \left(\left[\frac{P_d S_0}{[2rS_0 - S_d]}, P_d\right], \left[0, \frac{(S_u - rS_0)P_d}{rS_u}\right]\right)$$

Die Bid–Ask–Spreads im Gleichgewicht liegen in folgenden Intervallen:

$$A_C^* - B_C^* \in \left[\frac{S_d C_u}{r\,S_u}, C_u\right] \tag{4.57}$$

$$A_P^* - B_P^* \in \left[\frac{S_d P_u}{r\,S_u}, P_d\right] \tag{4.58}$$

Die kritische Wahrscheinlichkeit ist gegeben durch $\eta_{krit} = \epsilon\frac{2rS_0 - (S_u - S_d)}{rS_0 + \epsilon(S_u - S_d)}$.

Im folgenden wird kurz auf die Put–Call–Relationen für die Ask– und Bidpreise der Optionen eingegangen um zu zeigen, daß die Gleichgewichtspreise mit den Put–Call–Relationen verträglich sind. Im Gegensatz zur Optionspreistheorie (ohne Berücksichtigung von Transaktionskosten) ist der Optionspreis für den Call und den Put nicht eindeutig, sondern es gibt einen Bidpreis, zu dem ein Investor die Option leerverkauft, und einen Askpreis, zu dem ein Investor die Option kauft.

Die Beziehung zwischen dem Askpreis des Puts und dem Bidpreis des Calls ist in der Tabelle 4.4 dargestellt, wobei im folgenden der für den Put und den Call identisch angenommene Basispreis mit K bezeichnet wird:

Tabelle 4.4. Arbitragetableau für den Putask und den Callbid

	$t = 0$	*down*–Zustand	*up*–Zustand
Put long	$-A_P$	$K - S_d$	0
Call short	B_C	0	$-(S_u - K)$
Aktie long	$-S_0$	S_d	S_u
Kreditaufnahme	$\frac{K}{r}$	$-K$	$-K$
Aus der No–Arbitrage–Bedingung folgt:	$-A_P + B_C - S_0 + \frac{K}{r} \leq 0$	0	0

Die Put–Call–Relation lautet: $A_P \geq B_C - S_0 + \frac{K}{r}$.

Da die Gleichgewichtspreise der Indifferenzbedingung (4.30) genügen, wird diese Bedingung in die Put–Call–Relation eingesetzt, und es ergibt:

$$A_P \geq \frac{2\mu_P}{r} \frac{S_u - rS_0}{S_u - S_d} \tag{4.59}$$

Die Ungleichung (4.59) ist immer erfüllt, da der Gleichgewichtsaskpreis für den Put größer oder gleich $\frac{\mu_P}{r}$ ist.

Für die Beziehung zwischen dem Askpreis des Calls und dem Bidpreis des Puts gilt:

Tabelle 4.5. Arbitragetableau für den Callask und den Putbid

	$t = 0$	*down*–Zustand	*up*–Zustand
Put short	B_P	$-(K - S_d)$	0
Call long	$-A_C$	0	$(S_u - K)$
Aktie short	S_0	$-S_d$	$-S_u$
Kreditvergabe	$-\frac{K}{r}$	K	K
Aus der No–Arbitrage–Bedingung folgt:	$B_P - A_C + S_0 - \frac{K}{r} \leq 0$	0	0

Die Put–Call–Relation lautet: $A_C \geq B_P + S_0 - \frac{K}{r}$

Weil die Gleichgewichtspreise der Indifferenzbedingung (4.28) genügen, wird diese in die Put–Call–Paritätsungleichung eingesetzt. Daraus ergibt sich:

$$A_C \geq \frac{2\mu_C}{r} \frac{rS_0 - S_d}{S_u - S_d} \tag{4.60}$$

Die Ungleichung (4.60) ist immer erfüllt, da der Gleichgewichtsaskpreis für den Call größer oder gleich $\frac{\mu_C}{r}$ ist.

Da vorausgesetzt wird, daß die risikoadjustierte Wahrscheinlichkeit gleich $\pi = \frac{1}{2}$ ist, kann ein Vergleich mit den Optionspreisen angestellt werden.

Wenn keine Informierten am Markt sind und η gleich η_{krit} ist und der Market–Maker Monopolist ist, sind der Gleichgewichtsaskpreis, der Gleichgewichtsbidpreis und der abgezinste Erwartungswert der Option gleich.[4] Somit ist der Askpreis gleich dem Bidpreis der jeweiligen Option, und es ergibt sich die Put–Call–Parität, die man aus Arbitrageüberlegungen erhält, wie sie in der Optionspreistheorie angestellt werden.
Das bedeutet insbesondere, daß die Gleichungen $A_P = B_P = B_C - S_0 + \frac{K}{r}$ und $A_C = B_C = B_P + S_0 - \frac{K}{r}$ gelten. Ferner sind alle vier gestellten Preise identisch, wenn die Bedingung $S_0 = \frac{K}{r}$ erfüllt ist.

4.4 Komparativ–statische Analyse des Gleichgewichts

Der in diesem Kapitel abgeleitete Bid–Ask–Spread des Calls ist identisch zu dem Bid–Ask–Spread des Calls, den man erhält, wenn der Market–Maker nur mit Calls handelt.[5] Daher wird nur noch bei der Zusammenfassung der Resultate dieses Kapitels auf die Charakteristika des Bid–Ask–Spreads vom Call eingegangen.
Da die kritische Wahrscheinlichkeit η, bei der der Market–Maker Nullgewinne erzielt und Handel aufgrund seiner gestellten Preise stattfindet, gleich der kritischen Wahrscheinlichkeit η_{krit} ist, die sich im Grundmodell ergeben hat, bleiben die komparativ–statischen Eigenschaften der kritischen Wahrscheinlichkeit η_{krit} erhalten. Im folgenden wird von η_{krit} gesprochen. Ebenso setzen sich die erwarteten Gewinne des Market–Makers aus der Differenz der Gewinne bei symmetrischer Information und den Kosten der adversen Selektion zusammen. Die Höhe der erwarteten Gewinne bei symmetrischer Information ist gleich der Höhe der erwarteten Gewinne bei symmetrischer Information, wenn der Market–Maker nur mit Calls handelt. Eine analoge Aussage gilt für die Höhe der Kosten der adversen Selektion. Folglich hat die Gewinnfunktion die gleichen komparativ–statischen Eigenschaften wie im Grundmodell. Der einzige Unterschied zu dem Fall, in dem der Market–Maker nur mit Calls handelt, besteht darin, daß er die Hälfte seines Gewinns aus dem Handel mit Calls und die andere Hälfte mit Puts erzielt.
Aus diesem Grund wird in diesem Kapitel nur noch kurz auf die Charakteristika der kritischen Wahrscheinlichkeit und der erwarteten Gewinne des Market–Makers eingegangen. Eine Analyse des kleinstmöglichen Spreads des Puts, der notwendig ist, um den Marktzusammenbruch auf dem Putmarkt herbeizuführen, wird in diesem Abschnitt nicht diskutiert.

---

[4] Diese Aussage gilt auch dann, wenn nur Informierte am Markt sind und Bertrand–Wettbewerb unter den Market–Makern herrscht, worauf in Kapitel 5 eingegangen wird.

[5] Vgl. Grundmodell in Kap. 3.

4.4.1 Einfluß der Volatilität des Aktienkurses

Analog zum Grundmodell wird $(S_u - S_d)$ als Ersatzgröße für die Volatilität des Aktienkurses verwandt. Eine Variation von der Volatilität des Aktienkurses $(S_u - S_d)$ wird bei konstantem Erwartungswert des Aktienkurses μ_A analysiert. Dem liegt zugrunde, daß bei einer Variation von $(S_u - S_d)$ sich S_u und S_d gleichzeitig verändern. Wenn eine Erhöhung von der Volatilität nur über eine Steigerung von S_u untersucht würde, könnte der Erwartungswert des Aktienkurses μ_A nicht gleichzeitig bei einer Veränderung der Volatilität des Aktienkurses $(S_u - S_d)$ konstant bleiben.

Für den Erwartungswert des Puts gilt:

$$\mu_P = \frac{1}{2}(K_P - rS_0) + \frac{1}{4}(S_u - S_d)$$

Die Änderung der Höhe des Bid–Ask–Spreads vom Put beträgt:

$$\begin{aligned} \frac{d(A_P^* - B_P^*)}{d(S_u - S_d)} &= \frac{\partial(A_P^* - B_P^*)}{\partial \mu_P} \frac{\partial \mu_P}{\partial(S_u - S_d)} + \frac{\partial(A_P^* - B_P^*)}{\partial(S_u - S_d)} \\ &= \frac{1}{2} \frac{\epsilon(2rS_0 - (S_u - S_d))}{r[rS_0 + \epsilon(S_u - S_d)]} - \frac{2\epsilon S_0[\mu_P + \epsilon P_d]}{[rS_0 + \epsilon(S_u - S_d)]^2} > 0 \end{aligned} \tag{4.61}$$

Der Erwartungswert des Puts μ_P ist steigend in $(S_u - S_d)$. Der kritische Askpreis der Pessimisten $A_{P,2}^{krit}$ ist steigend im Erwartungswert des Puts μ_P, da der Erwartungswert des Puts aus Sicht der Pessimisten steigt. Ebenso ist der kritische Bidpreis der Optimisten $B_{P,1}^{krit}$ wachsend im Erwartungswert des Puts. Da der Erwartungswert des Puts aus Sicht der Pessimisten stärker als der aus Sicht der Optimisten ansteigt, nimmt der Askpreis mehr als der Bidpreis zu. Folglich steigen der Gleichgewichtsask– und bidpreis bei einer c.p. Erhöhung des Erwartungswertes des Puts μ_P, wobei der Gleichgewichtaskpreis mehr als der Gleichgewichtsbidpreis zunimmt. Somit ist der indirekte Effekt über den Erwartungswert des Puts μ_P positiv. Der direkte Effekt ist im Gegensatz zum indirekten Effekt negativ, da der kritische Askpreis der Optimisten fällt und der kritische Bidpreis der Pessimisten c.p. bei einer Erhöhung der Volatilität des Aktienkurses $(S_u - S_d)$ aufgrund der Substitutionsbeziehung zwischen dem Handel mit Aktien und Puts steigt. Der erwartete Gewinn beim Handel mit Aktien ist c.p. wachsend in der Volatilität des Aktienkurses $(S_u - S_d)$, wodurch der Handel mit Aktien höhere Gewinne erbringt. Da der direkte Effekt von dem indirekten Effekt über den Erwartungswert des Puts μ_P dominiert wird, ist der gesamte Effekt positiv. Somit ergibt sich, daß der Bid–Ask–Spread des Puts bei steigender Volatilität des Aktienkurses $(S_u - S_d)$ wächst.

4.4.2 Einfluß des heutigen Aktienkurses

Der Effekt des heutigen Aktienkurses S_0 auf die Höhe des Bid–Ask–Spreads vom Put kann wie folgt dargestellt werden:

$$\begin{aligned}\frac{d(A_P^* - B_P^*)}{dS_0} &= \frac{\partial(A_P^* - B_P^*)}{\partial \mu_P}\frac{\partial \mu_P}{\partial S_0} + \frac{\partial(A_P^* - B_P^*)}{\partial S_0} \\ &= -\frac{\epsilon[2rS_0 - (S_u - S_d)]}{rS_0 + \epsilon(S_u - S_d)} + \frac{2\epsilon(S_u - S_d)[\mu_P + \epsilon P_d}{[rS_0 + \epsilon(S_u - S_d)]^2} < 0\end{aligned}$$

Der indirekte Effekt ist im Gegensatz zur Erhöhung der Volatilität des Aktienkurses $(S_u - S_d)$ negativ, da der Erwartungswert des Puts μ_P fallend im heutigen Aktienkurs S_0 ist. Hingegen ist der Erwartungswert des Puts μ_P wachsend in der Volatilität des Aktienkurses $(S_u - S_d)$. Der direkte Effekt bei einer Erhöhung des heutigen Aktienkurses S_0 ist positiv, da der erwartete Gewinn bei der Anlagealternative Aktie fällt. Dies ist darauf zurückzuführen, daß die Menge an Aktien, mit denen die Investoren handeln können, bei steigendem heutigen Aktienkurs S_0 zurückgeht. Folglich ist die Aktie keine attraktivere Alternativanlage für die Uninformierten.
Der gesamte Effekt ist negativ, da der indirekte Effekt den direkten Effekt dominiert, so daß der Bid–Ask–Spread vom Put fallend im heutigen Aktienkurses S_0 ist.

4.4.3 Einfluß der Basispreise der Optionen

Der Basispreis der Calloption hat nur Einfluß auf die Calloption selbst und nicht auf die Putoption. Eine analoge Aussage läßt sich für den Basispreis der Putoption treffen.

Die Änderung der Höhe des Bid–Ask–Spreads vom Put beträgt:

$$\frac{d(A_P^* - B_P^*)}{dK_P} = \frac{\epsilon(2rS_0 - (S_u - S_d))}{r[rS_0 + \epsilon(S_u - S_d)]} > 0$$

Der kritische Askpreis der Pessimisten und der kritische Bidpreis der Optimisten werden bei wachsendem Basispreis des Puts K_P größer. Da der Askpreis stärker im Basispreis K_P steigend als der Bidpreis ist, nimmt der Bid–Ask–Spread zu.

4.4.4 Einfluß des Zinssatzes

Bei einer Variation des Zinssatzes kann analog zur Variation des heutigen Aktienkurses S_0 und der Volatilität des Aktienkurses $(S_u - S_d)$ zwischen einem direkten und indirekten Effekt über den Erwartungswert des Puts μ_P unterschieden werden. Der Einfluß des Zinssatzes i auf die Höhe des Bid–Ask–Spreads, kann wie folgt dargestellt werden:

$$\frac{d(A_P^* - B_P^*)}{dr} = \frac{\partial(A_P^* - B_P^*)}{\partial \mu_P}\frac{\partial \mu_P}{\partial r} + \frac{\partial(A_P^* - B_P^*)}{\partial r}$$

$$= -\frac{\epsilon S_0[2rS_0 - (S_u - S_d)]}{rS_0 + \epsilon(S_u - S_d)} - \frac{\epsilon P_d\,[2rS_0(rS_0 - (S_u - S_d)) + \epsilon(S_u - S_d)^2]}{r^2[rS_0 + \epsilon(S_u - S_d)]^2}$$
$$< 0$$

Aufgrund des Abzinsungseffektes sinken die Gleichgewichtspreise c.p. im Zinssatz i. Da der Gleichgewichtsaskpreis stärker als der Gleichgewichtsbidpreis sinkt, ist der direkte Effekt negativ. Der indirekte Effekt über den Erwartungswert des Puts μ_P ist analog zum indirekten Effekt über den Erwartungswert des Puts μ_P bei einer Erhöhung des heutigen Aktienkurses S_0 negativ, da der Erwartungswert des Puts μ_P fallend im Zinssatz i ist. Folglich ist der Bid–Ask–Spread fallend im Zinssatz i.

4.4.5 Einfluß des Grades der Verzerrung der Uninformierten

Die folgende Gleichung zeigt, daß die Höhe des Bid–Ask–Spreads des Puts wächst, wenn der Grad der Verzerrung der Uninformierten ϵ zunimmt:

$$\frac{d(A_P^* - B_P^*)}{d\epsilon} = 2S_0\mu_P\frac{[2rS_0 - (S_u - S_d)]}{[rS_0 + \epsilon(S_u - S_d)]^2} > 0 \tag{4.62}$$

Der Gleichgewichtsaskpreis steigt, da der Erwartungswert des Puts μ_P aus Sicht der Pessimisten bei einer Erhöhung von ϵ wächst. Der Gleichgewichtsbidpreis fällt, da der Erwartungswert des Puts μ_P aus Sicht der Optimisten sinkt.
Folglich ist der Bid–Ask–Spread des Puts wachsend im Grad der Verzerrung der Uninformierten ϵ. Dieses Resultat ist analog zum Spread von Calls.

4.5 Zusammenfassung der Resultate

In diesem Abschnitt werden die wichtigsten komparativ–statischen Eigenschaften der Höhe der Bid–Ask–Spreads des Calls und des Puts zusammengefaßt und miteinander verglichen.

Zum besseren Überblick werden in der Tabelle 4.6 die komparativ–statischen qualitativen Eigenschaften des Gleichgewichts dargestellt.

Tabelle 4.6. Komparativ–statische Resultate des erweiterten Modells

	$(S_u - S_d)$	S_0	K_C	K_P	i	ϵ
$A_C^* - B_C^*$	↑	↑	↓	-	↑	↑
$A_P^* - B_P^*$	↑	↓	-	↑	↓	↑
η_{krit}	↓	↑	-	-	↑	↑
R	↓	↑	-	-	↑	↑
C	↑	↓	-	-	↑	↓
$\Pi\|_{\eta \leq \eta_{krit}}$	↓	↑	-	-	↑	↑

Die Erwartungswerte des Calls und des Puts sind wachsend in der Volatilität des Aktienkurses. Zusätzlich steigt der Bid–Ask–Spread des Calls bzw. des Puts, wenn der Erwartungswert des Calls bzw. des Puts wächst. Folglich sind bei beiden Optionen die indirekten Effekte über ihre jeweiligen Erwartungswerte positiv. Der direkte Effekt ist bei beiden Optionen aufgrund der Substitutionsmöglichkeit zu Aktien negativ. Jedoch sind der Bid–Ask–Spread des Calls als auch der des Puts steigend in der Volatilität des Aktienkurses, da der indirekte Effekt überwiegt.
Die kritische Wahrscheinlichkeit η_{krit} fällt, da die Kosten der adversen Selektion des Market–Makers zunehmen und die erwarteten Gewinne bei symmetrischer Information abnehmen, sofern η kleiner oder gleich η_{krit} ist. Folglich sinken die erwarteten Gewinne des Market–Makers, wenn die Volatilität des Aktienkurses zunimmt.

Im Gegensatz zur Volatilität des Aktienkurses übt der heutige Aktienkurs eine andere Wirkung auf die Höhe der Bid–Ask–Spreads der Optionen. Der Bid–Ask–Spread des Calls ist steigend im heutigen Aktienkurs und der Spread des Puts fallend im heutigen Aktienkurs.
Der Unterschied liegt darin, daß der indirekte Effekt über den Erwartungswert des Calls beim Call positiv ist und der indirekte Effekt über den Erwartungswert des Puts beim Put negativ ist. Diese Tatsache liegt darin begründet, daß der Erwartungswert des Calls steigend im heutigen Aktienkurs und der Erwartungswert des Puts fallend im heutigen Aktienkurs ist. Für beide Optionen sind die direkten Effekte positiv, da die Aktie keine attraktivere Alternativanalage im Vergleich zu den Optionen ist.
Da der indirekte Effekt über den Erwartungswert des Puts den direkten Effekt dominiert, ist der Bid–Ask–Spread des Puts fallend im heutigen Aktienkurs. Beim Bid–Ask–Spread des Calls sind sowohl der direkte als auch der indirekte Effekt über den Erwartungswert des Calls positiv, so daß der Bid–Ask–Spread des Calls wachsend im heutigen Aktienkurs ist.
Die kritische Wahrscheinlichkeit η_{krit} ist wachsend in der Volatilität des Aktienkurses, da die Kosten der adversen Selektion abnehmen und die erwarteten Gewinne bei sym-

metrischer Information wachsen, wenn η kleiner oder gleich η_{krit} ist. Somit nehmen die erwarteten Gewinne des Market–Makers zu, wenn der heutige Aktienkurs erhöht wird.

Auch bei der Betrachtung des Einflusses der Basispreise erhält man unterschiedliche qualitative Ergebnisse.
Der Bid–Ask–Spread des Calls wird kleiner, wenn der Basispreis des Calls erhöht wird, da der Erwartungswert des Calls sinkend im Basispreis des Calls ist. Dagegen wird der Bid–Ask–Spread des Puts bei einer Erhöhung des Basispreises des Puts größer, da der Erwartungswert des Puts wachsend im Basispreis des Puts ist.
Die kritische Wahrscheinlichkeit η_{krit} ist unabhängig von den Basispreisen der beiden Optionen. Ebenso sind die Kosten der adversen Selektion und die erwarteten Gewinne des Market–Makers bei symmetrischer Information unabhängig von beiden Basispreisen. Diese Tatsache bedingt, daß die erwarteten Gewinne des Market–Makers nicht auf eine Veränderung der Basispreise reagieren.

Der qualitativ betrachtete Einfluß des Zinssatzes ist auch für beide Optionen ungleich. Aufgrund des Diskontierungseffektes sind die direkten Effekte bei einer Erhöhung des Zinssatzes negativ. Jedoch ist beim Call der indirekte Effekt über den Erwartungswert des Calls positiv. Da der indirekte Effekt überwiegt, steigt der Spread letztendlich bei zunehmendem Zinssatz. Der indirekte Effekt des Puts ist negativ, so daß der Spread des Puts sinkt, wenn der Zinssatz erhöht wird. Die kritische Wahrscheinlichkeit η_{krit} ist wachsend im Zinssatz. Jedoch nehmen die erwarteten Gewinne bei symmetrischer Information stärker als die Kosten der adversen Selektion zu, so daß die erwarteten Gewinne des Market–Makers wachsen, wenn η kleiner als η_{krit} ist. Jedoch sinkt der Zuwachs der erwarteten Gewinne des Market–Makers bei wachsendem η. Wenn η gleich der kritischen Wahrscheinlichkeit η_{krit} ist, ist die Höhe der Kosten der adversen Selektion gleich der Höhe der erwarteten Gewinne bei symmetrischer Information, so daß die erwarteten Gewinne des Market–Makers unverändert bleiben, wenn η gleich η_{krit} ist.

Sowohl die Höhe des Bid–Ask–Spreads des Calls als auch die des Puts wachsen, wenn der Grad der Verzerrung der Uninformierten aus Sicht des Market–Makers zunimmt.
Der Erwartungswert des Calls aus Sicht der Optimisten und der Erwartungswert des Puts aus Sicht der Pessimisten, die die jeweiligen Gleichgewichtsaskpreise bestimmen, nehmen bei einer Erhöhung des Grads der Verzerrung zu, so daß die Gleichgewichtsaskpreise der beiden Optionen zunehmen. Zusätzlich sinken die Erwartungswerte des Calls aus Sicht der Pessimisten und der Erwartungswert des Puts aus Sicht der Optimisten, die relevant für die jeweiligen Gleichgewichtsbidpreise sind. Daraus ergibt sich, daß die Gleichgewichtsbidpreise fallen, wenn der Grad der Verzerrung zunimmt.
Aufgrund der steigenden Askpreise und fallenden Bidpreise sind die Bid–Ask–Spreads wachsend im Grad der Verzerrung.
Analog zu einer Erhöhung des heutigen Aktienkurses steigt die kritische Wahrscheinlichkeit η_{krit} bei zunehmendem der Grad der Verzerrung an. Ebenso nehmen die erwarteten

Gewinne bei symmetrischer Information zu und die Kosten der adversen Selektion sinken, wenn der Grad der Verzerrung erhöht wird. Diese Tatsache bedingt, daß die erwarteten Gewinne des Market-Makers wachsend im Grad der Verzerrung sind, solange η kleiner oder gleich η_{krit} ist.

Ein Vergleich der komparativ-statischen Eigenschaften der Höhe der Bid-Ask-Spreads mit denen aus anderen Modellen zur Mikrostruktur wird im Kapital 5.1 zum vollkommenen Wettbewerb vorgenommen.

5

Wettbewerb unter Market–Makern

Da mehrere Market–Maker an der Börse (z.B.: DTB) Kurse für dieselben Optionen stellen, wird das Wettbewerbsverhalten mehrerer Market–Maker untersucht. Zuerst werden identische Market–Maker unter vollkommenem Wettbewerb betrachtet. (Kap. 5.1) Die Investoren haben auch weiterhin die Möglichkeit, auf dem Aktienmarkt zu handeln. Der Bertrand–Wettbewerb unter identischen Market–Makern wird sowohl für den Fall, daß die Marktteilnehmer nur mit Calls, als auch für den Fall, daß sie mit Calls und Puts handeln können, analysiert. Weitere Aspekte des Wettbewerbs werden nur für Calls untersucht.
In einer weiteren Variante des Grundmodells wird die Situation untersucht, daß Market–Maker zuerst ihre Kapazitäten aufbauen und dann im Preiswettbewerb untereinander stehen. (Kap. 5.2) Der Aufbau von Kapazitäten bedeutet, daß die Market–Maker sich vor dem Handel überlegen, wieviel Optionen sie maximal leerverkaufen dürfen oder Kredite sie benötigen, um ihrer Bereitstellungsaufgabe genügend nachkommen zu können. Im Gleichgewicht wird abgeleitet, wie hoch die Kreditlinien und die Leerverkaufsbeschränkungen für Market–Maker sein müssen, damit sie vollständig ihrer Bereitstellungsaufgabe nachkommen können. Dagegen wurde in Kapitel 3 und 4 von vornherein vorausgesetzt, daß der Market–Maker in beliebiger Höhe Kredite aufnehmen darf und keinen Leerverkaufsbeschränkungen unterliegt. Es wird gezeigt, daß die eben beschriebene Situation (Kapazitätswahl und Preiswettbewerb) dem oligopolistischen Wettbewerb entspricht.
Für die folgende Analyse wird die Höhe der Sicherheitsleistung für Calls Z_C auf $\frac{C_u}{r}$ und die Höhe der Sicherheitsleistung für Puts Z_P auf $\frac{P_d}{r}$ gesetzt. Kreditaufnahmemöglichkeiten der Investoren werden aus rechentechnischen Gründen analog zum Putfall ausgeschlossen. Das bedeutet, daß der Parameter α gleich Null ist.[1]

Zuerst wird die Analyse des Modells dieser Arbeit mit ihren Resultaten präsentiert. Es schließt sich jeweils ein Vergleich der hier erhaltenen Ergebnisse mit denen aus der Literatur an.
Die Spielstruktur der folgenden Erweiterungen ist für eine graphische Darstellung zu komplex. Daher wird darauf verzichtet, die Spielstruktur bildlich darzustellen.

---

[1] Die qualitativen Ergebnisse des Gleichgewichts sind unabhängig von der Wahl des α.

5.1 Vollkommener Wettbewerb unter Market–Makern

Zuerst wird das Gleichgewicht unter der Annahme, daß die Market–Maker nur für Calloptionen ihrer Bereitstellungsaufgabe nachkommen müssen, untersucht. Die komparativ–statischen Eigenschaften des abgeleiteten Bid–Ask–Spreads werden mit den Resultaten zur Höhe des Spreads aus der Literatur verglichen. Im Anschluß daran wird noch kurz auf die Bid–Ask–Spreads eingegangen, wenn Market–Maker für Call– und Putoptionen ihre Quotes stellen.

5.1.1 Bid–Ask–Spread des Calls

Die Erstausstattung, die Handlungsmöglichkeiten mit Optionen, Aktien und Anleihen und die Zielfunktion der Investoren bleiben erhalten. Deshalb wird in diesem Abschnitt auf eine Ableitung der Nachfrage verzichtet.[2]

Im folgenden wird eine kurze Intuition für den Bertrand–Wettbewerb gegeben.
Der erste Market–Maker stellt den Monopolpreis A_C^*, da dieser für ihn gewinnmaximal ist. Er bedient den Markt allein. Der zweite Market–Maker unterbietet den ersten, um selbst den Markt vollständig bedienen zu können. Folglich unterbietet der eine Market–Maker den anderen solange, bis sie beide Nullgewinne beim Verkauf von Optionen erzielen.
Analog zum Askpreis fängt der eine Market–Maker mit dem Monopolpreis B_C^* für den Bidpreis an. Sie überbieten sich solange bis sie Nullgewinne beim Kauf von Optionen erzielen.

Die Bertrand–Gleichgewichtspreise werden mit (A_C^W, B_C^W) bezeichnet. Im folgenden wird gezeigt, daß andere Gleichgewichtspreise nicht existieren können, wenn der Parameter η klein genug ist, so daß Handel stattfindet. Wenn die Strategie der anderen Market–Maker gegeben ist, besteht die beste Antwort jedes einzelnen Market–Makers darin, den Askpreis $A_C > A_C^W$ zu unterbieten und den Bidpreis $B_C < B_C^W$ zu überbieten, da der jeweilige Market–Maker dann nicht–negative Gewinne erzielen kann. Folglich kann (A_C, B_C) kein Gleichgewicht sein. Auf der anderen Seite kann ein Bidpreis $B_C > B_C^W$ und ein Askpreis $A_C < A_C^W$ kein Gleichgewichtspreis sein, da die Market–Maker erwartete Verluste realisieren würden. Ebenso ist $A_C > A_C^W$ bzw. $(A_C < A_C^W)$ und $B_C > B_C^W$ bzw. $(B_C < B_C^W)$ kein Gleichgewicht, da sonst der Market–Maker von einem anderen Market–Maker auf der Askseite unterboten bzw. (Bidseite überboten) wird, und auf der Bidseite bzw. (Askseite) erleidet er erwartete Verluste.
Folglich sind (A_C^W, B_C^W) die einzigen Gleichgewichtspreise, falls die Market–Maker Nullgewinne bei Kauf– und Verkaufstransaktionen erzielen.

---

[2] Vgl. Kap. 3.3 zur Nachfrage der Investoren.

Es werden die Gebiete im Bid–Ask–Raum untersucht, in denen ein einzelner Market–Maker[3] insgesamt nicht–negative Gewinne erzielen kann. Diese sind analog zum Monopolfall die Gebiete 2, 4, 9 und 11.[4] Zur Untersuchung der Gebiete wird die gleiche Reihenfolge wie im Monopolfall gewählt.

Gebiet 9:

Dieses Gebiet enthält solange Gleichgewichte, wie der Market–Maker noch Nullgewinne sowohl beim Verkauf als auch beim Kauf von Calls erzielen kann. Deshalb werden sowohl der Askpreis A_C^W, zu dem der Market–Maker bei Verkaufstransaktionen Nullgewinne erzielt, als auch der Bidpreis B_C^W, zu dem er bei Kauftransaktionen Nullgewinne erzielt, berechnet. Sowohl ein niedrigerer Askpreis als auch ein höherer Bidpreis führen zu Verlusten. Damit ergibt sich für den Askpreis A_C^W durch Betrachtung der insgesamt erwarteten Gewinne aus Verkaufstransaktionen (aus Sicht der Market–Maker):

$$\begin{aligned} \frac{\eta}{2}\frac{G}{A_C}(rA_C - C_u) \quad &+ \quad (1-\eta)p\frac{G}{A_C}(rA_C - \mu_C) = 0 \\ \Leftrightarrow A_C^W \quad &= \quad \frac{\frac{\eta}{2}C_u + (1-\eta)p\mu_C}{r(\frac{\eta}{2} + (1-\eta)p)} \end{aligned} \tag{5.1}$$

Analog zum Askpreis A_C^W gilt für den Bidpreis B_C^W, wenn die insgesamt erwarteten Gewinne aus Kauftransaktionen (aus Sicht der Market–Maker) betrachtet werden:

$$\begin{aligned} -\frac{\eta}{2}\frac{G}{Z_C - B_C}(rB_C - C_d) \quad &- \quad (1-\eta)(1-p)\frac{G}{Z_C - B_C}(rB_C - \mu_C) = 0 \\ \Leftrightarrow B_C^W \quad &= \quad \frac{\frac{\eta}{2}C_d + (1-\eta)(1-p)\mu_C}{r(\frac{\eta}{2} + (1-\eta)(1-p))} \end{aligned} \tag{5.2}$$

Im Gebiet 9 liegen solange Gleichgewichte, wie die Ungleichungen $A_C^W \leq A_{C,1}^{krit}$ und $B_C^W \geq B_{C,2}^{krit}$ gültig sind. Wenn die Ungleichungen $A_C^W > A_{C,1}^{krit}$ und $B_C^W < B_{C,2}^{krit}$ gelten, weichen die Optimisten und Pessimisten auf den Aktienmarkt aus.[5]

Dann würden nur noch die Informierten mit dem Market–Maker handeln, solange die Ungleichungen $A_C < A_{C_u}$ und $B_C > B_{C_d}$ gültig sind, und der Market–Maker Verluste erlitte.[6]

Aus den Ungleichungen $A_C^W \leq A_{C,1}^{krit}$ und $B_C^W \geq B_{C,2}^{krit}$ ergeben sich die maximalen Wahrscheinlichkeiten η dafür, daß der Market–Maker auf Informierte treffen darf, so daß er insgesamt noch erwartete Nullgewinne erzielen kann.

Die Ungleichungen $A_C^W \leq A_{C,1}^{krit}$ und $B_C^W \geq B_{C,2}^{krit}$ sind äquivalent zu:

$$\eta_{W,1} \quad \leq \quad \left(1 + \frac{\frac{1}{2}[rS_0[\mu_C - \epsilon C_u] + \epsilon C_u(S_u - S_d)]}{p\epsilon\mu_C[2rS_0 - (S_u - S_d)]}\right)^{-1} \tag{5.3}$$

---

[3] Da die Market–Maker identisch sind, wird auch von einem Market–Maker gesprochen.

[4] Vgl. dazu auch die Abbildung 3.7 in Kap. 3.4.3.

[5] Im Grundmodell wurde gezeigt, daß $A_{C,1}^{krit}$ und $B_{C,2}^{krit}$ nur dann Gleichgewichtspreise sind, wenn die Uninformierten bei Indifferenz zwischen dem Handel mit Aktien und Optionen, nur mit Optionen handeln.

[6] Im Grundmodell wurde gezeigt, daß die Informierten im Gleichgewicht nur mit Aktien handeln, wenn sie indifferent zwischen dem Handel mit Aktien und Calls sind.

und

$$\eta_{W,2} \leq \left(1 + \frac{\frac{1}{2}[rS_0[\mu_C - \epsilon C_u] + \epsilon C_u(S_u - S_d)]}{(1-p)\epsilon\mu_C[2rS_0 - (S_u - S_d)]}\right)^{-1} \tag{5.4}$$

Analog zur Betrachtung eines monopolistischen Market–Maker gilt die Ungleichheit der kritischen Wahrscheinlichkeiten $\eta_{W,1}$ und $\eta_{W,2}$, wenn der Anteil der Optimisten ungleich dem Anteil der Pessimisten am Markt ist.

Gebiet 2:

Die Gleichgewichtspreise liegen im Gebiet 2, wenn $\eta_{W,2} < \eta \leq \eta_{W,1}$. Der Askpreis wird so gewählt, daß Handel stattfinden kann. Jedoch würde der Market–Maker erwartete Verluste erzielen, wenn er den Bidpreis auch so stellen würde, daß Handel stattfinden kann, da die Wahrscheinlichkeit, daß die Informierten Calls leerverkaufen, zu hoch ist. Somit stellt er den Bidpreis so, daß niemand mehr Calls leerverkaufen möchte. Folglich bricht der Handel auf dem Optionsmarkt für die Bidseite zusammen.
Die quotierten Preise lauten:

$$A_C^W = \frac{\frac{\eta}{2}C_u + (1-\eta)p\mu_C}{r(\frac{\eta}{2} + (1-\eta)p)} \tag{5.5}$$

$$B_C^W \leq \frac{(rS_0 - S_d)C_u}{r[2rS_0 - S_d]} \tag{5.6}$$

Gebiet 11:

Wenn $\eta_{W,1} < \eta \leq \eta_{W,2}$, dann liegen die Gleichgewichtspreise im Gebiet 11. Wenn der Market–Maker den Askpreis so stellt, daß Handel auf dem Optionsmarkt stattfinden kann, würde er erwartete Verluste realisieren, da die Wahrscheinlichkeit, daß die Informierten Calls kaufen, zu hoch ist. Das bedeutet, daß der Market–Maker die Verluste bei Transaktionen zum Askpreis mit den Informierten nicht mehr kompensieren kann. Daraus folgt, daß er den Askpreis so stellt, daß der Optionsmarkt für diese Seite zusammenbricht.
Der Bidpreis wird so quotiert, daß der Market–Maker Nullgewinne beim Handel erzielt.
Die quotierten Preise lauten:

$$A_C^W \geq \frac{C_u S_0}{S_u} \tag{5.7}$$

$$B_C^W = \frac{\frac{\eta}{2}C_d + (1-\eta)(1-p)\mu_C}{r(\frac{\eta}{2} + (1-\eta)(1-p))} \tag{5.8}$$

Gebiet 4:

Ist die Ungleichung $\eta_W > max(\eta_{W,1}, \eta_{W,2})$ erfüllt, erzielen die Market–Maker Verluste bei dem Askpreis $\frac{\frac{\eta}{2}C_u + (1-\eta)p\mu_C}{r(\frac{\eta}{2} + (1-\eta)p)}$ und beim Bidpreis $\frac{\frac{\eta}{2}C_d + (1-\eta)(1-p)\mu_C}{r(\frac{\eta}{2} + (1-\eta)(1-p))}$, da die erwarteten Gewinne aus Geschäften mit den Uninformierten die erwarteten Verluste nicht mehr kompensieren können.
Somit werden die Preise so quotiert, daß keiner der Investoren mehr bereit ist zu handeln.
Diese Preise sind wie folgt gegeben:

$$A_C^W \geq \frac{C_u S_0}{S_u} \tag{5.9}$$

$$B_C^W \leq \frac{(rS_0 - S_d)C_u}{r[2rS_0 - S_d]} \tag{5.10}$$

Zusammenfassend ergeben sich die nachstehenden Resultate:

Es existieren zwei kritische Anteile der Informierten an der Gesamtzahl aller Investoren $0 < \eta_{W,1} < 1$ and $0 < \eta_{W,2} < 1$ mit den folgenden Eigenschaften:

Die kritischen Wahrscheinlichkeiten sind folgendermaßen gegeben:

$$\eta_{W,1} = \left(1 + \frac{\frac{1}{2}[rS_0[\mu_C - \epsilon C_u] + \epsilon C_u(S_u - S_d)]}{p\epsilon\mu_C[2rS_0 - (S_u - S_d)]}\right)^{-1} \tag{5.11}$$

$$\eta_{W,2} = \left(1 + \frac{\frac{1}{2}[rS_0[\mu_C - \epsilon C_u] + \epsilon C_u(S_u - S_d)]}{(1-p)\epsilon\mu_C[2rS_0 - (S_u - S_d)]}\right)^{-1} \tag{5.12}$$

$$\tag{5.13}$$

1. $\eta_W \leq min(\eta_{W,1}, \eta_{W,2})$
   Die Gleichgewichtspreise liegen in dem Gebiet, in dem die Optimisten kaufen, die Pessimisten leerverkaufen und die Informierten handeln (Gebiet 9), und die Preise sind eindeutig. Der Askpreis A_C^W beträgt $\frac{\frac{\eta}{2}C_u + (1-\eta)p\mu_C}{r(\frac{\eta}{2} + (1-\eta)p)}$ und der Bidpreis B_C^W $\frac{\frac{\eta}{2}C_d + (1-\eta)(1-p)\mu_C}{r(\frac{\eta}{2} + (1-\eta)(1-p))}$. Sowohl zum Bid– als auch zum Askpreis finden Transaktionen statt.
   Die Höhe des Bid–Ask–Spreads beträgt:

$$A_C^W - B_C^W = \frac{\frac{\eta}{2}C_u + (1-\eta)p\mu_C}{r(\frac{\eta}{2} + (1-\eta)p)} - \frac{\frac{\eta}{2}C_d + (1-\eta)(1-p)\mu_C}{r(\frac{\eta}{2} + (1-\eta)(1-p))} \tag{5.14}$$

2. *Falls $min(\eta_{W,1}, \eta_{W,2}) < \eta \leq max(\eta_{W,1}, \eta_{W,2})$, bricht der Optionsmarkt für die Ask- oder Bidseite zusammen. Das bedeutet, daß entweder die Gleichgewichtspreise im Gebiet 2 oder 11 liegen.*
   (a) *Falls Handel nur zum Askpreis stattfindet, d.h. daß $\eta_{W,2} < \eta_{W,1}$ ist, sind die Gleichgewichtspreise $(A_C^*, B_C^*) \in \left(\frac{\frac{\eta}{2}C_u + (1-\eta)p\mu_C}{r(\frac{\eta}{2} + (1-\eta)p)} \times \left[0, \frac{(rS_0 - S_d)C_u}{r[2rS_0 - S_d]}\right]\right)$. Der zugehörige Bid–Ask–Spread liegt in folgendem Intervall:*

$$\left[\frac{\frac{\eta}{2}C_u + (1-\eta)p\mu_C}{r(\frac{\eta}{2} + (1-\eta)p)} - \frac{(rS_0 - S_d)C_u}{r[2rS_0 - S_d]}, \frac{\frac{\eta}{2}C_u + (1-\eta)p\mu_C}{r(\frac{\eta}{2} + (1-\eta)p)}\right] \tag{5.15}$$

   (b) *Falls Handel nur zum Bidpreis stattfindet, d.h. daß $\eta_{W,2} < \eta_{W,1}$ ist, sind die Gleichgewichtspreise $(A_C^*, B_C^*) \in \left(\left[\frac{C_u S_0}{S_u}, C_u\right] \times \frac{\frac{\eta}{2}C_d + (1-\eta)(1-p)\mu_C}{r(\frac{\eta}{2} + (1-\eta)(1-p))}\right)$. Der zugehörige Bid–Ask–Spread liegt in folgendem Intervall:*

$$\left[\frac{C_u S_0}{S_u} - \frac{\frac{\eta}{2}C_d + (1-\eta)(1-p)\mu_C}{r(\frac{\eta}{2} + (1-\eta)(1-p))}, C_u - \frac{\frac{\eta}{2}C_d + (1-\eta)(1-p)\mu_C}{r(\frac{\eta}{2} + (1-\eta)(1-p))}\right] \tag{5.16}$$

3. $\eta_W > max(\eta_{W,1}, \eta_{W,2})$
   Der Aktienmarkt ist für die Investoren gewinnbringender. Auf dem Optionsmarkt

findet kein Handel mehr statt.
Die Gleichgewichte sind $(A_C^W, B_C^W) \in ([0, \frac{(rS_0-S_d)C_u}{r[2rS_0-S_d]}] \times [\frac{C_uS_0}{S_u}, C_u])$.
Der Bid–Ask–Spread liegt in folgendem Intervall:

$$\left[\frac{C_uS_0}{S_u} - \frac{(rS_0 - S_d)C_u}{r[2rS_0 - S_d]}, C_u\right] \tag{5.17}$$

Der Askpreis $\frac{\frac{\eta}{2}C_u+(1-\eta)p\mu_C}{r(\frac{\eta}{2}+(1-\eta)p)}$ und der Bidpreis $\frac{\frac{\eta}{2}C_d+(1-\eta)(1-p)\mu_C}{r(\frac{\eta}{2}+(1-\eta)(1-p))}$ sind fallend im Parameter p. Maximieren des Bid–Ask–Spreads über den Anteil der Optimisten p für den Fall, daß Handel auf beiden Seiten stattfindet, ergibt, daß der Spread am größten ist, wenn $p = \frac{1}{2}$. Das bedeutet, wenn der Anteil der Optimisten gleich dem Anteil der Pessimisten ist, wählt ein kompetetiver Market–Maker den höchsten Spread.

Aus dem Vergleich der Analysen für den Fall eines einzigen Market–Makers und dem Fall des vollkommenen Preiswettbewerbs unter identischen Market–Makern folgt, daß die Gleichungen $\eta_{krit}^A = \eta_{W,1}$ und $\eta_{krit}^B = \eta_{W,2}$ erfüllt sind. Folglich sind im Monopolfall und unter Bertrand–Wettbewerb unter identischen Market–Makern der kritische Anteil der Informierten an der Gesamtzahl aller Investoren identisch, so daß gerade noch Handel auf dem Optionsmarkt stattfinden kann.

Zwischen dem Anteil der Optimisten und $\eta_{W,1}$ sowie $\eta_{W,2}$ besteht folgender Zusammenhang:
Wenn der Anteil der Optimisten kleiner als der Anteil der Pessimisten ist, ist $\eta_{W,1}$ kleiner als $\eta_{W,2}$. Dagegen ist $\eta_{W,1}$ größer als $\eta_{W,2}$, wenn mehr Optimisten als Pessimisten am Markt sind.

Die beiden Abbildungen 5.1 und 5.2 verdeutlichen den Zusammenhang zwischen der Wahrscheinlichkeit η und dem Bid–Ask–Spread. Dabei wird zur Vereinfachung p gleich $\frac{1}{2}$ gesetzt, um die Möglichkeit, daß der Markt nur für eine Seite zusammenbricht, auszuschließen. Daraus folgt, daß $\eta_{W,1} = \eta_{W,2} = \eta_{W,krit}$. Die kritische Wahrscheinlichkeit $\eta_{W,krit}$ beträgt dann:

$$\eta_{W,krit} = \epsilon \frac{2rS_0 - (S_u - S_d)}{rS_0 + \epsilon(S_u - S_d)} \tag{5.18}$$

In diesem vereinfachten Fall ist der Askpreis A_C^W gleich $\frac{\eta C_u+(1-\eta)\mu_C}{r}$ und der Bidpreis B_C^W gleich $\frac{(1-\eta)\mu_C}{r}$, sofern η noch klein genug ist, daß der Market–Maker nicht–negative Gewinne beim Handel realisieren kann. Die Höhe des dazugehörigen Bid–Ask–Spreads beträgt:

$$A_C^W - B_C^W = \frac{\eta C_u}{r} \tag{5.19}$$

In der Abbildung 5.1 wird die Lage der Gleichgewichtspreise im Strategienraum des Market–Makers für den Sonderfall, daß die Gebiete 2 und 11 verschwinden, dargestellt. Es werden der Übersicht halber nur noch die Gebiete veranschaulicht, in denen Gleichgewichtspreise liegen können. Dies sind die Gebiete 9 (Dreieck) und 4 (Quadrat). Die gestrichelte Linie im Dreieck verdeutlicht die Entwicklung der Gleichgewichtspreise in Abhängigkeit vom Parameter η. Ist η gleich Null, liegen die Gleichgewichtspreise auf der Winkelhalbierenden. Je größer η wird, desto kleiner wird der Bidpreis und desto größer der Askpreis. Graphisch betrachtet bedeutet das, daß die Gleichgewichtspreise dann durch einen Punkt auf der gestrichelten Linie repräsentiert werden. Wenn η gleich η_{krit} ist, liegt das Gleichgewicht in der rechtwinkligen Ecke des Dreiecks. In diesem Fall wird es durch ein Kreuz markiert. Die Gleichgewichtspreise liegen im Quadrat, falls η größer als η_{krit} wird.

Abbildung 5.1. Gleichgewicht im Strategienraum des Market–Makers

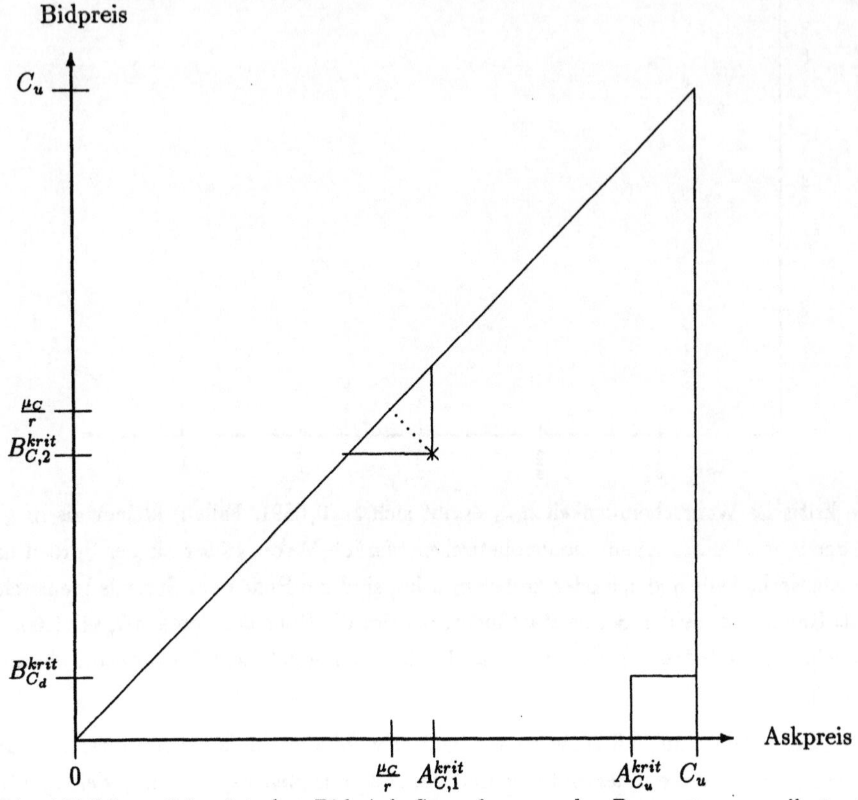

Die Abbildung 5.2 zeigt den Bid–Ask–Spread, wenn der Parameter η variiert wird. Die gestrichelte Linie repräsentiert den Bid–Ask–Spread im Monopolfall und die durchgezogene Linie veranschaulicht den Verlauf des Spreads unter kompetitiven Market–Makern. Wenn η größer oder gleich η_{krit} ist, sind die Bid–Ask–Spreads im Monopolfall und Bertrand–Fall identisch. Innerhalb und am Rand des gestrichelten Rechtecks liegen die Gleichgewichtsspreads.

Die angenommenen Parameter für die Abbildung 5.2 sind: $S_u = 110$, $S_d = 90$, $K = S_0 = 100$, $\epsilon = 0,05$, $p = 0,5$ und $r = 1$.

Abbildung 5.2. Bid–Ask–Spread als Funktion vom Anteil der Informierten

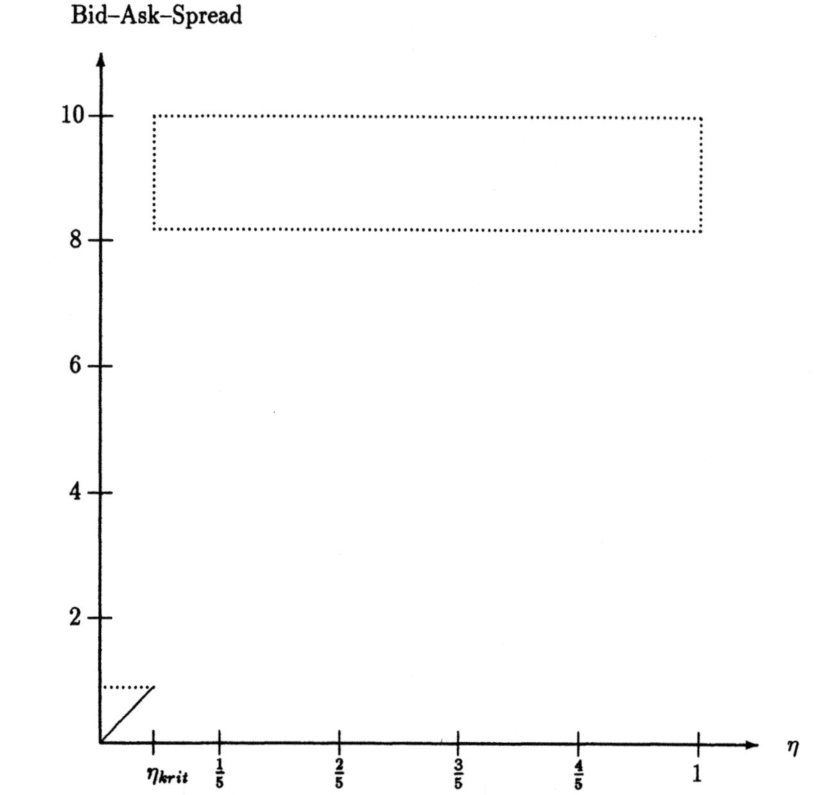

Die kritische Wahrscheinlichkeit η_{krit} ergibt sich zu 0,0891. Falls η kleiner als η_{krit} ist, ist der Spread unter einem monopolistischen Market–Maker größer als der Spread unter Wettbewerb. Falls η gleich oder größer η_{krit} ist, sind die Höhen der Spreads identisch. Falls Handel auf beiden Seiten stattfindet, beträgt die Höhe des Spreads 0,891 (monopolistischer Market–Maker). Falls der Markt zusammenbricht, liegt der Spread zwischen $\frac{90}{11}$ und 10.

Im Gegensatz zum Fall eines monopolistischen Market–Makers sind unter konkurrierenden Market–Makern der Bidpreis und der Askpreis gleich $\frac{\mu c}{r}$, wenn η gleich Null ist. Die Höhe des Bid–Ask–Spreads ist gleich Null, da die Market–Maker keine Verluste aus Geschäften mit Informierten erleiden. Wächst jedoch η, erhöhen die Market–Maker den Bid–Ask–Spread, um sich vor Verlusten aus Geschäften mit Informierten zu schützen. Setzen sie den Askpreis zu hoch und den Bidpreis zu niedrig, verdrängen sie die Uninformierten vom Optionsmarkt. Analog zu einem monopolistischen Market–Maker wählt ein kompetitiver Market–Maker einen so großen Bid–Ask–Spread mit der Folge, daß der Handel auf dem Optionsmarkt zusammenbricht, wenn zu viele Informierte am Markt sind. Zusammenfassend läßt sich folgendes festhalten: Je mehr Informierte am Markt sind, desto größer wird der Bid–Ask–Spread, solange Handel stattfindet (bis zur Wahrscheinlichkeit $\eta_{W,krit}$). Ab dieser Wahrscheinlichkeit ist der Bid–Ask–Spread konstant und der Handel auf dem Optionsmarkt kommt zum Erliegen.

5.1.2 Komparative Statik des Gleichgewichts

Für die weitere Analyse in diesem Kapitel wird immer angenommen, daß $p = \frac{1}{2}$.

Da Market–Maker im Bertrand–Wettbewerb im Durchschnitt erwartete Nullgewinne erzielen, sind die erwarteten Gewinne aus den Geschäften mit den Uninformierten gleich den Kosten der adversen Selektion.
Im Gleichgewicht, wenn η klein genug ist, so daß Handel stattfinden kann, betragen die Kosten der adversen Selektion des Market–Makers:

$$\frac{G}{A_C^W}\frac{\eta}{2}C_u = G\,r\,\frac{1}{2}\frac{\eta}{\eta + (1-\eta)\frac{1}{2}} = r\,G\,\frac{\eta}{1+\eta} \tag{5.20}$$

Wenn die Gleichgewichtspreise im Gebiet liegen, in dem der Handel auf dem Optionsmarkt schon zusammengebrochen ist (Gebiet 4), ist der Bid–Ask–Spread gleich dem, der sich im Fall eines monopolistischen Market–Makers ergibt. Daher ist der Bid–Ask–Spread in der gleichen Weise von der Änderung der exogenen Parameter des Calls abhängig.
Aus diesem Grund werden im folgenden nur noch die komparativ–statischen Eigenschaften der Höhe des Bid–Ask–Spreads für Parameterkonstellationen $\eta \leq \eta_{krit}$ dargestellt. Da die kritische Wahrscheinlichkeit $\eta_{W,krit}$ gleich der ist, die sich unter einem monopolistischen Market–Maker ergeben hat, weist $\eta_{W,krit}$ die gleichen Eigenschaften wie η_{krit} auf, die in der Diskussion des Grundmodells dargestellt wurden.

Aus der Gleichung (5.20) ergibt sich, daß die Kosten der adversen Selektion des Market–Makers zunehmen, wenn die Wahrscheinlichkeit η steigt. Das bedeutet, daß höhere Gewinne aus Transaktionen mit Uninformierten bei wachsendem η erzielt werden müssen, um die zunehmenden Verluste aus Geschäften mit Informierten abzudecken.

5.1.2.1 Einfluß der Volatilität des Aktienkurses

Die Änderung der Höhe des Bid–Ask–Spreads kann in folgende Effekte aufgespalten werden:

$$\begin{aligned}\frac{d(A_C^W - B_C^W)}{d(S_u - S_d)} &= \frac{\partial(A_C^W - B_C^W)}{\partial(S_u - S_d)} + \frac{\partial(A_C^W - B_C^W)}{\partial\mu_C}\frac{\partial\mu_C}{\partial(S_u - S_d)} \\ &= \frac{1}{2}\frac{\eta}{r} > 0 \end{aligned} \tag{5.21}$$

Der direkte Effekt der Volatilität des Aktienkurses $(S_u - S_d)$ ist im Gegensatz zum Monopolfall Null. Jedoch ist der indirekte Effekt über den Erwartungswert des Calls μ_C positiv. Dies ist darauf zurückzuführen, daß analog zum Grundmodell der Askpreis mehr als der

Bidpreis zunimmt, wenn der Erwartungswert des Calls μ_C steigt. Daraus folgt, daß die Höhe des Bid–Ask–Spreads steigt, wenn die Volatilität des Aktienkurses $(S_u - S_d)$ steigt. Analog zum Monopolfall sinkt die Nachfrage der Anleger.
Im Gegensatz zum Fall eines monopolistischen Market–Makers hat die Volatilität des Aktienkurses $(S_u - S_d)$ keinen Einfluß auf die Kosten der adversen Selektion des Market–Makers, da die Zunahme der Höhe des Spreads gerade durch die Abnahme der Nachfrage der Investoren kompensiert wird. Daher sind insgesamt betrachtet die Kosten der adversen Selektion des Market–Makers unabhängig von der Volatilität des Aktienkurses $(S_u - S_d)$.[7]

5.1.2.2 Einfluß des heutigen Aktienkurses

Die Auswirkungen des heutigen Aktienkurses S_0 auf die Höhe des Spreads können wie folgt aufgespalten werden:

$$\begin{aligned} \frac{d(A_C^W - B_C^W)}{dS_0} &= \frac{\partial(A_C^W - B_C^W)}{\partial S_0} + \frac{\partial(A_C^W - B_C^W)}{\partial \mu_C}\frac{\partial \mu_C}{\partial S_0} \\ &= \eta > 0 \end{aligned} \tag{5.22}$$

Im Gegensatz zum Monopolfall ist der direkte Effekt des heutigen Aktienkurses S_0 Null. Da der Erwartungswert des Calls μ_C bei einem höheren heutigen Aktienkurs S_0 steigt, wird somit der Bid–Ask–Spread größer.
Die Nachfrage der Investoren sinkt analog zum Monopolfall. Der Anstieg des Bid–Ask–Spreads ist gerade so hoch wie das Sinken der Nachfrage, so daß de facto der heutige Aktienkurs S_0 keinen Einfluß auf die Kosten der adversen Selektion des Market–Makers ausübt. Dies ist eine Folgerung aus (5.20).

5.1.2.3 Einfluß des Basispreises des Calls

Die Änderung der Höhe des Bid–Ask–Spreads beträgt:

$$\frac{d(A_C^W - B_C^W)}{dK_C} = -\frac{\eta}{r} < 0 \tag{5.23}$$

Da der Askpreis stärker als der Bidpreis im Gleichgewicht sinkt, wird der Bid–Ask–Spread bei einem höheren Basispreis kleiner. Analog zu der Intuition bei der Untersuchung eines monopolistischen Market–Makers sinkt der Erwartungswert des Calls μ_C, so daß der Wert der Option $\frac{\mu_C}{r}$ abnimmt, wobei r konstant gehalten wird.
Die Nachfrage der Investoren nimmt bei steigendem Basispreis K_C zu. Die Kosten der adversen Selektion sind analog zum Monopolfall unabhängig vom Basispreis des Calls K_C.

[7] Vgl. auch (5.20).

5.1.2.4 Einfluß des Zinssatzes

Die Änderung der Höhe des Bid–Ask–Spreads ist wie folgt gegeben:

$$\begin{aligned}\frac{d(A_C^W - B_C^W)}{dr} &= \frac{\partial(A_C^W - B_C^W)}{\partial r} + \frac{\partial(A_C^W - B_C^W)}{\partial \mu_C}\frac{\partial \mu_C}{\partial r} \\ &= \frac{\eta S_0}{2r} - \frac{\eta C_u}{r^2} > 0 \qquad (5.24)\end{aligned}$$

Analog zum Monopolfall ist der direkte Effekt aufgrund des Diskontierungseffektes negativ, da der Askpreis stärker als der Bidpreis im Zinssatz i fällt. Der indirekte Effekt über den Erwartungswert des Calls μ_C ist positiv. Da der indirekte Effekt überwiegt, nimmt der Bid–Ask–Spread bei wachsendem Zinssatz i zu.
Ebenso sinkt die Nachfrage der Investoren analog zum Monopolfall. Aus der Gleichung (5.20) ist ersichtlich, daß die Kosten der adversen Selektion des Market–Makers steigen, wenn der Zinssatz i wächst. Der Grund liegt darin, daß die Market–Maker die Gewinne bei symmetrischer Information zu einem höheren risikolosen Zinssatz wieder anlegen können.

5.1.2.5 Einfluß des Grades der Verzerrung

Die Höhe des Bid–Ask–Spreads ist im Fall vom Bertrand–Wettbewerb unter Market–Makern unabhängig von der Höhe der Verzerrung der Uninformierten, da die Gleichgewichtspreise unabhängig vom Grad der Verzerrung der Uninformierten sind. Zusätzlich bleibt die Nachfrage der Anleger bei einer Variation des Grades der Verzerrung unverändert. Ebenso sind die Kosten der adversen Selektion des Market–Makers unabhängig von ϵ.

5.1.3 Vergleich zu Modellen aus der Literatur zur Mikrostruktur von Finanzmärkten

Es wurde gezeigt, daß die kritische Schwelle η_{krit}, bei der sich der Marktzusammenbruch ereignet, identisch für die Betrachtung von monopolistischen und kompetitiven Market–Makern ist.
Alternativ zu dieser Arbeit entwickelt Glosten (1989) ein Modell, in dem er das Resultat erhält, daß ein monopolistischer Market–Maker noch ohne Verluste in Situationen handeln kann, in denen asymmetrische Information für kompetitive Market–Maker ein zu großes Problem ist. Er erklärt dieses Ergebnis mit der Tatsache, daß ein monopolistischer Market–Maker im Durchschnitt seine Gewinne maximiert, aber nicht gezwungen ist, mit jedem Handel einen Gewinn zu erzielen. Kompetitive Market–Maker stellen die Preise derart, daß sie für jeden Handel erwartete Nullgewinne erwirtschaften müssen. Je nach dem, wie hoch der Anteil der Informierten am Markt ist, kann es sein, daß es Situationen gibt, in denen Handel nur noch mit einem monopolistischen Market–Maker möglich ist, und der Markt unter kompetitiven Market–Makern schon zusammengebrochen ist.

Für die Investoren ist das kompetitive Market–Maker–System bei einem kleinen Anteil der Informierten, d.h. der Markt bricht bei keinem der beiden Systeme zusammen, gewinnbringender als das System eines monopolistischen Market–Makers, da sie in einem monopolistischen Market–Maker–System mehr für den Kauf des riskanten Wertpapiers bezahlen müssen bzw. weniger beim Leerverkauf des riskanten Wertpapiers erhalten.

Sind nur Uninformierte am Markt, beträgt die Höhe des Bid–Ask–Spreads analog zu den Modellen von Glosten und Milgrom (1985), Easley und O'Hara (1987), John et al. (1991), Biais und Hillion (1991) und Easley et al. (1994) Null, da die Market–Maker keine Verluste aus Geschäften mit Informierten kompensieren müssen. Sind nur Informierte am Markt, ist der Bid–Ask–Spread genauso hoch wie im Fall, in dem die Geschäfte nur über einen einzelnen Market–Maker abgewickelt werden können. In diesem Fall bricht der Markt zusammen.

Das Modell von Glosten und Milgrom (1985) und die Erweiterungen von Glosten und Milgrom (1985) können in die Klasse der Signalisierungsspiele[8] eingeordnet werden.[9] Im folgenden wird die Definition für ein Signalisierungsspiel gegeben und gezeigt, warum das Modell von Glosten und Milgrom (1985) und deren Erweiterungen zu der Klasse der Signalisierungsspiele gehören. Somit wird das Modell dieser Arbeit vom Glosten/Milgrom–Modell und deren Erweiterungen abgegrenzt, da in dieser Arbeit kein Signalisierungsspiel entwickelt wird.
Ein Signalisierungsspiel ist ein Spiel mit zwei Spielern mit unvollkommener Information über die Charakteristika des ersten Spielers. Der erste Spieler hat private Informationen über seinen Typ und ist als erster am Zug. Der zweite Spieler sieht die Aktion des ersten Spielers, weiß aber nicht, von welchem Typ der erste Spieler ist. Übertragen auf das Problem der Spreadstellung eines Market–Makers im Rahmen eines Signalisierungsspiels, bedeutet das folgendes:
Der erste Spieler ist ein Investor, der entweder informiert (Typ 1) oder uninformiert ist (Typ 2). Der Investor kann sich entscheiden, ob er nicht handelt oder einen Kauf– bzw. Verkaufsauftrag abgibt, wobei die Handlungsstrategie typenabhängig ist. Nur der Investor selbst erfährt vor Beginn des Spiels, von welchem Typ er ist. Der zweite Spieler ist der Market–Maker, der seine Preise stellt. Der Market–Maker kennt nur die Wahrscheinlichkeitsverteilung über den Typ des ersten Spielers. Das heißt, daß er mit Wahrscheinlichkeit η auf einen Informierten (Typ 1) und mit Wahrscheinlichkeit $1 - \eta$ auf einen Uninformierten (Typ 2) trifft. In einem Signalisierungsspiel kann es zwei unterschiedliche Gleichgewichte geben. Das Gleichgewicht ist ein Separating–Gleichgewicht, wenn der Investor durch seine Strategie signalisiert, ob er informiert oder uninformiert ist. Im Rahmen von Glosten und Milgrom (1985) bedeutet das, daß der Informierte das riskante Wertpapier kauft, wenn der Kurs steigt, und verkauft, wenn der Kurs fällt. Im ver-

[8] Vgl. Eichberger (1993), S. 185ff zur Definition von Signalisierungsspielen.
[9] Vgl. z.B. O'Hara (1995).

einfachten Glosten/Milgrom–Modell nach Allen und Gorton (1992) und O'Hara (1995) ist die Strategie des Uninformierten exogen gegeben. Die Nachfrage des Uninformierten ist preisunelastisch und wird durch eine Zufallsvariable beschrieben. Im Modell von Glosten und Milgrom (1985) gibt es nur ein Separating–Gleichgewicht, da der Market–Maker den Informierten vom Uninformierten unterscheiden kann. Hingegen können im Pooling–Gleichgewicht die Informierten nicht von den Uninformierten unterschieden werden, weil die Uninformierten und die Informierten die gleiche Handelsstrategie wählen. Im Modell von Easley und O'Hara (1987), von Biais und Hillion (1991) und Easley et al. (1994) gibt es in Abhängigkeit von Parametern entweder ein Separating– oder ein Pooling–Gleichgewicht. Easley und O'Hara (1987) betrachten kleine und große Auftragsmengen. Der Market–Maker kann die Informierten von den Uninformierten unterscheiden, wenn die Informierten nur große Aufträge abgeben, da die Uninformierten sowohl mit kleinen als auch großen Mengen handeln. Das bedeutet, daß ein Separating–Gleichgewicht existiert. Wenn jedoch die Informierten auch zwischen großen und kleinen Mengen im Verhältnis wie die Uninformierten mischen, kann der Market–Maker die Informierten nicht mehr von den Uninformierten unterscheiden. In diesem Fall ergibt sich ein Pooling–Gleichgewicht. Im weiteren Verlauf dieses Abschnitts wird noch näher darauf eingegangen, wann in den beiden anderen vorgenannten Ansätzen ein Separating– oder Pooling–Gleichgewicht existiert.

Der Handlungsablauf im Modell von Glosten und Milgrom (1985) läßt sich wie folgt charakterisieren:

Am Anfang stellt der Market–Maker Quotes. Der eintreffende Investor gibt seinen Auftrag ab. Eine Transaktion findet zum Ask– oder Bidpreis statt. Der Market–Maker revidiert seine gestellten Preise.

Das Modell von Glosten und Milgrom (1985) und die Modellen, die darauf aufbauen, sind im obigen Sinn als ein Signalisierungsspiel interpretierbar, da die folgenden Überlegungen angestellt werden, um den Bid–Ask–Spread im Gleichgewicht ableiten zu können: Welchen Askpreis bzw. Bidpreis stellt der Market–Maker, wenn er von der Vorstellung ausgeht, daß er einen Kauf– bzw. Verkaufsauftrag erhalten hat. Je nach dem, welche Transaktion stattgefunden hat, revidiert der Market–Maker seine a priori Wahrscheinlichkeit $\pi = \frac{1}{2}$. Nach einem Kaufauftrag wird die angepaßte Wahrscheinlichkeit größer als $\frac{1}{2}$. In einem Signalisierungsspiel kalkulieren die Investoren ein, daß ihre Handelsstrategie die Preisstellungsstrategie des Market–Makers beeinflußt.

Jedoch ist das Modell dieser Arbeit kein Signalisierungsspiel, da der Market–Maker als erster seine Quotes stellt und im Anschluß daran die Investoren ihre Aufträge abgeben. Der Market–Maker zieht immer mit in sein Entscheidungskalkül ein, daß seine Preisstellungsstrategie die Portefeuillestrategie der Investoren beeinflußt. Der Market–Maker kann die Strategie der Uninformierten immer von der der Informierten unterscheiden, da er als erster am Zug ist. Daraus folgt, daß im Rahmen des Modells dieser Arbeit kein Pooling–Gleichgewicht existiert.

Allen und Gorton (1992) und O'Hara (1995) berechnen die Bid– und Askpreise explizit für das Modell von Glosten und Milgrom (1985) für den Fall, daß der Wert des Wertpapiers morgen hoch oder niedrig sein kann. Es kann nur eine Einheit pro Periode gehandelt werden. Die Preise werden so quotiert, daß sie gleich dem bedingten Erwartungswert sind, in Abhängigkeit davon, ob ein Kauf oder Verkauf stattfindet. Folglich ist der Askpreis A_C gleich $\pi^A C_u + (1-\pi^A)C_d$ und der Bidpreis B_C gleich $\pi^B C_u + (1-\pi^B)C_d$. Dabei sind π^A und π^B die nach der Bayesschen Regel angepaßten Wahrscheinlichkeiten (*updated priors*). Es ergeben sich die folgenden Wahrscheinlichkeiten:

$$\pi^A = \eta + (1-\eta)\frac{1}{2} > \frac{1}{2} \tag{5.25}$$

$$\pi^B = (1-\eta)\frac{1}{2} < \frac{1}{2} \tag{5.26}$$

Die gestellten Preise betragen:

$$A_C = \eta C_u + (1-\eta)\mu_C \tag{5.27}$$

$$B_C = \eta C_d + (1-\eta)\mu_C \tag{5.28}$$

Die Höhe des Bid–Ask–Spreads ist somit gegeben durch:

$$A_C - B_C = \eta C_u \tag{5.29}$$

Obwohl die Spielstruktur im Modell dieser Arbeit anders ist, erhält man unter Bertrand–Wettbewerb das gleiche Resultat, solange $\eta \leq \eta_{krit}$. Die Gleichheit der funktionalen Form des Spreads ist darauf zurückzuführen, daß die Uninformierten und die Informierten die gleiche Menge an Optionen nachfragen, sofern die gestellten Preise innerhalb ihres Akzeptanzbereichs liegen. Angenommen, die Nachfrage der Uninformierten ist linear fallend im Askpreis, dann kann der Term $\frac{G}{A_C}$ in der Nullgewinnbedingung des Market–Makers auf der Askseite nicht gekürzt werden. Durch Auflösen der Nullgewinnbedingung nach dem Askpreis A_C ergibt sich ein anderer Gleichgewichtspreis. Ebenso ergeben sich andere Gleichgewichtspreise, wenn noch die Gruppe der Uninformierten mit denselben Erwartungen wie der Market–Maker am Markt ist. Da in diesem Fall p und $1-p$ kleiner als $\frac{1}{2}$ sind, ist der erwartete Gewinn des Market–Makers aus dem Geschäft mit den Uninformierten kleiner, als wenn $p = \frac{1}{2}$. Dies ist darauf zurückzuführen, daß das Handelsvolumen der Uninformierten sinkt, wenn p und $1-p$ kleiner als $\frac{1}{2}$ sind.
Die funktionale Form des Bid–Ask–Spreads ist gleich der Form aus dem zugrundeliegenden Modell dieser Arbeit, bis zu dem Zeitpunkt, ab dem die quotierten Preise für die Uninformierten zu ungünstig sind, so daß sie auf den Aktienmarkt ausweichen. Das bedeutet, daß die funktionale Form des Bid–Ask–Spreads solange gleich ist, wie η kleiner oder gleich η_{krit} ist. Werden die Einflußfaktoren der Höhen des Bid–Ask–Spreads in diesem Fall betrachtet, ergeben sich identische Ergebnisse für die Höhe des Bid–Ask–Spreads, wenn die Ungleichung $\eta \leq \eta_{krit}$ gilt. Wenn η größer als η_{krit} ist, unterscheidet sich der Bid–Ask–Spread im Gleichgewicht von dem, den Allen und Gorton (1992) ableiten.

Es wurde gezeigt, daß innerhalb des Modellrahmens dieser Arbeit der Optionsmarkt für eine Marktseite zusammenbrechen kann, wenn die Wahrscheinlichkeit, daß ein Optimist auf den Market–Maker trifft, ungleich der Wahrscheinlichkeit ist, daß der Market–Maker auf einen Pessimisten trifft, und wenn η zwischen $\eta_{W,1}$ und $\eta_{W,2}$ liegt. Glosten und Milgrom (1985) zeigen mit Hilfe ihres Modells, daß der Markt für das riskante Wertpapier genau dann zusammenbricht, wenn:

- zu viele Informierte relativ zur Elastizität der Nachfrage und des Angebots der Uninformierten am Markt sind oder
- die Informationen der Informierten relativ zum Nachfrageverhalten der Uninformierten zu genau bzw. zu präzise werden.

Tritt einer dieser beiden Fälle ein, stellt der Market–Maker simultan den Askpreis so hoch und den Bidpreis so niedrig, daß keiner der Marktteilnehmer mehr handeln möchte. Daraus folgt, daß im Szenario von Glosten und Milgrom (1985) der Marktzusammenbruch nur für beide Marktsegmente (Ask– und Bidseite) simultan eintritt.

Easley und O'Hara (1987) untersuchen die Effekte, die die Auftragshöhe auf ein Wertpapier hat. Im Gegensatz zum Ansatz von Glosten und Milgrom (1985) können die Investoren große oder kleine Mengen des Wertpapiers kaufen oder leerverkaufen. Unterschiedliche Auftragshöhen führen zu einem Problem der adversen Selektion, da Informierte lieber mehr zu gegebenen Preisen handeln. Es ergibt sich die folgende Wahrscheinlichkeitsverteilung, wobei an den Knoten des Baums die jeweiligen Strategien der Marktteilnehmer angegeben werden. Die Strategie der Uninformierten ist exogen gegeben, wobei $a = 0,25$. Die Strategie der Informierten ergibt sich endogen. Mit M^1 und M^2 werden die Mengen des riskanten Wertpapiers, die gehandelt werden können, bezeichnet, wobei $M^1 < M^2$. Es sei η die Wahrscheinlichkeit dafür, daß ein Informierter eintrifft, π die Wahrscheinlichkeit dafür, daß der Kurs des riskanten Wertpapiers steigt.

Abbildung 5.3. Struktur der Wahrscheinlichkeitsverteilung in Easley/O'Hara (1987)

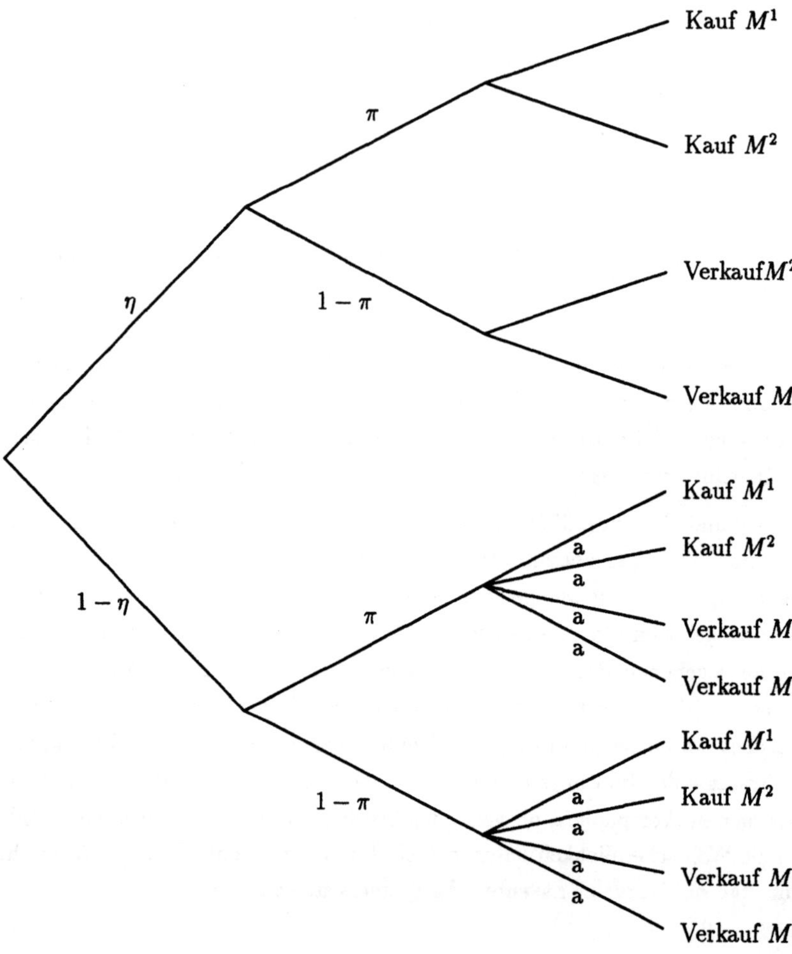

Es wird der Bid–Ask–Spread, der sich im Modellrahmen dieser Arbeit ergeben hat, wenn die Ungleichung $\eta \leq \eta_{krit}$ erfüllt ist, mit den Resultaten von Easley und O'Hara (1987) verglichen.

Market–Maker stehen im Bertrand–Wettbewerb untereinander und erzielen im Durchschnitt Nullgewinne. Da die Marktteilnehmer unterschiedliche Mengen handeln können, existiert entweder ein Separating– oder ein Pooling–Gleichgewicht.

Mit $x_M^2(x_M^1)$ wird die Wahrscheinlichkeit, daß ein *Noise–Trader* mit großen (kleinen) Mengen handelt, bezeichnet. Zur Vereinfachung wird angenommen, daß die großen (kleinen) Mengen, die gekauft oder leerverkauft werden können, gleich groß sind. Die Wahrschein-

lichkeit, daß Noise–Trader kleine (große) Mengen kaufen, ist gleich der Wahrscheinlichkeit, daß sie kleine (große) Mengen leerverkaufen.
Im Separating–Gleichgewicht handelt der Informierte nur große Mengen. Es existiert ein Separating–Gleichgewicht, wenn die Marktbreite[10] groß ist, die Markttiefe[11] groß ist oder die Wahrscheinlichkeit, daß Informierte am Markt sind, klein ist.
Ist die Wahrscheinlichkeit, daß Informierte am Markt sind, hoch oder die Marktbreite und –tiefe klein, existiert ein Pooling–Gleichgewicht.
Es existiert ein Separating–Gleichgewicht (Pooling–Gleichgewicht) genau dann, wenn die folgende Bedingung erfüllt ist:

$$\frac{M_2}{M_1} \geq (<) 1 + \frac{\frac{\eta}{2}}{(1-\eta)x_M^2} \tag{5.30}$$

Der Bid–Ask–Spread im Separating–Gleichgewicht, wenn große Mengen gehandelt werden, entspricht dem Bid–Ask–Spread, der sich aus dem vereinfachten Modell von Glosten und Milgrom (1985) ergibt, das Allen und Gorton (1992) darstellen, sofern x_M^2 gleich $\frac{1}{2}$ ist. Mit $A_C^{m,n}$, $m = S, P$, $n = 1, 2$ und $B_C^{m,n}$, $m = S, P$, $n = 1, 2$ werden die Gleichgewichtspreise bezeichnet. Der Index m steht für den Typ des Gleichgewichts und der Index n kennzeichnet, ob kleine oder große Mengen gehandelt werden. Im Separating–Gleichgewicht sehen die Bid–Ask–Spreads wie folgt aus:

1. Kleine Mengen werden gehandelt.

$$A_C^{S,1} - B_C^{S,1} = 0 \tag{5.31}$$

2. Große Mengen werden gehandelt.

$$A_C^{S,2} - B_C^{S,2} = \frac{1}{2}\eta \frac{C_u - C_d}{\frac{1}{2}\eta + x_M^2(1-\eta)} \tag{5.32}$$

Dagegen ergeben sich im Pooling–Gleichgewicht folgende Bid–Ask–Spreads:

1. Kleine Mengen werden gehandelt.

$$A_C^{P,1} - B_C^{P,1} = \frac{[\frac{1}{2}\eta M^1 + (1-\eta)(M^1 - M^2)x_M^2](C_u - C_d)}{M^1[\frac{1}{2}\eta + (1-\eta)(x_M^1 + x_M^2)]} \tag{5.33}$$

2. Große Mengen werden gehandelt.

$$A_C^{P,2} - B_C^{P,2} = \frac{[\frac{1}{2}\eta M^2 + (1-\eta)(M^2 - M^1)x_M^1](C_u - C_d)}{M^2[\frac{1}{2}\eta + (1-\eta)(x_M^1 + x_M^2)]} \tag{5.34}$$

---

[10] Die Marktbreite wird am Verhältnis von großen zu kleinen gehandelten Mengen gemessen.

[11] Die Markttiefe wird an der Wahrscheinlichkeit, daß *Noise–Trader* große Mengen handeln, gemessen. Im Modell dieser Arbeit ist die Wahrscheinlichkeit, mit der ein Uninformierter eintrifft, exogen vorgegeben.

Folglich erhöht sich der Bid–Ask–Spread, wenn die Markttiefe kleiner wird.
Wenn x_M^2 gleich $\frac{1}{4}$ ist, vereinfacht sich die funktionale Form des Spreads, wenn große Mengen gehandelt werden, wie folgt:

$$A_C^{S,2} - B_C^{S,2} = 2\eta \frac{C_u - C_d}{1+\eta} \tag{5.35}$$

Die Gleichungen (5.33) und (5.34) vereinfachen sich, wenn $x_M^1 = x_M^2 = \frac{1}{4}$ angenommen wird:

1. Kleine Mengen werden gehandelt.

$$A_C^{P,1} - B_C^{P,1} = [\eta M^1 + (1-\eta)(M^1 - M^2)\frac{1}{2}](C_u - C_d) \tag{5.36}$$

2. Große Mengen werden gehandelt.

$$A_C^{P,2} - B_C^{P,2} = [\eta M^2 + (1-\eta)(M^2 - M^1)\frac{1}{2}](C_u - C_d) \tag{5.37}$$

Wenn große Mengen gehandelt werden, ist die Höhe des Bid–Ask–Spreads im Separating–Gleichgewicht unabhängig von der Marktbreite. Je mehr Informierte handeln oder je größer die Varianz des Aktienkurses ist, desto größer ist der Bid–Ask–Spread. Da M^1 und M^2 beobachtet werden können, erhält der Market–Maker keine neuen Informationen. Folglich ist keine Absicherung durch den Spread erforderlich.
Dagegen ist die Höhe der Bid–Ask–Spreads im Pooling–Gleichgewicht abhängig von der Marktbreite. Je größer die Marktbreite wird, desto größer wird der Bid–Ask–Spread, wenn große Mengen gehandelt werden, und desto kleiner wird der Bid–Ask–Spread, wenn kleine Mengen gehandelt werden. Im übrigen gelten die gleichen komparativ–statischen Eigenschaften, wie die Bid–Ask–Spreads im Separating–Gleichgewicht, wenn große Mengen gehandelt werden.

Biais und Hillion (1991) modellieren Market–Maker, die Preise für unterschiedliche Optionsserien auf dasselbe Underlying stellen. Sie berücksichtigen Bestandskosten, Auftragsbearbeitungskosten und asymmetrische Informationsverteilung gleichzeitig. Da im dargestellten Modell dieser Arbeit Bestandskosten und Auftragsbearbeitungskosten vernachlässigt wurden, werden die Ergebnisse von Biais und Hillion (1991) für den Fall, daß sie nur asymmetrische Informationsverteilung betrachten, mit den in dieser Arbeit vorgestellten Modellergebnissen verglichen.
Ohne Beschränkung der Allgemeinheit wird angenommen, daß die Kontrakthöhe der beiden Calls gleich ist. Biais und Hillion (1991) treffen die vereinfachende Annahme, daß ein *Noise–Trader* mit einer Wahrscheinlichkeit $\frac{1}{2}$ Optionen kauft (verkauft) und mit einer Wahrscheinlichkeit $\frac{1}{2}$ mit der Option 1 (2) handelt. Der Call 1 ist deeper–in the–money als der Call 2.
Analog zu Easley und O'Hara (1987) kann es ein Separating– oder Pooling–Gleichgewicht

geben. Es existiert ein Separating–Gleichgewicht, wenn das Verhältnis des Wertes des Calls 1 zum Call 2 sehr groß oder sehr klein ist. Im ersten Fall handelt der Informierte nur den Call 1 und im zweiten nur den Call 2. Sonst existiert ein Pooling–Gleichgewicht.

Die Höhe der Bid–Ask–Spreads im Separating–Gleichgewicht ist wie folgt gegeben:

$$A_{C_j} - B_{C_j} = \frac{\frac{1}{2}\eta(C_{u_j} - C_{d_j})}{\frac{1}{2}\eta + (1-\eta)\frac{1}{4}} = 2\eta\frac{(C_{u_j} - C_{d_j})}{(1+\eta)}, \qquad j = 1,2 \tag{5.38}$$

Für das jeweils andere Wertpapier ist der Bid–Ask–Spread gleich Null, da nur *Noise–Trader* mit diesem Call handeln. Die Höhen der Bid–Ask–Spreads weisen die gleichen qualitativen komparativ–statischen Eigenschaften wie im Modell von Easley und O'Hara (1987) auf. Im Pooling–Gleichgewicht handeln Informierte beide Typen von Calls. Es ergeben sich folgende Bid–Ask–Spreads:

$$A_{C_j} - B_{C_j} = \frac{(1+\eta)(C_{u_j} - C_{d_j}) - (1-\eta)(C_{u_i} - C_{d_i})}{2}, \qquad i,j = 1,2, \quad i \neq j \tag{5.39}$$

Der Bid–Ask–Spread des Call 1 ist größer als der des Call 2. Daraus folgt, je tiefer der Call im Geld ist, desto größer ist der Bid–Ask–Spread.
Die Bid–Ask–Spreads im Pooling–Gleichgewicht sind kleiner als der Bid–Ask–Spread des vom Informierten gehandelten Calls im Separating–Gleichgewicht.
Sowohl der positive Bid–Ask–Spread im Separating–Gleichgewicht als auch die funktionalen Formen des Bid–Ask–Spreads im Pooling–Gleichgewicht sind wachsend im Parameter η. Die Höhe des Bid–Ask–Spreads des Calls 1 im Pooling–Gleichgewicht steigt, wenn $C_{u_1} - C_{d_1}$ zunimmt oder $C_{u_2} - C_{d_2}$ abnimmt. Die Höhe des Bid–Ask–Spreads des Calls 2 im Pooling–Gleichgewicht steigt, falls $C_{u_1} - C_{d_1}$ fällt oder $C_{u_2} - C_{d_2}$ wächst.

Im Unterschied zu den Modellen von Glosten und Milgrom (1985), Easley und O'Hara (1987) und Biais und Hillion (1991) können im Modell von Easley et al. (1994) die Investoren mit Optionen (Calls und Puts) und der zugrundeliegenden Aktie handeln. Eine Gruppe von Market–Makern stellt Quotes auf dem Aktien– und die andere auf dem Optionsmarkt. Analog zu Glosten und Milgroms (1985) Modell ist die Kontrakthöhe fest vorgegeben. Eine Handelseinheit auf dem Aktienmarkt enthält γ Aktien und eine Option ist ein Kontrakt auf θ Aktien. Easley et al. (1994) leiten analog zu Easley und O'Hara (1987) ein Separating– und Pooling–Gleichgewicht ab. Es sei b die Wahrscheinlichkeit, daß der *Noise–Trader* die Aktie kauft oder verkauft, und ferner f die Wahrscheinlichkeit, daß der *Noise–Trader* den Call kauft oder verkauft.
Im Separating–Gleichgewicht handelt der Informierte entweder auf dem Optionsmarkt oder auf dem Aktienmarkt. Es ergibt sich die gleiche funktionale Form des Bid–Ask–Spreads wie bei Easley und O'Hara (1987) und Biais und Hillion (1991), sofern angenommen wird, daß die Wahrscheinlichkeit f gleich $\frac{1}{4}$ und θ gleich 1 ist.
Eine notwendige und hinreichende Bedingung dafür, daß ein Pooling–Gleichgewicht existiert, ist:

$$\frac{\theta}{\gamma} > \frac{1-\eta}{1+\eta} \wedge \frac{\gamma}{\theta} > \frac{1-\eta}{1+\eta} \tag{5.40}$$

Die Bedingung (5.40) ist z.B. dann erfüllt, wenn $\theta = \gamma$. Im Pooling–Gleichgewicht ist es für die Informierten gewinnbringender die Strategie der Uninformierten nachzuahmen, indem sie zwischen Aktien und Optionen genauso wie die Uninformierten mischen. Handelt der Informierte sowohl mit Aktien als auch mit Calls (Pooling–Gleichgewicht), ergibt sich für den Bid–Ask–Spread des Calls

$$\frac{C_u[\frac{1}{2}\eta\theta - b(\gamma - \theta)(1 - \eta)]}{\frac{1}{2}\eta + (1 - \eta)(b + f)}. \tag{5.41}$$

Das Pooling–Gleichgewicht haben Easley et al. (1994) für den Spezialfall berechnet, daß der Basispreis des Calls K_C gleich S_d ist. Daraus folgt, daß $C_u - C_d = S_u - S_d$ gleich der Volatilität des Aktienkurses ist. Die Höhe des Bid–Ask–Spreads des Calls ist abhängig von der Volatilität des Aktienkurses, dem Anteil der Informierten am Markt und vom Handel des *Noise–Traders*. Steigt der Anteil der Informierten, steigt der Bid–Ask–Spread des Calls. Wird die Volatilität des Aktienkurses erhöht, nimmt auch die Höhe des Bid–Ask–Spreads zu. Handeln mehr Uninformierte sowohl auf dem Aktien– als auch auf dem Optionsmarkt, sinkt der Bid–Ask–Spread des Calls.
Wenn $b = f = \frac{1}{4}$ analog zu Biais und Hillion (1991) ist, folgt, daß der Bid–Ask–Spread gleich

$$C_u \left[\eta\theta - \frac{1}{2}(\gamma - \theta)(1 - \eta)\right] \tag{5.42}$$

ist. Sind nur Informierte am Markt, setzen die Market–Maker den maximal möglichen Bid–Ask–Spread. Nur auf diese Weise können die Market–Maker sich vor Verlusten schützen, da die Informierten keine Ausweichmöglichkeit auf einen Markt haben, auf dem die Preise nicht von Market–Makern quotiert werden. Sowohl im Szenario von Glosten und Milgrom (1985) als auch von Easley et al. (1994) hat die Kurve des Bid–Ask–Spreads in Abhängigkeit vom Anteil der Informierten am Markt keine Sprünge, da die Investoren keine Ausweichmöglichkeit auf einen Markt ohne Market–Maker haben.[12]
Es besteht ein Unterschied in der funktionalen Form des Bid–Ask–Spreads im vereinfachten Modell von Glosten und Milgrom (1985) zu den nicht–negativen Spreads im Separating–Gleichgewicht in den Modellen von Easley und O'Hara (1987), Biais und Hillion (1991) und Easley et al. (1994). Im Modell von Glosten und Milgrom (1985) ist die Höhe des Spreads linear vom Parameter η abhängig. Dagegen wird der Bid–Ask–Spread in Abhängigkeit vom Parameter η in den Modellen von Easley und O'Hara (1987), Biais und Hillion (1991) und Easley et al. (1994) durch einen streng konkaven Verlauf beschrieben.

5.1.4 Bid–Ask–Spreads für Call– und Putoptionen

Zuerst werden die Bid–Ask–Spreads für Calls und Puts innerhalb des Modellrahmens dieser Arbeit mit ihren Charakteristika dargestellt. Das Nachfrageverhalten der Investoren wurde in Kap. 4.2 hergeleitet.

---

[12] Vgl. dazu Figur 5.1.

Bei der Gleichgewichtsanalyse ergibt sich die gleiche kritische Wahrscheinlichkeit η_{krit} wie in den bisher diskutierten Modellvarianten. Das bedeutet, daß man den gleichen kritischen Anteil der Informierten erhält, bei dem der Market–Maker den Marktzusammenbruch auf dem Optionsmarkt herbeiführt, sobald der Anteil der Informierten größer als dieser kritische Anteil der Informierten ist.
Die Höhe der Kosten der adversen Selektion ist gleich der, die man erhält, wenn Market–Maker unter Bertrand–Wettbewerb nur für Calls Preise stellen.
Somit bleiben die komparativ–statischen Eigenschaften der kritischen Wahrscheinlichkeit η_{krit} und der Kosten der adversen Selektion der Market–Maker erhalten. Auch die Bid–Ask–Spreads, die sich für η größer als η_{krit} ergeben, sind gleich denen, die sich bei der Analyse eines monopolistischen Market–Makers, der Quotes für Calls und Puts stellt, ergeben.

Daher wird im folgenden nur der Fall, daß η kleiner oder gleich η_{krit} ist, betrachtet: Unter gleichzeitiger Berücksichtigung von Calls und Puts bleibt das Wettbewerbsverhalten der Market–Maker identisch. Sie unter– bzw. überbieten sich gegenseitig solange, bis sie Nullgewinne aus Kauf– und Verkaufstransaktionen erzielen. In Kapitel 4 wurde gezeigt, daß die Mischungsregel 50 % Calls und 50 % Puts eine Gleichgewichtsstrategie der Investoren ist, wenn sie indifferent zwischen dem Kauf von Calls und dem Leerverkauf von Puts sowie dem Leerverkauf von Calls und dem Kauf von Puts sind. Das bedeutet, daß die Informierten, wenn der *up*–Zustand eintritt, und die Optimisten die Hälfte ihres Budgets in den Kauf von Calls investieren und die andere Hälfte in den Leerverkauf von Puts. Ebenso wurde gezeigt, daß die Informierten, wenn der *down*–Zustand eintritt, und die Pessimisten zur Hälfte Puts kaufen und zur anderen Hälfte Calls leerverkaufen. Somit ist die erwartete Nachfrage nach (das erwartete Angebot an) Calls gleich $\frac{G}{4A_C}$ $(\frac{G}{4(Z_C-B_C)})$ anstatt $\frac{G}{2A_C}$ $(\frac{G}{2(Z_C-B_C)})$, wenn keine Put–Optionen gehandelt werden können.
Folglich bleiben die Gleichgewichtspreise des Calls A_C^W und B_C^W unverändert.

Hier werden die Gleichgewichtspreise unter der Annahme, daß die Investoren sowohl mit Calls als auch mit Puts handeln, abgeleitet. Dies ist dann der Fall, wenn sie indifferent zwischen Calls und Puts sind. Wenn die Investoren nur mit Calls oder nur mit Puts handeln, bricht der Put– oder Callmarkt zusammen. Wenn die Gleichgewichtspreise berechnet worden sind, wird danach überprüft, ob diese die Indifferenzbedingungen (4.28) und (4.30) erfüllen.

Für den Askpreis A_P^W des Puts ergibt sich durch Betrachtung der insgesamt erwarteten Gewinne aus Verkaufstransaktionen (aus Sicht der Market–Maker):

$$\frac{\eta}{4}\frac{G}{A_P}(rA_P - P_d) \quad + \quad \frac{1-\eta}{4}\frac{G}{A_P}(rA_P - \mu_P) = 0$$

$$\Leftrightarrow A_P^W \quad = \quad \frac{\eta P_d + (1-\eta)\mu_P}{r} \tag{5.43}$$

Analog zum Askpreis A_P^W gilt für den Bidpreis B_P^W des Puts, wenn die insgesamt erwarteten Gewinne aus Kauftransaktionen (aus Sicht der Market–Maker) betrachtet werden:

$$\frac{\eta}{4} - \frac{G}{Z_P - B_P} r B_P \quad - \quad \frac{1-\eta}{4} \frac{G}{Z_P - B_P}(rB_P - \mu_P) = 0$$

$$\Leftrightarrow B_P^W \quad = \quad \frac{(1-\eta)\mu_P}{r} \tag{5.44}$$

Die Höhe der Bid–Ask–Spreads im Gleichgewicht beträgt somit:

$$A_C^W - B_C^W \quad = \quad \frac{\eta C_u}{r} \tag{5.45}$$

$$A_P^W - B_P^W \quad = \quad \frac{\eta P_d}{r} \tag{5.46}$$

Da man den gleichen Bid–Ask–Spread des Calls wie unter alleiniger Berücksichtigung von Calls erhält, werden dessen Charakteristika hier nicht nochmals dargestellt.

Die Gleichgewichtspreise unter Bertrand–Wettbewerb erfüllen die Indifferenzbedingungen (4.28) und (4.30). Daraus folgt auch, daß die Gleichgewichtspreise die Put–Call–Relationen erfüllen, wie sie bei Betrachtung eines monopolistischen Market–Makers angestellt wurden.

Die Höhe der Bid–Ask–Spreads ist genau dann gleich, wenn P_d gleich C_u ist. Diese Gleichheit ist genau dann erfüllt, wenn die Gleichung $2rS_0 = K_C + K_P$ gültig ist. Darunter fällt auch der Spezialfall $K_C = S_d$ und $K_P = S_u$, den Easley et al. (1994) in ihrem Ansatz ansprechen.
Die komparativ–statischen Eigenschaften der Höhe des Bid–Ask–Spreads vom Put werden kurz dargestellt. Die Höhe des Bid–Ask–Spreads vom Put nimmt c.p. zu, wenn

1. die Volatilität des Aktienkurses $(S_u - S_d)$ zunimmt, wobei der direkte Effekt gleich Null ist,

2. der heutige Aktienkurs S_0 fällt, wobei auch hier der direkte Effekt Null ist,

3. der Zinssatz i sinkt, wobei der direkte Effekt gleich Null ist, oder

4. der Basispreis K_P steigt.

Der Grad der Verzerrung ϵ übt keinen Einfluß auf die Höhe des Bid–Ask–Spreads vom Put aus.

Im weiteren werden die hier erhaltenen Ergebnisse mit denen von Easley et al. (1994) verglichen.
Zuerst wird ihr Separating–Gleichgewicht betrachtet. Das bedeutet, daß die Informierten nur mit Calls und Puts handeln. Zum Vergleich wird angenommen, daß ein *Noise–Trader* mit Wahrscheinlichkeit $\frac{1}{6}$ Calls kauft, Puts kauft, Aktien kauft, Calls leerverkauft, Puts leerverkauft und Aktien leerverkauft. Das bedeutet, daß eine Gleichverteilung über die

Aktionen der *Noise–Trader* angenommen wird.
Die Höhe der Bid–Ask–Spreads im Gleichgewicht beträgt:

$$\text{Für Calls: } \theta\, C_u \frac{3\eta}{2+\eta} \tag{5.47}$$

$$\text{Für Puts: } \theta\, P_d \frac{3\eta}{2+\eta} \tag{5.48}$$

Anhand dieser Formeln ist zu erkennen, daß die Bid–Ask–Spreads nicht linear vom Parameter η abhängig sind. Vielmehr ist der Bid–Ask–Spread als Funktion von η eine streng konkave Funktion. Die Bid–Ask–Spreads weisen in Abhängigkeit von der Volatilität des Aktienkurses und dem heutigen Aktienkurs sowie von den Basispreisen die gleichen qualitativen komparativ–statischen Eigenschaften wie im Modell in dieser Arbeit auf.

Im Pooling–Gleichgewicht erhalten Easley et al. (1994) die beiden folgenden Bid–Ask–Spreads, wobei vorausgesetzt wird, daß ein *Noise–Trader* mit Wahrscheinlichkeit $\frac{1}{6}$ Aktien kauft, Calls kauft, Puts kauft, Aktien leerverkauft, Calls leerverkauft und Puts leerverkauft:

$$\text{Für Calls: } \quad C_u\left[\eta\theta - \tfrac{1}{3}(1-\eta)(\gamma-\theta)\right] \tag{5.49}$$

$$\text{Für Puts: } \quad P_d\left[\eta\theta - \tfrac{1}{3}(1-\eta)(\gamma-\theta)\right] \tag{5.50}$$

Aus diesen beiden Gleichungen ist zu sehen, daß die Höhe der Bid–Ask–Spreads identisch ist, sofern rS_0 gleich K_C+K_P ist. Die beiden Bid–Ask–Spreads sind steigend im Parameter η. Der Bid–Ask–Spread des Calls ist fallend im Basispreis K_C, und der Spread des Puts ist wachsend im Basispreis K_P. Sowohl der Bid–Ask–Spread des Calls als auch der Bid–Ask–Spread des Puts ist steigend in der Volatilität des Aktienkurses. Der Bid–Ask–Spread des Calls steigt, wenn der heutige Aktienkurs zunimmt. Dagegen fällt der Bid–Ask–Spread des Puts bei steigendem heutigen Aktienkurs.

Es wird der Spezialfall betrachtet, daß $\theta = \gamma$. Dann existiert ein Pooling–Gleichgewicht. Der Askpreis ist niedriger und der Bidpreis höher, als wenn ein Separating–Gleichgewicht existierte. Folglich ist es für einen Informierten gewinnbringender, sowohl mit Aktien als auch Optionen zu handeln, anstatt nur mit Optionen zu handeln. Der Spread ist im Pooling–Gleichgewicht kleiner als im Separating–Gleichgewicht.

5.2 Oligopolistischer Wettbewerb unter Market–Makern

In diesem Kapitel wird gezeigt, daß der Cournot–Mengenwettbewerb als oligopolistischer Wettbewerb interpretiert werden kann. Dazu wird im folgenden kurz die Spielstruktur beschrieben. Im Anschluß daran wird erklärt, warum das zu dem so beschriebenen Spiel zugehörige Gleichgewicht als Cournot–Nash–Gleichgewicht berechnet werden kann.

Im Gegensatz zum einfachen Bertrand–Wettbewerb stellen die Market–Maker nicht nur ihre Quotes, sondern sie wählen zuerst ihre *Kapazitäten*. Für die Askseite bedeutet das,

daß sie die Anzahl der Calls bestimmen, die sie leerverkaufen können, um den Investoren Calls verkaufen zu können, und für die Bidseite die liquiden Mittel (Geld), die sie benötigen, um Calls von den Investoren kaufen zu können. Im Anschluß daran stellen die Market-Maker die Ask- und Bidpreise. Die übrige Handlungsabfolge ist analog zu der, die im Grundmodell beschrieben wurde. Das somit formulierte Spiel erlaubt, endogen die Kreditlinien und die Leerverkaufsbeschränkungen der Market-Maker zu bestimmen, so daß die Market-Maker jederzeit den Markt bedienen können.
Kreps und Scheinkman (1983) verifizieren die Cournot-Nash-Lösung des Mengenduopolspiels als Lösung des zweistufigen Spiels, in dem die Anbieter eines Unternehmens zuerst ihre Kapazitäten aufbauen, d.h. sie entscheiden darüber, wieviel sie produzieren, und dann im Preiswettbewerb zueinander stehen. Die Rechtfertigung des Mengenwettbewerbs und der Cournot-Nash-Lösung des Ansatzes von Kreps und Scheinkman (1983) basiert auf der Annahme eines Rationierungsschemas.[13] Dagegen verallgemeinert Güth (1995) die Interpretation der Kapazitätsschranke, indem er annimmt, daß die Überschußnachfrage zusätzliche Kosten verursacht, das aber nicht ausschließt, daß die Nachfrage der Marktteilnehmer sofort bedient werden kann. Daher vermeidet er die Annahme eines speziellen Rationierungsschemas und somit gemischte Strategien, die sich im Gleichgewicht ergeben, da die Nachfrage der Marktteilnehmer immer direkt bedient werden kann.

In dieser Arbeit wird daher basierend auf den vorherigen Bemerkungen die Cournot-Nash-Lösung des oben beschriebenen zweistufigen Spiels hergeleitet. Dabei beschränkt man sich auf den Fall nur Calls. Ferner wird angenommen, daß die Market-Maker pro Einheit an nachgefragter bzw. angebotener Menge an Calls zusätzliche Kosten haben. Um jedoch im weiteren Verlauf den Zusammenhang zwischen dem Cournot-Wettbewerb, interpretiert als oligopolistischem Wettbewerb, und den beiden Extremfällen des Wettbewerbs, dem Fall eines monopolistischen Market-Makers und dem vollkommenen Wettbewerb herzustellen, wird nur noch der Grenzübergang der Kapazitätskostenfunktion gegen Null untersucht.

Zuerst wird die Nachfrage der Investoren bestimmt. Im Anschluß daran wird das Gleichgewicht mit seinen komparativ-statischen Eigenschaften hergeleitet.

---

[13] Kreps und Scheinkman (1983) zeigen, daß die Cournot-Nash-Lösung ein teilspielperfektes Gleichgewicht des zweistufigen Spiels ist.

5.2.1 Anlagestrategie der Investoren

Wenn n Market–Maker im Wettbewerb untereinander sind, lautet die Nachfrage der Informierten beim i–ten Market–Maker, wenn der *up*–Zustand eintritt, und der Optimisten, sofern der gestellte Askpreis A_C kleiner $A_{C_u}^{krit}$ bzw. kleiner oder gleich $A_{C,1}^{krit}$ ist, wie folgt:

$$x_i^N = \begin{cases} \frac{G}{A_C^i} & : \; A_C^i < A_C^j \quad \forall j \neq i \\ \frac{G}{nA_C^i} & : \; A_C^i = A_C^j \quad \forall j \neq i \\ 0 & : \; A_C^i > A_C^j \quad \forall j \neq i \end{cases}$$

Dabei sei A_C^i der gestellte Askpreis vom Market–Maker i mit $i = 1, \cdots, n$.

Die Nachfrage der Informierten beim i–ten Market–Maker, wenn der *down*–Zustand eintritt, und die der Pessimisten, sofern der gestellte Bidpreis B_C größer als $B_{C_d}^{krit}$ bzw. größer oder gleich $B_{C,2}^{krit}$ ist, ist folgendermaßen gegeben.[14]

$$x_i^A = \begin{cases} -\frac{G}{Z_C - B_C^i} & : \; B_C^i > B_C^j \quad \forall j \neq i \\ -\frac{G}{n(Z_C - B_C^i)} & : \; B_C^i = B_C^j \quad \forall j \neq i \\ 0 & : \; B_C^i < B_C^j \quad \forall j \neq i \end{cases}$$

Dabei wird der vom Market–Maker i gestellte Bidpreis mit B_C^i bezeichnet.
Die Investoren möchten nur bei dem jeweiligen Market–Maker kaufen bzw. verkaufen, der den niedrigsten Askpreis bzw. den höchsten Bidpreis stellt. Folglich stellen alle n Market–Maker die gleichen Preise, da sie sonst von einem anderen Market–Maker unter– bzw. überboten werden könnten. Dieses Preisstellungsverhalten der Market–Maker resultiert daraus, daß Optionen homogene Güter sind.
Mit $\bar{A}_C$ wird der Askpreis und mit $\bar{B}_C$ der Bidpreis bezeichnet, den die Market–Maker stellen.

Es ergibt sich die Gesamtnachfrage der Käufer von Calls:

$$X^N(\bar{A}_C) = \sum_{j=1}^{n} x_j^N = n\frac{G}{n\bar{A}_C} = \frac{G}{\bar{A}_C} \tag{5.51}$$

Ferner ergibt sich die Gesamtnachfrage der Verkäufer von Calls:

$$X^A(\bar{B}_C) = \sum_{j=1}^{n} x_j^A = -n\frac{G}{n(Z_C - \bar{B}_C)} = -\frac{G}{Z_C - \bar{B}_C} \tag{5.52}$$

5.2.2 Bid–Ask–Spread im Gleichgewicht

Es wird eine kurze Intuition dafür gegeben, wie der Bid–Ask–Spread im Gleichgewicht aussieht. Dann folgt eine formale Darstellung des Optimierungsproblems der Market–Maker und eine Herleitung des Gleichgewichts.

---

[14] Ein negatives Vorzeichen der Nachfrage bedeutet ein Angebot.

Es gibt zwei Möglichkeiten, welche Preise die Market–Maker quotieren, d.h. formal gesprochen, wo die Lösung des Optimierungsproblems des i–ten Market–Makers liegt:

- Die zu den Kapazitäten gehörigen Gleichgewichtspreise stellen eine Randlösung dar. Das bedeutet, daß der Gleichgewichtaskpreis dem kritischen Askpreis $A_{C,1}^{krit}$ der Optimisten und der Gleichgewichtsbidpreis dem kritischen Bidpreis $B_{C,2}^{krit}$ der Pessimisten entspricht.
  Angenommen, die Cournotpreise, die sich aus den Bedingungen erster Ordnung des Optimierungsproblems der Market–Maker ergeben, liegen außerhalb des für die Uninformierten akzeptablen Bereiches, d.h. $A_C > A_{C,1}$ und $B_C < B_{C,2}$. Dann handeln die Market–Maker nur noch mit Informierten und erleiden Verluste. Somit können die Cournot–Preise, die sich aus der Bedingung erster Ordnung ergeben, keine Gleichgewichtspreise sein.
  Folglich stellen die Market–Maker die Monopolpreise (d.h. Randlösung) und teilen den Gewinn gleichmäßig unter sich auf.

- Es existiert eine innere Lösung, wenn die Gleichgewichtspreise, die sich aus den Bedingungen erster Ordnung des Maximierungsproblems des i–ten Market–Makers ergeben, so sind, daß die Uninformierten bereit sind, mit Calls zu handeln. Die Market–Maker konkurrieren untereinander und stellen die Preise so, daß der Bid–Ask–Spread innerhalb des maximal möglichen liegt. Das heißt, daß die Market–Maker keine Verluste realisieren.

- Wenn die Market–Maker keine nicht–negativen erwarteten Gewinne beim Handel erzielen können, stellen sie die Preise derart, daß sie den Marktzusammenbruch auf dem Optionsmarkt herbeiführen.

Die Market–Maker werden die Preise nicht so quotieren, daß nur Informierte mit ihnen handeln, da sie in diesem Fall Verluste realisieren würden. Daher hat die folgende Gewinnfunktion nur dann eine innere Lösung, solange für den zu x_i^N gehörigen Askpreis gilt, daß er kleiner oder gleich als $A_{C,1}^{krit}$ ist. Ebenso muß der zu x_i^A gehörige Bidpreis größer oder gleich $B_{C,2}^{krit}$ sein. Folglich muß die Höhe der gestellten Mengen x_i^N und $|x_i^A|$ kleiner oder gleich $\frac{G}{nA_{C,1}^{krit}} = \frac{G}{n(Z_C - B_{C,2}^{krit})} = \frac{rG(rS_0+\epsilon(S_u-S_d))}{nrS_0(1+2\epsilon)\mu_C}$ sein. Der Term $\frac{rG(rS_0+\epsilon(S_u-S_d))}{nrS_0(1+2\epsilon)\mu_C}$ wird auch mit x_{max} bezeichnet. Ferner muß die Wahrscheinlichkeit η klein genug ist, so daß die Market–Maker nicht–negative Gewinne beim Handeln realisieren können.
Es sei $\delta \geq 0$ der Geldbetrag, den der jeweilige Market–Maker aufwenden muß, um seine Geld–und Callbestände zum Handeln aufbauen zu können.[15]
Die Gewinnfunktion des i–ten Market–Makers lautet:

$$\max_{x_i^A, x_i^N} \quad \eta \frac{1}{2} \left\{ x_i^N (r\bar{A}_C - (C_u + \delta)) + x_i^A (r\bar{B}_C - C_d + \delta) \right\} \tag{5.53}$$

[15] Das bedeutet, daß eine lineare Kapazitätskostenfunktion unterstellt wird, deren Grenzkosten gleich δ sind.

$$
\begin{aligned}
& + \quad (1-\eta)\frac{1}{2}\left\{x_i^N(r\bar{A}_C-(\mu_C+\delta))+x_i^A(r\bar{B}_C-\mu_C+\delta)\right\} \\
u.d.N. \quad & -x_{max}(n)\le x_i^A\le 0,\ x_{max}(n)\ge x_i^N\ge 0 \\
\Leftrightarrow \max_{x_i^A,x_i^N} \quad & \frac{1}{2}\left\{x_i^N(r\bar{A}_C-\delta)-|x_i^A|(r\bar{B}_C+\delta)\right. \\
& - \left.(\eta C_u+(1-\eta)\mu_C)\,x_i^N+(\eta C_d+(1-\eta)\mu_C)\,|x_i^A|\right\} \\
u.d.N. \quad & -x_{max}(n)\le x_i^A\le 0,\ x_{max}(n)\ge x_i^N\ge 0
\end{aligned}
$$

Durch Umformen der Gleichungen (5.51) und (5.52) erhält man $\bar{A}_C = \frac{G}{\sum_{j=1}^n x_j^N}$ und $\bar{B}_C = Z_C - \frac{G}{\sum_{j=1}^n |x_j^A|}$.[16] Einsetzen von $\bar{A}_C = \frac{G}{\sum_{j=1}^n x_j^N}$ und $\bar{B}_C = Z_C - \frac{G}{\sum_{j=1}^n |x_j^A|}$ in die Gewinnfunktion des Market–Makers ergibt:

$$
\begin{aligned}
\max_{x_i^A,x_i^N} \quad & \frac{1}{2}\left\{x_i^N\left(r\left(\frac{G}{\sum_{j=1}^n x_j^N}\right)-\delta\right)-|x_i^A|\left(r\left(Z_C-\frac{G}{\sum_{j=1}^n |x_j^A|}\right)+\delta\right)\right. \\
& - \left.(\eta C_u+(1-\eta)\mu_C)\,x_i^N+(\eta C_d+(1-\eta)\mu_C)\,|x_i^A|\right\} \\
u.d.N. \quad & -x_{max}(n)\le x_i^A\le 0,\ x_{max}(n)\ge x_i^N\ge 0
\end{aligned}
$$

Die optimalen Kapazitäten, die die Market–Maker wählen, resultieren aus dem jeweiligen Optimierungsproblem eines einzelnen Market–Makers. Dabei wählt jeder Market–Maker seine gewinnmaximalen Kapazitäten, wenn die beste Antwort der anderen Market–Maker gegeben ist. Das bedeutet, daß jeder Market–Maker seine optimalen Kapazitäten unter Berücksichtigung, daß die anderen Market–Maker auch ihre gewinnmaximalen Kapazitäten bestimmen, wählt.[17]

Im weiteren werden die Bedingungen erster Ordnung abgeleitet. Zusätzlich werden Bedingungen angegeben, unter denen die innere Lösung gültig ist.
Indem die Gewinnfunktion des i–ten Market–Makers nach x_i^N und x_i^A abgeleitet wird, erhält man die zwei folgenden Bedingungen erster Ordnung, die für alle Market–Maker identisch sind:

$$
\frac{(1+\eta)\mu_C+\delta}{r} = G\frac{\sum_{j=1,j\neq i}^n x_j^N}{\left(\sum_{j=1}^n x_j^N\right)^2}, \quad i=1,\cdots,n \tag{5.54}
$$

$$
\frac{(1+\eta)\mu_C+\delta}{r} = G\frac{\sum_{j=1,j\neq i}^n |x_j^A|}{\left(\sum_{j=1}^n |x_j^A|\right)^2}, \quad i=1,\cdots,n \tag{5.55}
$$

Die Bedingungen erster Ordnung sind notwendig und hinreichend für ein globales Maximum, da die Gewinnfunktion des i–ten Market–Makers konkav ist.[18]

---

[16] Diese beiden Gleichungen erhält man, wenn man das Spiel auf der zweiten Stufe löst.

[17] Folglich stehen formal betrachtet die Kapazitäten der anderen Market–Maker im Optimierungsproblem des i–ten Market–Makers.

[18] Da die zweite Ableitung der Gewinnfunktion des i–ten Market–Makers auf dem ganzen Definitionsbereich negativ ist, ist die Gewinnfunktion des i–ten Market–Makers konkav. Somit ist ein lokales Maximum auch gleichzeitig ein globales Maximum.

Aus diesen beiden Bedingungen erster Ordnung folgt, daß ein symmetrisches Gleichgewicht existiert. Das bedeutet, daß alle Market–Maker die gleiche Höhe der Kapazitäten aufbauen.

$$x_i^N = x^N, \quad i = 1, \cdots, n \tag{5.56}$$

$$|x_i^A| = |x^A|, \quad i = 1, \cdots, n \tag{5.57}$$

Die absolute Höhe der Kapazitäten, die sie sowohl für die Nachfrage– als auch für die Angebotsseite aufbauen, ist gleich. Somit gilt sowohl für die Gesamtnachfrage als auch das Gesamtangebot an Calls folgendes:

$$X^N(\bar{A}_C) = \sum_{j=1}^{n} x_j^N = nx^N \tag{5.58}$$

$$|X^A(\bar{B}_C)| = \sum_{j=1}^{n} |x_j^A| = n|x^A| \tag{5.59}$$

Durch Umformen der Bedingungen erster Ordnung und aus den Gleichungen (5.58) und (5.59) erhält man die Höhe der Kapazitäten, die die Market–Maker aufbauen. Die Höhe beträgt

$$x^N = |x^A| = \frac{rG(n-1)}{n^2((1+\eta)\mu_C + \delta)}, \tag{5.60}$$

wobei $n \geq n_{krit}$, das noch im weiteren Verlauf dieses Kapitels hergeleitet wird.
Die Höhe der Kapazitäten weist folgende komparativ–statischen Eigenschaften auf:

- Sie nimmt zu, wenn die Erstausstattung an Geld G der Investoren zunimmt.
- Sie fällt, wenn der Anteil der Informierten wächst.
- Sie nimmt ab, wenn die Höhe der Grenzkosten δ zum Aufbau der Kapazitäten steigt.
- Sie ist fallend in der Anzahl der Market–Maker n.
- Sie steigt, wenn der Erwartungswert des Calls μ_C fällt. Daraus folgt, daß sie fallend im heutigen Aktienkurs S_0, in der Volatilität des Aktienkurses $(S_u - S_d)$ und im Zinssatz i ist.
- Sie ist unabhängig vom Grad der Verzerrung ϵ.

Werden x^N bzw. x^A in die Gleichungen $\bar{A}_C = \frac{G}{\sum_{j=1}^{n} x_j^N}$ bzw. $\bar{B}_C = Z_C - \frac{G}{\sum_{j=1}^{n} |x_j^A|}$ eingesetzt, folgt, daß die Gleichgewichtspreise wie folgt gegeben sind:

$$\bar{A}_C = \frac{G}{nx^N} = \frac{n((1+\eta)\mu_C + \delta)}{r(n-1)} \tag{5.61}$$

$$\bar{B}_C = Z_C - \frac{G}{n|x^A|} = \frac{(n-2)\mu_C - n(\eta\mu_C + \delta)}{r(n-1)} \tag{5.62}$$

Der Askpreis $\bar{A}_C$ ist monoton fallend und der Bidpreis $\bar{B}_C$ monoton steigend im Parameter n.

Die Höhe des zugehörigen Bid–Ask–Spreads beträgt:

$$\bar{A}_C - \bar{B}_C = 2\,\frac{(1+n\eta)\mu_C + n\delta}{r(n-1)} \tag{5.63}$$

Für die weitere Analyse wird der Parameter δ gleich Null gesetzt, um die Verbindung zwischen dem Fall eines monopolistischen Market–Makers und kompetitiven Market–Makern herzustellen.

Im folgenden wird die kritische Anzahl n_{krit} an Market–Makern berechnet, so daß die innere Lösung gültig ist. Dazu muß $\bar{A}_C \leq A_{C,1}^{krit}$ und $\bar{B}_C \geq B_{C,2}^{krit}$ sein. Aus $\bar{A}_C = A_{C,1}^{krit}$ bzw. $\bar{B}_C = B_{C,2}^{krit}$ ergibt sich die kritische Anzahl der Market–Maker n_{krit}:

$$n_{krit} = \frac{rS_0(1+2\epsilon)}{rS_0(2\epsilon-\eta) - (1+\eta)\epsilon(S_u - S_d)} \tag{5.64}$$

Wenn $\eta < \eta_{krit}$, dann ist der Nenner von n_{krit} positiv, so daß $n_{krit} > 0$. Für $\eta = \eta_{krit}$ ist der Nenner gleich Null, so daß n_{krit} gleich unendlich ist.

Aus der Gleichung (5.64) ist zu erkennen, daß die kritische Anzahl der Market–Maker n_{krit} steigend im Parameter η ist. Damit die Market–Maker die Preise so stellen, daß Handel stattfinden kann, muß η kleiner oder gleich η_{krit} sein. Im anderen Fall können die Market–Maker ihre Verluste aus Geschäften mit Informierten nicht abdecken. Wenn keine Informierten am Markt sind, dann ist n_{krit} gleich $\frac{rS_0(1+2\epsilon)}{\epsilon(2rS_0-(S_u-S_d))}$. Somit liegt die kritische Anzahl der Market–Maker n_{krit} in Abhängigkeit von η in folgendem Intervall

$$\left[\frac{rS_0(1+2\epsilon)}{\epsilon(2rS_0-(S_u-S_d))}, \infty\right). \tag{5.65}$$

Graphisch kann der Zusammenhang zwischen der Wahrscheinlichkeit η und der kritischen Anzahl der Market–Maker wie folgt dargestellt werden.

Abbildung 5.4. Die kritische Anzahl n_{krit} als Funktion von η

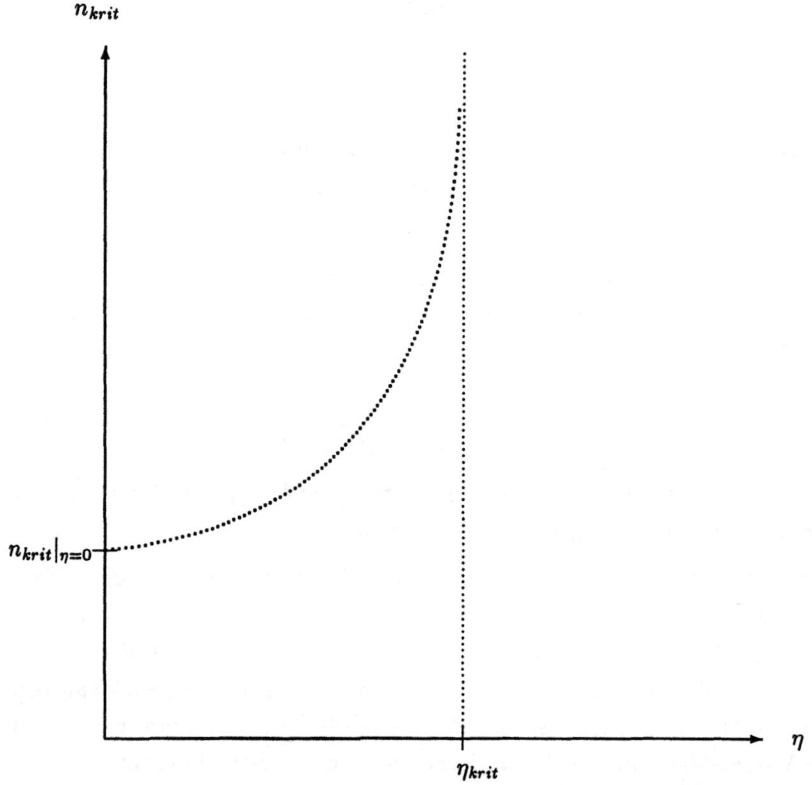

Die gepunktete Linie trennt den Bereich, in dem Handel auf dem Optionsmarkt stattfindet, von dem Bereich, in dem kein Handel auf dem Optionsmarkt stattfindet. Unterhalb der Kurve und links von der gepunkteten Geraden liegen die Monopolpreise. Oberhalb der Kurve und links von der gepunkteten Geraden liegen die Cournot–Preise.[19]

Es wird gezeigt, daß für $n < n_{krit}$ die Randlösung (Monopolpreise) Lösung des Optimierungsproblems des jeweiligen Market–Makers sind.
Angenommen, nur sehr wenige Market–Maker, d.h. eine Anzahl der Market–Maker die kleiner als n_{krit} ist, stellen die Gleichgewichtspreise so, daß sie eine innere Lösung des Maximierungsproblems vom Market–Maker darstellen, dann ist der Askpreis so hoch ($\bar{A}_C > A^{krit}_{C,1}$) und der Bidpreis so niedrig ($\bar{B}_C < B^{krit}_{C,2}$), daß die Optimisten und Pessimisten nicht mehr mit Calls handeln. In der Folge treffen die Market–Maker nur auf Informierte und realisieren erwartete Verluste. Somit sind $\bar{A}_C$ und $\bar{B}_C$ keine Gleichge-

[19] Die Gleichgewichtspreise, die sich als innere Lösung ergeben, werden für die weitere Analyse als Cournot–Preise bezeichnet.

wichtspreise, wenn $n < n_{krit}$. Ist n kleiner als n_{krit}, ergeben sich die Monopolpreise A_C^* und B_C^* als Gleichgewichtspreise.

Wenn die Anzahl der Market–Maker kleiner als n_{krit} für gegebenes $\eta \leq \eta_{krit}$ ist, sind die Gleichgewichtspreise gleich dem kritischen Askpreis des Optimisten und dem kritischen Bidpreis des Pessimisten:

$$A_C^* = \frac{\mu_{C,1} S_0}{\mu_{A,1}} \tag{5.66}$$

$$B_C^* = \frac{\mu_{C,2} S_0 + (r S_0 - \mu_{A,2}) Z_C}{2 r S_0 - \mu_{A,2}} \tag{5.67}$$

In diesem Fall beträgt die Höhe der Kapazitäten, die die Market–Maker aufbauen:

$$x^N = |x^A| = \frac{G(rS_0 + \epsilon(S_u - S_d))}{nS_0(\mu_C + \epsilon C_u)} \tag{5.68}$$

Der Bid–Ask–Spread ist durch $\frac{C_u}{r}\,\epsilon\,\frac{2rS_0 - (S_u - S_d)}{rS_0 + \epsilon(S_u - S_d)}$ gegeben.
Die Höhe der Kapazitäten besitzt folgende Charakteristika:

1. Sie ist steigend im Basispreis K_C und in der Erstausstattung an Geld G der Investoren.

2. Sie ist fallend in der Anzahl n der Market–Maker und in dem Grad der Verzerrung ϵ.
   Ferner fällt sie, wenn der Zinssatz i, der heutige Aktienkurs S_0 oder die Volatilität des Aktienkurses $(S_u - S_d)$ steigt. Der indirekte Effekt über den Erwartungswert des Calls μ_C ist negativ. Bei der Volatilität des Aktienkurses $(S_u - S_d)$ und dem Zinssatz i ist der direkte Effekt positiv. Hingegen ist der direkte Effekt des heutigen Aktienkurses S_0 negativ.

Es läßt sich eine kritische Wahrscheinlichkeit $\bar{\eta}_{krit}$ berechnen, bei der die Market–Maker die Monopolpreise stellen, da die Cournotpreise so ungünstig sind, daß die Uninformierten keinen Anreiz zum Handeln mit Calls haben. Die kritische Wahrscheinlichkeit $\bar{\eta}_{krit}$ folgt aus der Gleichung $A_{C,1}^{krit} = \bar{A}_C$ bzw. $B_{C,2}^{krit} = \bar{B}_C$. Die kritische Wahrscheinlichkeit ist für die Ask- und Bidseite gleich hoch. Ebenso folgt $\bar{\eta}_{krit}$ durch Auflösen von (5.64) nach η, da die kritische Wahrscheinlichkeit $\bar{\eta}_{krit}(n)$ die Umkehrfunktion von $n_{krit}(\eta)$ ist.
Es gilt:

$$\bar{\eta}_{krit} = \frac{n\epsilon(2rS_0 - (S_u - S_d)) - rS_0(1 + 2\epsilon)}{n(rS_0 + \epsilon(S_u - S_d))} \tag{5.69}$$

Im nächsten Abschnitt werden die hergeleiteten Eigenschaften des Gleichgewichts zusammengefaßt.

Wenn $0 \leq \eta \leq \eta_{krit}$, findet Handel statt. Wenn $\eta > \eta_{krit}$, wird kein Market–Maker die Preise so quotieren, daß Handel auf dem Optionsmarkt stattfindet; denn sie müßten den

Askpreis größer als den kritischen Askpreis $A_{C,1}^{krit}$ der Optimisten und kleiner als den kritischen Bidpreis $B_{C,2}^{krit}$ der Pessimisten quotieren können, um die Verluste aus Geschäften mit Informierten kompensieren zu können.
Im folgenden werden die funktionalen Formen des Gleichgewichtsspreads für Wahrscheinlichkeiten η ausführlicher diskutiert, die kleiner als oder gleich $\eta_{krit}(n)$ sind.
Es wurde gezeigt, daß die kritische Anzahl der Market–Maker n_{krit} im folgenden Intervall liegt:

$$\left[\frac{rS_0(1+2\epsilon)}{\epsilon(2rS_0-(S_u-S_d))},\infty\right). \tag{5.70}$$

Es existiert folglich eine kritische Wahrscheinlichkeit $\bar{\eta}_{krit}$, und sie liegt im Intervall

$$[0,\eta_{krit}]. \tag{5.71}$$

1. *Wenn $0 \leq \eta \leq \eta_{krit}$ gilt, findet Handel statt. Dazu wird n_{krit} als Funktion von η betrachtet.*
   Je nachdem wie groß die Anzahl der Market–Maker ist, quotieren die Market–Maker entweder die Monopolpreise oder sie stellen die Cournot–Preise und teilen die erwarteten Gewinne symmetrisch unter sich auf. Folglich existiert eine kritische Anzahl an Market–Makern n_{krit} mit $n_{krit} \geq n_{krit}(0) = \frac{rS_0(1+2\epsilon)}{\epsilon(2rS_0-(S_u-S_d))}$. Es gibt zwei Fallunterscheidungen:

   (a) *Wenn $n \leq n_{krit}(\eta)$ ist, quotieren die Market–Maker die Monopolpreise A_C^* und B_C^* und der dazugehörige Bid–Ask–Spread ist gegeben durch:*

   $$\frac{C_u}{r}\epsilon\frac{2rS_0-(S_u-S_d)}{rS_0+\epsilon(S_u-S_d)}=\frac{C_u}{r}\eta_{krit} \tag{5.72}$$

   (b) *Wenn $n \geq n_{krit}(\eta)$ ist, quotieren die Market–Maker die Cournot–Preise $\bar{A}_C$ und $\bar{B}_C$ und der zugehörige Bid–Ask–Spread ist wie folgt gegeben:*

   $$\frac{C_u}{r}\frac{(1+n\eta)}{(n-1)} \tag{5.73}$$

2. *Gilt $\eta > \eta_{krit}$ quotieren die Market–Maker unabhängig von der Anzahl der Market–Maker die Preise so, daß es zum Marktzusammenbruch auf dem Optionsmarkt kommt. Folglich liegen die Bid–Ask–Spreads im Gleichgewicht in dem folgenden Intervall*

   $$\left[\frac{S_dC_u}{r\,S_u},C_u\right]. \tag{5.74}$$

   Dieses Intervall ist identisch zu dem, das hergeleitet wurde, als der Fall des Marktzusammenbruchs für zu großes η unter einem monopolistischen Market–Maker und Bertrand–Wettbewerb diskutiert wurde.

Der Zusammenhang zwischen dem Anteil der Informierten und dem Bid–Ask–Spread wird für eine konstante Anzahl n der Market–Maker, die größer oder gleich $n_{krit}(0)$ ist, in der Abbildung 5.5 dargestellt. Zur besseren Übersicht wird nur der kleinstmögliche Spread, der notwendig ist, um den Marktzusammenbruch auf dem Optionsmarkt herbeizuführen, eingezeichnet. Es sei $A_C^C - B_C^C$ der bestimmte Spread eines kompetitiven Market–Makers. Die gepunktete Linie trennt den Bereich des Marktzusammenbruchs auf dem Optionsmarkt vom Bereich, in dem Handel auf dem Optionsmarkt stattfindet.

Abbildung 5.5. Bid–Ask–Spread in Abhängigkeit vom Anteil der Informierten

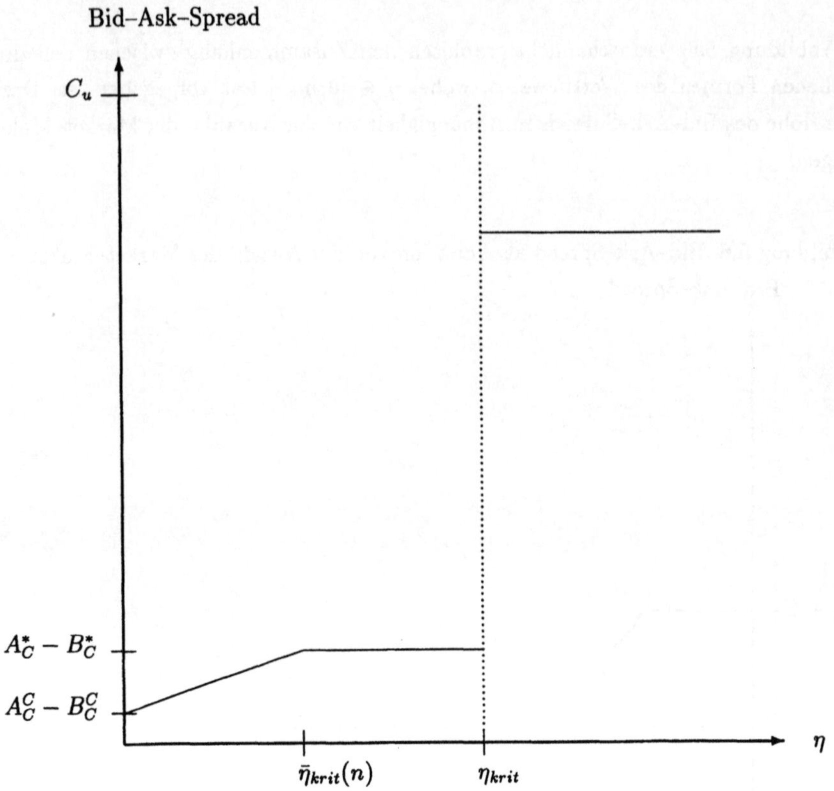

Falls keine Informierten am Markt sind, ist der Bid–Ask–Spread am kleinsten und positiv, wenn unvollkommener Wettbewerb herrscht. Solange die Wahrscheinlichkeit η kleiner oder gleich $\bar{\eta}_{krit}$ ist, ist die Höhe des Bid–Ask–Spreads linear steigend in η. Wenn η größer oder gleich $\bar{\eta}_{krit}$ ist, stellen die Market–Maker den Monopolspread, wobei ihre erwarteten Gewinne fallend im Anteil der Informierten sind, so lange bis sie erwartete Nullgewinne beim Handel erzielen. Ist η größer η_{krit}, stellen die Market–Maker prohibitive Preise, so daß selbst die Informierten sich besser stehen, wenn sie mit Aktien handeln. Die Folge ist, daß der Handel auf dem Optionsmarkt zusammenbricht.
Für die Extremfälle von n ergibt sich für $\eta \leq \eta_{krit}$ folgendes:

- $n = \infty$:
  Die Market–Maker stellen nur den Bertrand–Spread, der dem Cournot–Spread entspricht, da η_{krit} gleich $\bar{\eta}_{krit}$ ist. Graphisch gesehen bedeutet das, daß der horizontale Ast wegfällt und der steigende Ast im Nullpunkt anfängt. Man erhält die gleiche Abbildung, die unter vollkommenem Wettbewerb abgeleitet wurde.[20]

- $n = n_{krit}(0)$:
  Es wird nur der Monopolspread gestellt, da $\bar{\eta}_{krit}$ gleich Null ist. Das bedeutet, daß der steigende Ast wegfällt. Dies ist die gleiche Figur, die im Grundmodell beschrieben wurde, wenn der Anteil der Optimisten gleich dem Anteil der Pessimisten ist.[21]

Die Abbildung 5.6 veranschaulicht graphisch den Zusammenhang zwischen den drei besprochenen Formen des Wettbewerbs, wobei $\eta \in [0, \eta_{krit}]$ fest vorgegeben ist. Dazu wird die Höhe des Bid–Ask–Spreads in Abhängigkeit von der Anzahl n der Market–Maker abgetragen.

Abbildung 5.6. Bid–Ask–Spread als Funktion von der Anzahl der Market–Maker

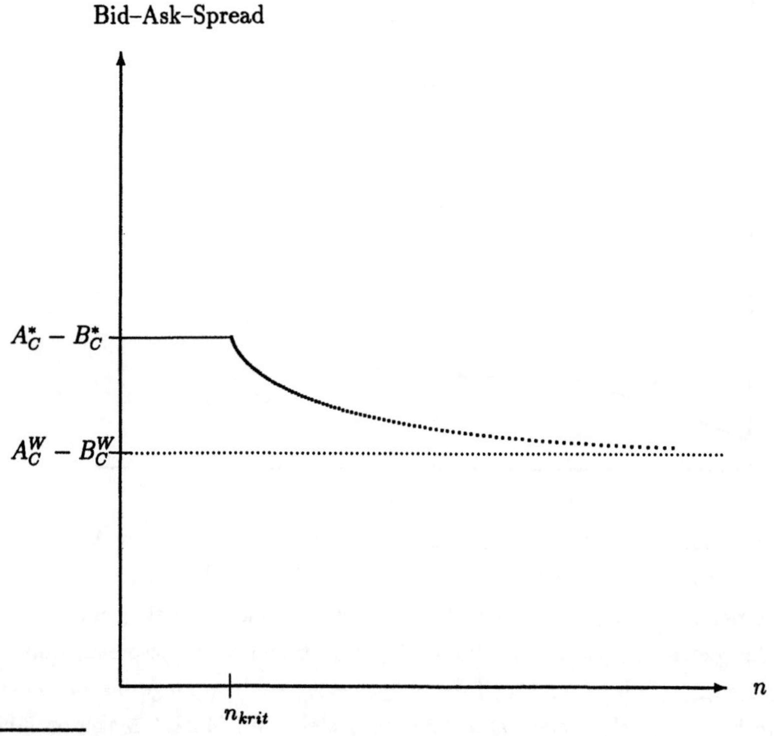

[20] Vgl. Abbildung 5.2 Kap. 5.1.

[21] Vgl. Kap. 3.4.

Die durchgezogene Linie repräsentiert den Bid–Ask–Spread eines monopolistischen Market–Makers. Die fallende Kurve stellt den Cournot–Spread dar. Die gepunktete Linie deutet den Grenzfall für n gegen unendlich an.
Beim Grenzübergang von n gegen die kritische Anzahl n_{krit} ergibt sich für den Spread:

$$\lim_{n \to n_{krit}(\eta)} 2\,\frac{(1+n\eta)\mu_C}{r(n-1)} = \frac{C_u}{r}\,\epsilon\,\frac{2rS_0 - (S_u - S_d)}{rS_0 + \epsilon(S_u - S_d)} \tag{5.75}$$

Das heißt, wenn n gegen n_{krit} konvergiert, erhält man wieder die funktionale Form des Bid–Ask–Spreads, die sich bei der Analyse eines monopolistischen Market–Makers ergibt.

Die Abbildung 5.6 verdeutlicht, daß die Höhe des Bid–Ask–Spreads unabhängig von der Anzahl der Market–Maker n ist, wenn n kleiner als n_{krit} ist. Ist die Anzahl n größer als n_{krit}, ist der Bid–Ask–Spread fallend in n. Er nähert sich für n gegen unendlich dem Bid–Ask–Spread an, der bei der Untersuchung des Bertrand–Wettbewerbs unter Market–Makern abgeleitet wurde. Beim Grenzübergang von n gegen unendlich ergibt sich für den Spread:

$$\lim_{n \to \infty} 2\,\frac{(1+n\eta)\mu_C}{r(n-1)} = \frac{\eta C_u}{r} \tag{5.76}$$

Somit bildet der Spread eines monopolistischen Market–Makers eine Untergrenze und der Spread eines kompetitiven Market–Makers eine Obergrenze des Cournot–Spreads.

Für die Extremfälle von η ergibt sich folgendes:

- $\eta = 0$
  Die kritische Anzahl n_{krit} wird kleiner und der Bid–Ask–Spread ist unter vollkommenem Wettbewerb gleich Null. Das bedeutet, daß graphisch betrachtet sich der fallende Ast asymptotisch der n–Achse nähert, wenn n gegen unendlich konvergiert.

- $\eta = \eta_{krit}$
  Unabhängig von der Anzahl der Market–Maker n ist der Bid–Ask–Spread konstant gleich $A_C^M - B_C^M$. Der fallende Ast der Kurve fällt folglich weg.

Auch Dennert (1993) hebt wie in der hier vorliegenden Arbeit die Annahme des vollkommenen Wettbewerbs unter Market–Makern auf und trifft komparativ–statische Aussagen über die Auswirkung der Anzahl der Market–Maker auf die Höhe des Bid–Ask–Spreads. Die Idee seines Modells besteht darin, daß risikoneutrale Informierte ohne Kapazitätsschranken mit jedem Market–Maker handeln möchten, der akzeptable Kurse für sie stellt. Daher wählen die Informierten für jeden Market–Maker die gewinnbringende Menge, wobei ihre Wahl unabhängig von den gestellten Preisen der übrigen Market–Maker ist. Folglich handeln mehr Informierte, wenn die Anzahl der Market–Maker zunimmt. Dadurch steigt das Risiko eines einzelnen Market–Makers, daß sein Vertragspartner ein Informierter ist. Somit stellt jeder Market–Maker höhere Bid–Ask–Spreads, um sich vor verstärktem Handel mit Informierten zu schützen. Im Unterschied zum Modell dieser Arbeit ist das

Problem der adversen Selektion eines Market–Makers endogen, da es von der Anzahl der Market–Maker abhängt. Der Unterschied in diesem Resultat mit dem Ergebnis des Modells dieser Arbeit liegt darin begründet, daß die Informierten keiner Budgetbeschränkung unterliegen, sondern ihre Nachfrage nur vom Preis des jeweiligen Market–Makers abhängt. Dennert (1993) zeigt auch, daß ein monopolistischer Market–Maker den Markt noch bedienen kann, wenn es mehrere Market–Maker nicht mehr können, unter der Voraussetzung, daß die Nachfrage der Uninformierten elastisch ist. Ist die Nachfrage der Uninformierten unelastisch, sind die Preise günstiger, wenn mehrere Market–Maker Kurse stellen.

5.2.3 Eigenschaften des Gleichgewichts

Im folgenden werden nur die komparativ–statischen Eigenschaften der Höhe des Bid–Ask–Spreads dargestellt, der sich ergibt, wenn genügend Market–Maker untereinander im Wettbewerb sind, d.h., daß eine innere Lösung für die Zielfunktion des Market–Makers existiert, und wenn η so klein ist, daß von Seiten der Market–Maker Handel stattfinden kann. Es ist allerdings zu beachten, daß sich die kritische Wahrscheinlichkeit $\bar{\eta}_{krit}(n)$ bei einer Variation der exogenen Größen ändern kann.[22] Ferner ergibt sich die gleiche kritische Wahrscheinlichkeit η_{krit}, für die gilt, daß der Optionsmarkt zusammenbricht, wenn η größer als η_{krit} ist. Diese kritische Wahrscheinlichkeit η_{krit} weist folglich die gleichen komparativ–statischen Eigenschaften auf, die im Grundmodell dargestellt wurden.
Die Gewinne eines Market–Makers setzen sich aus den erwarteten Gewinnen aus der Preisspanne abzüglich der Kosten der adversen Selektion zusammen, sofern η kleiner oder gleich η_{krit} ist. Die Gewinnfunktion eines Market–Makers im Gleichgewicht ergibt sich aus Einsetzen von (5.61) und (5.62) in (5.54) unter der Voraussetzung, daß $\delta = 0$:[23]

$$\begin{aligned} \Pi &= \frac{1}{2}r(\bar{A}_C - \bar{B}_C)x^N - \frac{1}{2}\eta C_u x^N \\ &= \frac{r\,G(1+n\eta)}{n^2(1+\eta)} - \frac{rG\eta(n-1)}{n^2(1+\eta)} \qquad (5.77) \\ &= \frac{r\,G}{n^2} > 0 \qquad (5.78) \end{aligned}$$

Der erste Term der Gleichung (5.77) stellt die erwarteten Gewinne aus der Preisspanne und der zweite die Kosten der adversen Selektion eines Market–Makers dar. Da der Term $\frac{1}{2}r(\bar{A}_C - \bar{B}_C)x^N$ abhängig vom Parameter η ist, entspricht dieser Term nicht den erwarteten Gewinnen bei symmetrischer Information im Gegensatz zum Monopolfall. Daher wird der Ausdruck $\frac{1}{2}r(\bar{A}_C - \bar{B}_C)x^N$ im folgenden als Gewinn aus der Preisspanne bezeichnet. Die erwarteten Gewinne aus der Preisspanne und die Kosten der adversen Selektion steigen, wenn der Anteil der Informierten am Markt zunimmt. Insgesamt betrachtet ist jedoch

[22] Diese Wahrscheinlichkeit steht nicht im Zusammenhang zur Gewinnfunktion eines Market–Makers, sondern nur zu dem kritischen Askpreis der Optimisten bzw. dem kritischen Bidpreis der Pessimisten.

[23] Da die Gewinnfunktion für alle Market–Maker identisch ist, wird im weiteren auf den Index i für den i–ten Market–Maker verzichtet.

der erwartete Gewinn jedes Market–Makers unabhängig vom Anteil der Informierten, da die Kosten der adversen Selektion und die erwarteten Gewinne aus der Preisspanne in gleichem Maße steigend in η sind.
Im Gegensatz zu einem monopolistischen Market–Maker erhöht ein oligopolistischer Market–Maker bei steigender Anzahl der Informierten den Bid–Ask–Spread stärker, so daß der erwartete Gewinn aus der Preisspanne die Zunahme der Kosten der adversen Selektion kompensiert und die gesamten erwarteten Gewinne eines oligopolistischen Market–Makers bei zunehmendem Anteil der Informierten gleich bleiben.

Bei der Überleitung von einer zur anderen Wettbewerbsform lassen sich für die Gewinne der Market–Maker folgende Resultate festhalten:

- Bei der Betrachtung des Einflusses der Anzahl der Market–Maker ergibt sich: Wenn die Anzahl der Market–Maker zunimmt, fallen die erwarteten Gewinne sowohl unter Cournot– als auch Monopolwettbewerb (gemeint ist die funktionale Form des Monopolwettbewerbs mit $n \leq n_{krit}(\eta)$), wobei sie unter Cournot–Wettbewerb stärker fallen. Wenn n gleich n_{krit} ist, sind die Gewinne in beiden Fällen identisch. Es ergibt sich durch Einsetzen von n_{krit} in die Gleichung (5.77) $\frac{rG}{n^2_{krit}(\eta)}$. Für n gegen unendlich ergibt sich für den Gewinn eines Market–Makers Null.

- Für $\bar{\eta}_{krit}$ ergibt sich für den Gewinn eines Market–Makers $\frac{rG}{n^2}$, das durch Einsetzen in die Gleichung (5.77) folgt.

Volatilität des Aktienkurses

Die Höhe des Bid–Ask–Spreads ist steigend in der Volatilität des Aktienkurses $(S_u - S_d)$. Dabei ist der direkte Effekt Null und der indirekte Effekt über den Erwartungswert des Calls μ_C positiv. Die kritische Wahrscheinlichkeit $\bar{\eta}_{krit}(n)$ ist analog zur Betrachtung eines monopolistischen Market–Makers fallend in der Volatilität des Aktienkurses $(S_u - S_d)$. Sowohl die erwarteten Gewinne aus der Preisspanne als auch die Kosten der adversen Selektion sind unabhängig von der Volatilität des Aktienkurses $(S_u - S_d)$. Daraus folgt, daß die erwarteten Gewinne jedes einzelnen Market–Makers nicht auf eine Veränderung der Volatilität des Aktienkurses $(S_u - S_d)$ reagieren. Der Grund liegt darin, daß der Spread und die Stückkosten der adversen Selektion zunehmen, aber das Handelsvolumen x^N eines einzelnen Market–Makers im gleichen Maße abnimmt, so daß sich beide Effekte gerade aufheben.
Die kritische Anzahl der Market–Maker $n_{krit}(\eta)$ nimmt zu, wenn die Volatilität des Aktienkurses $(S_u - S_d)$ erhöht wird.

Heutiger Aktienkurs

Der Bid–Ask–Spread steigt im heutigen Aktienkurs S_0, da der direkte Effekt gleich Null und der indirekte Effekt über den Erwartungswert des Calls μ_C positiv ist. Die kritische Wahrscheinlichkeit $\bar{\eta}_{krit}(n)$ nimmt zu, wenn der heutige Aktienkurs S_0 wächst.

Dagegen sind sowohl die erwarteten Gewinne aus der Preisspanne als auch die Kosten der adversen Selektion und somit auch die erwarteten Gewinne eines Market–Makers unabhängig vom heutigen Aktienkurs S_0. Wenn der heutige Aktienkurs S_0 steigt, sinkt die kritischen Anzahl der Market–Maker $n_{krit}(\eta)$.

Basispreis des Calls

Der Bid–Ask–Spread fällt, wenn der Basispreis des Calls K_C steigt, da der Erwartungswert des Calls μ_C sinkt. Sowohl die kritische Wahrscheinlichkeit $\bar{\eta}_{krit}(n)$ als auch die erwarteten Gewinne aus der Preisspanne und die Kosten der adversen Selektion sind unabhängig vom Basispreis K_C. Ebenso übt der Basispreis des Calls K_C keinen Einfluß auf die kritische Anzahl der Market–Maker $n_{krit}(\eta)$ aus.

Zinssatz

Der direkte Effekt ist bei einer Erhöhung des Zinssatzes i aufgrund des Diskontierungseffektes negativ. Im Gegensatz zum direkten Effekt ist der indirekte Effekt über den Erwartungswert des Calls μ_C positiv. Da der indirekte Effekt überwiegt, nimmt der Spread im Zinssatz i zu. Sowohl die erwarteten Gewinne aus der Preisspanne als auch die Kosten der adversen Selektion sind wachsend im Zinssatz i. Da die erwarteten Gewinne aus der Preisspanne stärker als die Kosten der adversen Selektion bei wachsendem Zinssatz i zunehmen, steigen die erwarteten Gewinne jedes Market–Makers. Die kritische Wahrscheinlichkeit $\bar{\eta}_{krit}(n)$ ist steigend und die kritische Anzahl der Market–Maker $n_{krit}(\eta)$ fallend im Zinssatz i.

Grad der Verzerrung

Sowohl die Höhe des Bid–Ask–Spreads als auch die erwarteten Gewinne aus der Preisspanne sowie die Kosten der adversen Selektion reagieren nicht auf eine Veränderung vom Grad der Verzerrung ϵ. Die kritische Wahrscheinlichkeit $\bar{\eta}_{krit}(n)$ ist steigend in ϵ. Wenn der Grad der Verzerrung der Uninformierten ϵ zunimmt, sinkt die kritische Anzahl an Market–Makern $n_{krit}(\eta)$.

Anzahl der Market–Maker

Wenn die Anzahl n der Market–Maker, die untereinander im Wettbewerb stehen, zunimmt, fällt der Bid–Ask–Spread. Die erwarteten Gewinne aus der Preisspanne und die Kosten der adversen Selektion sind fallend in der Anzahl der Market–Maker. Insgesamt nehmen die erwarteten Gewinne jedes Market–Makers ab, da die erwarteten Gewinne aus der Preisspanne stärker als die Kosten der adversen Selektion fallen. Das bedeutet, daß insgesamt die erwarteten Gewinne eines einzelnen Market–Makers bei zunehmender Anzahl von Market–Makern abnehmen, da sich mehr Market–Maker die Gewinne, die insgesamt am Markt erzielt werden, untereinander aufteilen müssen. Die kritische Wahrscheinlichkeit $\bar{\eta}_{krit}$ ist steigend in n, da mehr Market–Maker die Verluste, die sie aus Geschäften mit Informierten erleiden, unter sich aufteilen können. Somit können sie mehr Informierte am Markt verkraften, ohne selbst dabei schon Verluste erleiden zu müssen.
Solange unvollkommener Wettbewerb unter den Market–Makern herrscht, erzielen die

Market–Maker positive erwartete Gewinne, wenn η genügend klein ist, so daß überhaupt Handel stattfindet. Wenn der Wettbewerb vollkommen ist, erzielen die Market–Maker erwartete Nullgewinne.

5.3 Zusammenfassung der Resultate

Im folgenden werden die komparativ–statischen Eigenschaften des Gleichgewichts der drei Wettbewerbsformen (Monopol, Cournot, Bertrand) miteinander verglichen, wobei unterstellt wird, daß η so klein ist, daß Handel auf dem Optionsmarkt stattfindet.
Zuerst werden die komparativ–statischen Eigenschaften der Bid–Ask–Spreads des Calls miteinander verglichen. Die Eigenschaften der kritischen Wahrscheinlichkeit η_{krit} werden kurz zusammengefaßt. Im Anschluß daran werden die Gewinnfunktionen eines Market–Makers besprochen.

Alle Spreads sind steigend in der Volatilität des Underlyings, im heutigen Aktienkurs und im Zinssatz. Unter oligopolistischem Wettbewerb und vollkommenem Wettbewerb sind nur die indirekten Effekte positiv. Unter einem monopolistischen Market–Maker sind die indirekten Effekte auch positiv, dagegen ist der direkte Effekt der Volatilität des Aktienkurses negativ aufgrund der Substitutionsbeziehung der Uninformierten zu Aktien. Der direkte Effekt vom heutigen Aktienkurs ist auch positiv, da die Menge an Aktien, die die Investoren handeln können, fallend im heutigen Aktienkurs ist. Der direkte Effekt des Zinssatzes ist negativ aufgrund des Diskontierungseffektes.
Die Bid–Ask–Spreads sind fallend im Basispreis des Calls, da der Erwartungswert des Calls bei steigendem Basispreis abnimmt.
Nur der Bid–Ask–Spread im Monopolfall ist steigend im Grad der Verzerrung der Uninformierten ϵ, da der Grad der Verzerrung das Investitionsverhalten der Uninformierten beeinflußt. Die anderen beiden funktionalen Formen des Bid–Ask–Spreads sind unabhängig vom Grad der Verzerrung.

Der Anteil der Informierten, der zulässig ist, so daß die Market–Maker noch erwartete nicht–negative Gewinne realisieren können, ist für alle Wettbewerbsformen identisch.
Er ist steigend im heutigen Aktienkurs und im Grad der Verzerrung der Uninformierten. Er fällt, wenn die Volatilität des Aktienkurses zunimmt oder der Zinssatz abnimmt, und ist unabhängig vom Basispreis der Aktie. Ebenso hat die Anzahl der Market–Maker im Gegensatz zu Glosten (1989) keinen Einfluß darauf.

Solange der Wettbewerb unvollkommen ist, sind die erwarteten Gewinne aus der Preisspanne größer als die Kosten der adversen Selektion, so daß die erwarteten Gewinne eines einzelnen Market–Makers positiv sind. Unter vollkommenem Wettbewerb sind die erwarteten Gewinne aus der Preisspanne gleich den Kosten der adversen Selektion, das bedingt, daß die Market–Maker erwartete Nullgewinne erzielen.

Die Gewinne im Cournot– und Monopolfall sowie die Kosten der adversen Selektion im Bertrand–Fall sind steigend im Zinssatz aufgrund der Wiederanlagemöglichkeit zu einem höheren Zinssatz. Sie sind unabhängig vom Basispreis des Calls. Zusätzlich ist der Gewinn eines monopolistischen Market–Makers steigend im heutigen Aktienkurs und im Grad der Verzerrung der Uninformierten und sinkend in der Volatilität des Aktienkurses, da in den ersten beiden Fällen die erwarteten Gewinne aus der Preisspanne zunehmen und die Kosten der adversen Selektion abnehmen. Im letzten Fall steigen die Kosten der adversen Selektion und die erwarteten Gewinne aus der Preisspanne sinken.
Die Gewinne eines einzelnen Market–Makers sind fallend in der Anzahl der Market–Maker und dem Anteil der Informierten, solange die funktionale Form des Monopols gültig ist. Falls die funktionale Form des Cournot–Wettbewerbs (d.h. innere Lösung) gilt, sind die Gewinne nur fallend in der Anzahl der Market–Maker und unabhängig vom Anteil der Informierten. Unter Bertrand–Wettbewerb sind die Gewinne der Market–Maker gleich Null. Die erwarteten Gewinne des Market–Makers im Monopolfall sinken, wenn der Anteil der Informierten erhöht wird, da nur die Kosten der adversen Selektion steigend im Anteil der Informierten sind. Dagegen sind die erwarteten Gewinne eines Market–Makers im Cournot–Fall vom Anteil der Informierten unabhängig, da der Bid–Ask–Spread jeweils so erhöht wird, daß insgesamt betrachtet die erwarteten Gewinne auf einer Höhe bleiben.

Zusammenfassend läßt sich sagen, daß die qualitativen komparativ–statischen Resultate der Einflußfaktoren auf die Höhe des Bid–Ask–Spreads unabhängig von der Wettbewerbsform sind. Eine Ausnahme bildet der Grad der Verzerrung der Uninformierten, der nur einen Anstieg der Höhe des Bid–Ask–Spreads im Monopolfall bewirkt und sonst keinen Einfluß auf die Höhe des Spreads ausübt.

6 Empirische Untersuchung

In den Kapiteln 3, 4 und 5 wurde der Bid–Ask–Spread einer Aktienoption aus einem spieltheoretischen Modell abgeleitet, in dem unterschiedliche Wettbewerbssituationen unter Market–Makern betrachtet werden.
Es wurde gezeigt, daß die qualitativen Ergebnisse der komparativen Statik mit Ausnahme des Einflusses des Grades der Verzerrung der Uninformierten nicht von der Wettbewerbsform abhängig sind. Basierend auf den qualitativen Ergebnissen der komparativen Statik des Spreads werden testbare Hypothesen formuliert. Ferner wird begründet, warum modellnähere Tests nicht möglich sind. Daran schließt sich eine Beschreibung der für die Untersuchung notwendigen Daten an. Die zu testenden Hypothesen werden in einem ökonometrischen Modell formuliert und die Ergebnisse aus der Regressionsanalyse präsentiert. Am Schluß werden die wichtigsten Resultate zusammengefaßt.

6.1 Formulierung von Hypothesen

Im folgenden werden zuerst mehrere Gründe aufgezeigt, warum eine direkte Überprüfung der funktionalen Form der Spreads nicht möglich ist. Im Anschluß daran wird erläutert, welche Aussagen des Modells empirisch sinnvoll überprüft werden können.
Die Gründe, warum eine explizite Überprüfung des Modells nicht möglich ist, sind folgende:

- Mit Hilfe der verfügbaren Daten von DTB–Aktienoptionen können aus den besten Bid– und billigsten Askpreisen Bid–Ask–Spreads berechnet werden. Nur der Marktspread ist beobachtbar und nicht der Spread eines einzelnen Market–Makers. An der DTB stellen nicht nur Market–Maker Quotes, sondern auch andere Börsenteilnehmer können Ask– oder Bidpreise stellen. Folglich setzt sich der Marktspread nicht unbedingt aus Quotes von Market–Makern zusammen.
  Vielmehr besteht die Möglichkeit, daß beide Quotes eines Marktspreads von einem Marktteilnehmer ohne Market–Maker–Status gestellt werden. Der Einfluß der Nicht–Market–Maker wird jedoch durch den hohen Marktanteil der Market–Maker in den ausgewählten Optionen relativiert.[1]

[1] Der Marktanteil der Market–Maker beträgt von Juni '94 – bis Mai '95 67,7 % bei den vier untersuchten Werten beträgt. Im einzelnen beträgt der prozentuale Anteil: BMW 51,9 %, Daimler Benz 65,2 %, Deutsche Bank 71,9

- Die funktionale Form des Bid–Ask–Spreads ist davon abhängig, ob Handel stattfindet oder nicht. Ob Handel stattfindet, ist im Modell davon abhängig, wie hoch der Anteil der informierten Marktteilnehmer am Markt ist. Ist der Anteil niedrig, werden Quotes so gestellt, daß Handel stattfindet. Sind zu viele Informierte am Markt, ist der Bid–Ask–Spread so hoch, daß niemand mehr bereit ist zu handeln.
  Werden die Daten zu den Aktienoptionen betrachtet, kann beobachtet werden, daß häufig Quotes gestellt werden, zu denen keine Transaktionen stattfinden. Die den Quotes zugehörigen Bid–Ask–Spreads, zu denen kein Handel stattfindet, sind in der Regel nicht so hoch, als daß zu erkennen wäre, daß sie nur gestellt wurden, um Informierte vom Markt zu verdrängen. Daraus läßt sich schließen, daß noch andere Gründe[2] dafür existieren, daß kein Handel stattfindet, die innerhalb des theoretischen Modellrahmens keine Berücksichtigung gefunden haben.

- Die funktionale Form des Bid–Ask–Spreads beruht auf speziellen Annahmen:

  - Zweipunktverteilung der Aktienkurse
  - Informierte kennen die Realisation des Aktienkurses am Ende der Periode.
  - Die Höhe der Sicherheitsleistung für Leerverkäufe von Calls beträgt:

  $$Z_C = \frac{C_u}{r} = \frac{1/2(S_u - S_d) + (\mu_A - K)}{r} \tag{6.1}$$

  Das bedeutet, daß die Höhe der Sicherheitsleistungen von der abgezinsten Volatilität des Aktienkurses sowie der Differenz des Erwartungswertes des Aktienkurses und des Basispreises des Calls abhängt.

  Würde die funktionale Form des Bid–Ask–Spreads direkt getestet, würden die oben genannten Annahmen implizit mitgetestet, was nicht sinnvoll ist.

- Der Parameter ϵ in der Spreadformel im monopolistischen Fall im Gleichgewicht ist nicht schätzbar.

Da ein Test auf die funktionale Form des Bid–Ask–Spreads aus den eben dargestellten Gründen nicht möglich ist, werden qualitative Hypothesen formuliert, die aus dem theoretischen Modell folgen.
Die folgenden exogenen Einflußgrößen bestimmen die Höhe des Bid–Ask–Spreads:

1. Volatilität des Aktienkurses $(S_u - S_d)$[3]

2. heutiger Aktienkurs S_0

% und Dresdner Bank 42,8 %. Diese Zahlen wurden aus DTB–Statistiken berechnet, worauf noch näher im Verlauf dieses Kapitels eingegangen wird.

[2] Z.B., wenn ein Market–Maker ein *Quote–Request* beantworten muß und im Moment nicht handeln möchte.

[3] Diese Größe ist nur in Ersatzform beobachtbar.

3. Zinssatz i

4. Basispreis des Calls K_C

5. Grad der Verzerrung der Uninformierten ϵ (nur im Monopolfall)

Wird die Wirkungsweise der exogenen Einflußfaktoren komparativ–statisch untersucht, lassen sich folgende empirisch testbare Hypothesen für den Call ableiten:

1. Steigt die Volatilität des Aktienkurses, nimmt der Bid–Ask–Spread zu.

2. Mit steigendem heutigen Aktienkurs wächst der Bid–Ask–Spread.

3. Je höher der Zinssatz ist, desto größer wird der Bid–Ask–Spread.

4. Mit zunehmendem Basispreis nimmt die Höhe des Spreads ab.

5. Je größer der Grad der Verzerrung der Uninformierten ist, desto höher ist der Bid–Ask–Spread. (nur im Monopolfall)

Da nur die ersten vier Variablen beobachtbar sind, bzw. aus beobachtbaren Variablen geschätzt werden können, kann allein ihr Einfluß auf den Bid–Ask–Spread getestet werden. Da zu wenig unterschiedliche Basispreise pro Optionsserie in der jeweiligen Stichprobe[4] sind, beschränkt sich die weitere Analyse auf den Test der ersten drei formulierten Hypothesen. In der empirischen Untersuchung in Abschnitt 6.4 werden zu den ersten drei Hypothesen die Alternativhypothesen formuliert. Es wird getestet, ob diese jeweils auf dem gewählten Signifikanzniveau abgelehnt werden.
Ein weiteres Problem stellt der Test des Einflusses des Aktienkurses auf den Spread dar. Es ist davon auszugehen, daß der Aktienkurs ein nichtstationärer Prozeß ist. Wenn der Spread ein stationärer Prozeß ist, kann der Einfluß des Aktienkurses auf die Höhe des Spreads nicht mit den gegebenen Daten getestet werden. Im Laufe dieses Kapitels wird noch näher auf diesen Aspekt eingegangen.

6.2 Empirische Studien zu Bid–Ask–Spreads von Aktienoptionen

Lüdecke und Schlag (1992) führen eine *Intraday*-Analyse der Bid–Ask–Spreads im Optionssegment der DTB für den Zeitraum vom 26.1.–25.10.1990 durch. Sie formulieren ad–hoc Hypothesen über die Wirkung potentieller Einflußfaktoren auf die Höhe des prozentualen Bid–Ask–Spreads (Spread dividiert durch den Mittelwert aus dem Ask– und

[4] Nach welchen Kriterium die Stichprobe für die Tests bestimmt wird, wird noch in Abschnitt 6.4 dargestellt.

Bidpreis) und überprüfen diese mittels linearer Regression. Ihre erste Vermutung besagt, daß der prozentuale Spread fällt, wenn die Handelsaktivität (gemessen an der Anzahl der Geschäftsabschlüsse), das Transaktionsvolumen (gemessen an der Anzahl der Kontrakte pro Transaktion) und der Transaktionspreis (mittlerer Transaktionpreis) zunehmen. Die zweite Hypothese beinhaltet, daß der relative Spread wächst, wenn das Risiko zunimmt. Zudem testen sie, ob der relative Spread steigt, wenn der Insiderhandel (gemessen an ungewöhnlich hohen Transaktionsvolumina) zunimmt. Die zu den eben formulierten Hypothesen lautenden Gegenhypothesen werden auf einem Signifikanzniveau von 1 % abgelehnt. Weiterhin stellen sie fest, daß der relative Spread innerhalb eines Tages einen W-förmigen Verlauf in Abhängigkeit von der Zeit aufweist.

George und Longstaff (1993) untersuchen den S & P 100 Index–Optionsmarkt im Jahr 1989. Sie teilen die Optionen in verschiedene Klassen nach den Kriterien Restlaufzeit (in Tagen) und Differenz aus dem Ausübungspreis und dem Wert des Index (in \$) (Basispreis–Kategorie, d.h. Option heute weit im Geld, im Geld, am Geld, aus dem Geld, weit aus dem Geld) ein. Der Spread von Calls und Puts steigt, wenn die Restlaufzeit zunimmt. Der Spread der Option ist umso größer, je weiter die Option im Geld ist. George und Longstaff (1993) formulieren ein simultanes Gleichungssystem, in dem sie auf der einen Seite den Spread als zu erklärende Variable betrachten, und die Restlaufzeit (in Tagen), den Optionspreis (in \$), das Risiko der Option (Optionsdelta aus Black–Scholes zum Quadrat), die Liquidität der Option (durchschnittliche Zeit zwischen zwei Transaktionen gemessen durch die Gesamtzahl an Minuten während eines Handelstages (405) dividiert durch die Anzahl an Transaktionen an diesem Tag) und einen Indikator, ob der Optionspreis mindestens \$ 3 beträgt (*tick–size*), als exogene Variablen. Die durchschnittliche Zeit zwischen zwei Transaktionen stellt eine Determinante des Bestandsrisikos dar. Auf der anderen Seite betrachten sie die Liquidität der Option in Abhängigkeit vom Spread, von der Restlaufzeit (einfach und zum Quadrat) und von der quadrierten Differenz zwischen dem S & P–Index und dem Basispreis der Option.
Die geschätzten Parameter für den Einfluß der *tick–size*-Bedingung, des Optionspreises, des Maßes für Liquidität sind positiv und signifikant. Die Parameter für die Restlaufzeit und für das Maß des Risikos der Option sind negativ und signifikant. Das Ergebnis, daß der Spread sinkt, wenn das Optionsdelta steigt, ist inkonsistent mit der Hypothese, daß größere Optionsdelta ein höheres Bestandsrisiko bedeuten.[5]

[5] Eine Erklärung für dieses Resultat liefern George und Longstaff (1993) nicht. Sie können nur aufgrund einer zusätzlichen Untersuchung aussagen, daß dieses Ergebnis nicht auf den Optionspreiselastizitäten des Aktienkurses beruht.

6.3 Datenbeschreibung

Im folgenden wird ein Überblick über die DTB–Aktienoptionen gegeben und die Auswahl der zu untersuchenden Aktienoptionen begründet.
Die Aktienoptionen der DTB sind amerikanische Optionen. Eine DTB–Aktienoption berechtigt zum Bezug von 50 Aktien des zugehörigen Underlyings, wenn der Nennwert der Aktie 50 DM beträgt. Bei Aktien mit 5 DM–Nennwert bezieht sich ein Kontrakt auf 500 Aktien. Eine Ausnahme bildet die Option auf die Allianz–Aktie, bei der ein Kontrakt 5 Aktien umfaßt. Die Höhe der Preisabstufungen für Optionspreise beträgt 0,10 DM für Aktien mit 50 DM Nennwert und 0,01 DM mit 5 DM Nennwert. Für jede Option stehen fünf Verfallmonate[6] (Laufzeit 1, 2, 3, maximal 6 und maximal 9 Monate) und mindestens drei Serien mit je einem Ausübungspreis *in–the–money*, *at–the–money* und *out–of–the – money* für den Handel zur Verfügung. Die Basispreisabstufungen sind in der Tabelle 6.1 wiedergegeben:[7]

Tabelle 6.1. Basispreisabstufungen der DTB–Aktienoptionen

Aktienkurs [DM]	Basispreisintervall [DM]
1 - 100	5
101 - 200	10
201 - 500	20
501 - 1000	50
> 1000	100

Derzeit werden an der DTB Optionen auf 20 Standardaktien gehandelt, die nach Branchenzugehörigkeit klassifiziert werden. Die nachstehende Tabelle gibt eine Übersicht über die Underlyings der Aktienoptionen an der DTB. Die eingeführten Kürzel werden in der weiteren Analyse verwandt.

---

[6] Dies sind die drei nächstfolgenden Monate und die zwei nächstfolgenden Quartalsmonate März, Juni, September und Dezember.

[7] Wenn der Nennwert der zugrundeliegenden Aktie 5 DM beträgt, sind die Basispreisabstufungen und die Aktienkurse um ein Zehntel kleiner, als wenn der Nennwert 50 DM beträgt.

Tabelle 6.2. Übersicht der Aktien

Branche	Aktie	Wertpapier-kürzel
Automobile:	BMW	BMW
	Daimler Benz	DAI
	Volkswagen	VOW
Banken:	Bayerische Hypotheken- und Wechselbank[b]	BHW
	Bayerische Vereinsbank[c]	BVM
	Commerzbank	CBK
	Deutsche Bank	DBK
	Dresdner Bank	DRB
Chemie:	BASF	BAS
	Bayer	BAY
	Hoechst	HFA
Elektro:	Siemens	SIE
Stahl/ Maschinenbau:	Mannesmann	MMW
	Thyssen	THY
	Preussag[c]	PRS
Verkehr:	Lufthansa[c]	LHA
Versicherungen:	Allianz-Holding	ALV
Versorgung:	RWE[a]	RWE
	Veba	VEB
	Viag[c]	VIA

[a]seit 24.9.90, [b]seit 24.1.94, [c]seit 23.1.95
Quelle: DTB-Dialog 1/95

Da im theoretischen Modell der Einfluß der Anzahl der Market-Maker auf die Spreadhöhe untersucht wurde, wird in der nachstehenden Tabelle ein Überblick über die Anzahl der Market-Maker pro Aktienoption gegeben. Dabei bedeutet ein Strich, daß die Aktienoption zu diesem Zeitpunkt noch nicht gehandelt wurde.

Tabelle 6.3. Anzahl der Market–Maker pro Aktienoption

Wertpapier-kürzel	Anzahl der Market–Maker 1992[a]	6/95	12/95
BMW	4	7	10
DAI	20	26	31
VOW	21	29	33
BHW	–	7	9
BVM	–	5	7
CBK	8	15	17
DBK	16	30	33
DRB	4	6	9
BAS	10	13	17
BAY	10	20	23
HFA	7	10	10
SIE	26	31	35
MMW	6	13	16
THY	11	15	16
PRS	–	6	7
LHA	–	8	8
ALV	3	9	10
RWE	7	8	10
VEB	8	14	13
VIA	–	4	6

Quelle: Eigene Berechnungen nach DTB–Statistiken (1995); [a]Vgl. Daube (1993), S. 224, zu der Anzahl der Market–Maker im Jahr 1992.

Im Vergleich zu den Aktienoptionen sind in der DAX–Option mehr Market–Maker tätig. 1992 waren es 31 Market–Maker, im Juni 1995 50 und im Dezember 1995 49 Market–Maker. Betrachtet man die Anzahl der Market–Maker in den drei verschiedenen Zeiträumen, nimmt die Anzahl der Market–Maker tendenziell zu. Zur Zeit (1.2.1996) sind 139 Teilnehmer zum Börsenhandel an der DTB zugelassen.[8] Im Juni 1995 hatten 58 Börsenteilnehmer[9] eine Market–Maker–Lizenz und im Dezember 1995 59 Börsenteilnehmer.

In der Tabelle 6.4 wird eine Übersicht über die Anzahl der gehandelten Kontrakte aller Aktienoptionen inklusive einer Übersicht über den absoluten und relativen Marktanteil

[8] Vgl. DTB Reporter Februar '96.

[9] Nach §13 ist ein Börsenteilnehmer ein Unternehmen, das zum Terminhandel zugelassen ist. Meistens sind Kreditinstitute und Wertpapierhäuser Börsenteilnehmer.

der Konten[10] im Zeitraum von Januar 1994 bis einschließlich Juni 1995 gegeben.[11] Diese wurden aus Monatsstatistiken der DTB ermittelt.

Im DTB–System werden für jeden Börsenteilnehmer ein Kundenpositionskonto[12] (A1) (*Agent*), zwei Eigenpositionskonten[13] (P1, P2) (*Principal*) und zwei Market–Maker–Positionskonten[14] (M1, M2) geführt. Market–Maker–Konten sind Börsenteilnehmern mit Market–Maker–Status vorbehalten. Börsenteilnehmer, die für ein oder mehrere Produkte als Market–Maker zugelassen sind, müssen auf Anfrage Quotes für beide Marktseiten stellen. Ein Market–Maker sollte mindestens 50 % der durchschnittlich an einem Börsentag gestellten *Quote–Request* beantworten. Maximal 150 Quote–Anfragen werden während eines Handelstages berücksichtigt. Falls ein Quote bereits gestellt wurde, gilt ein *Quote–Request* als beantwortet.[15] [16]

[10] In einem Positionskonto wird die Abwicklung der Geschäfte buchungstechnisch erfaßt.

[11] Die Anzahl der gehandelten Kontrakte wird einfach gezählt, so daß in den einzelnen Kontenklassen auch halbe Kontrakte stehen können.

[12] Im Kundenpositionskonto werden nur die von einem Börsenteilnehmer im Auftrag eines Kunden abgeschlossenen Geschäfte erfaßt und gebucht.

[13] Im Eigenpositionskonto werden nur die Geschäfte für eigene Rechnung eines Börsenteilnehmers erfaßt.

[14] Die Geschäfte, die aufgrund eingegebener Quotes von Market–Makern zustande kommen, werden in Market–Maker Positionskonten erfaßt und gebucht.

[15] Vgl. DTB Reporter Juni '95.

[16] Vgl. Keller et al. (1992), S 4–7.

Tabelle 6.4. Absolute und relative Marktanteile der Konten

Kürzel	Market-Maker	%	Kunden-geschäft	%	Eigen-geschäft	%	Gesamt-menge
BMW	95710,5	50,7	57919,0	30,7	35138,5	18,6	188768
DAI	1055962,5	64,7	445127,5	27,2	131748,0	8,1	1632838
VOW	1608220,5	66,8	685238,0	28,5	113386,5	4,7	2406845
BHW	126634,0	67,8	34983,5	18,7	25214,5	13,5	186832
BVM	20628,0	55,4	10617,0	28,5	5988,0	16,1	37233
CBK	428933,5	56,6	235605,5	31,1	93146,0	12,3	757685
DBK	1956655,5	70,8	637596,0	23,0	170449,5	6,2	2764701
DRB	126041,5	45,5	97783,5	35,2	53636,0	19,3	277461
BAS	382166,5	55,7	226700,0	33,0	77229,5	11,3	686096
BAY	473196,5	59,8	222550,5	28,1	95703,0	12,1	791450
HFA	217472,0	57,3	120328,0	31,7	41723,0	11,0	379523
SIE	1378815,0	64,6	586654,5	27,5	168589,5	7,9	2134059
MMW	231130,5	53,1	151190,0	34,7	52959,5	12,2	435280
THY	425464,5	61,6	211790,0	30,7	53435,5	7,7	690690
PRS	6563,0	35,2	6835,0	36,7	5226,0	28,1	18624
LHA	14266,0	56,1	7684,5	30,2	3483,5	13,7	25434
ALV	162417,0	45,8	103809,5	29,2	88801,5	25,0	355028
RWE	145594,5	53,5	66278,0	24,3	60376,5	22,2	272249
VEB	291903,5	61,5	136360,0	28,8	46076,5	9,7	474340
VIA	6734,5	39,7	5916,0	34,9	4300,5	25,4	16951
Summe	9154509,5	63,0	4050966	27,9	1326611,5	9,1	14532087

Quelle: eigene Berechnungen nach DTB–Statistiken (1/94 –6/95)

Die Gesamtmenge der gehandelten Kontrakte der BVM–, LHA–, PRS– und VIA– Optionen ist wesentlich kleiner als die der anderen Aktienoptionen. Ein Grund dafür ist, daß diese vier genannten Optionen erst im Januar 1995 neu eingeführt wurden. Insgesamt betrachtet über alle Aktienoptionen beträgt der Marktanteil der Market–Maker bei Aktienoptionen 63 %. Dabei ist jedoch festzustellen, daß die Verteilung der Marktanteile bei den einzelnen Aktienoptionen unterschiedlich ist. In den liquiden Werten ist der Anteil der Market–Maker höher als in den illiquiden Werten, wohingegen der Anteil des Eigenschäftes bei den illiquiden Werten höher als bei den liquiden Wertpapieren ist. Ein Beispiel dafür ist der große Unterschied der Verteilung der Marktanteile bei Deutschen Bank– und Dresdner Bank–Optionen. Bei Deutsche Bank–Optionen beträgt der Marktanteil der Market–Maker 70,8 % und der Anteil des Eigengeschäftes 6,2 %. Hingegen macht der Marktanteil der Market–Maker bei Dresdner Bank nur 45,5 % und der des Eigengeschäfts 19,3 % aus. Der Unterschied ist darauf zurückzuführen, daß in den liquiden Werten mehr Market-Maker Quotes stellen und die Börsenteilnehmer weniger Eigengeschäfte als in den illiquiden Werten tätigen.

Beim Vergleich der Anzahl der Market-Maker pro Option und beim Vergleich der Anzahl der gehandelten Kontrakte in den einzelnen Branchen sind in der Automobilbranche und in der Bankbranche die größten Unterschiede zu bemerken. Im Juni 1995 waren sieben Market-Maker in BMW-Optionen, dagegen 26 in Daimler Benz-Optionen tätig. Vergleicht man die gehandelten Kontraktvolumen miteinander, zeigt sich, daß das Kontraktvolumen der Daimler Benz-Optionen[17] ca. neunmal höher als das der BMW-Option ist. Das gehandelte Kontraktvolumen von Deutsche Bank-Optionen ist ungefähr zehnmal höher als das von Dresdner Bank-Optionen. Für Deutsche Bank-Optionen haben im Juni 1995 30, hingegen für Dresdner Bank-Optionen nur sechs Market-Maker Quotes gestellt. Anhand der gehandelten Kontraktvolumen ist zu erkennen, daß die Optionen auf Daimler Benz-Aktien liquider als auf BMW-Aktien sind, sowie daß die Optionen auf Deutsche Bank liquider als die auf Dresdner Bank sind.
Aufgrund ihrer Kontraktvolumina und der Anzahl der Market-Maker pro Wert werden für diese Untersuchung vier Aktienoptionen und das zugrundeliegende Underlying von den DTB-Aktienoptionen ausgewählt. Es werden aus zwei Branchen (Automobile, Banken) je ein Basiswert gewählt, in dem viele Market-Maker bereit stehen, und einer, in dem wenige Market-Maker Quotes stellen.

Der Untersuchung liegen innertägliche Daten zu DTB-Aktienoptionen (BMW, Daimler Benz, Deutsche Bank und Dresdner Bank) und innertägliche Transaktionskurse vom IBIS-Handel der zu diesen Optionen zugehörigeren Aktien sowie tägliche Geld- und Briefkurse des Geldmarktzinssatzes für verschiedene Laufzeiten (Tages-, 1-Monats-, 3-Monatszinssätze, 6-Monatszinssätze und Jahreszinssätze) zugrunde. Die Geldmarktzinssätze werden von der Deutschen Finanzdatenbank in Mannheim zur Verfügung gestellt. Die übrigen Daten stammen aus der Karlsruher Kapitalmarktdatenbank (KKMDB).

Da im theoretischen Modell Dividendenzahlungen keine Berücksichtigung finden, wird der Zeitraum der Untersuchung so bestimmt, daß während der Laufzeit keine besonderen Ereignisse, wie z.B. eine Dividendenzahlung, anfallen. Dadurch wird eine Verzerrung der Ergebnisse aufgrund dieser nicht in Betracht gezogenen Einflüsse ausgeschlossen.
Dazu wird im folgenden eine Übersicht der Termindaten aus der KKMDB über besondere Ereignisse von Januar 1994 bis Juli 1995 gegeben, um im Anschluß daran den genauen Untersuchungszeitraum zu bestimmen:

[17] Zur Vereinfachung wird im folgenden auch von Daimler Benz-Optionen bzw. DAI-Optionen anstatt von Optionen auf Daimler Benz-Aktien gesprochen.

- BMW
  20.5.94 Dividendenzahlung in der Höhe von 12,50 DM
  31.5.94 Kapitalerhöhung im Verhältnis 11:1
  18.5.95 Dividendenzahlung in der Höhe von 14,00 DM
- Daimler Benz
  19.5.94 Dividendenzahlung in der Höhe von 8,00 DM
  20.6.94 Kapitalerhöhung im Verhältnis 10:1
  26.5.95 Dividendenzahlung in der Höhe von 11,00 DM
- Deutsche Bank
  20.5.94 Dividendenzahlung in der Höhe von 16,50 DM
  19.5.95 Dividendenzahlung in der Höhe von 19,50 DM
  1.6.95 Änderung der Notierungseinheit (5 DM–Nennwertaktien)
- Dresdner Bank
  24.5.94 Dividendenzahlung in der Höhe von 13,50 DM
  22.5.95 Dividendenzahlung in der Höhe von 13,50 DM
  1.6.95 Änderung der Notierungseinheit (5 DM–Nennwertaktien)

Im folgenden werden die sich aus einer Kapitalerhöhung ergebenden Konsequenzen für die Basispreise und die Anzahl der beziehbaren Aktien dargestellt, um zu begründen, warum diese Daten nicht mit in die Stichprobe aufgenommen werden.

Bei einer Kapitalerhöhung wird der Basispreis reduziert und die Anzahl der pro Kontrakt beziehbaren Aktien erhöht. Nach einer Gewährung von Bezugsrechten werden neue Serien auf Basis des ermittelten theoretischen Bezugsrechts eingeführt. Nach einer Kapitalerhöhung bestimmt das Kapitalveränderungsverhältnis[18] den theoretischen Abschlag auf die einzelnen Basispreise. Da hierbei in der Regel nicht volle Beträge entstehen, wird an der DTB so gerundet, daß die Basispreise nach Abschlag volle DM Beträge ergeben. Ab dem Zeitpunkt einer Kapitalerhöhung können unter Umständen zwei verschiedene Kontrakte bis zum Fälligkeitstermin gehandelt werden.[19] Die Anzahl der Aktien, die sich auf einen Kontrakt beziehen, wird nach einer Kapitalerhöhung so angepaßt, daß der ursprüngliche Wert des Kontraktes erhalten bleibt. In diesem Fall umfaßt ein Kontrakt $n \times \frac{\text{Basispreis ohne Abschlag}}{\text{Basispreis mit Abschlag}}$ Aktien, wobei n die Anzahl der Aktien ist, auf die sich ein Kontrakt bezieht. Aufgrund der ungeraden Stückzahl findet ein Barausgleich im Falle einer Ausübung in der Höhe von der Differenz der Stückzahlen multipliziert mit der Differenz aus dem ermäßigten Basispreis und dem umsatzgewichteten Durchschnitt der drei letzten im Handelssystem der Frankfurter Wertpapierbörse zwischen Handelsschluß

[18] Zur Berechnung des Kapitalveränderungsverhältnisses vgl. Keller et al. (1992), S. 10.

[19] Diese Tatsache hängt davon, ob immer zu einer alten Serie wieder neue Serien mit Basispreisen ohne Abschlag eingeführt werden, oder wenn neue Serien mit Basispreisen ohne Abschlag eingeführt werden, ob dann die alten Serien mit Abschlag weitergeführt werden.

an der Frankfurter Börse und Handelsschluß der Terminbörse in Aktienoptionen zustandegekommenen cum-Bezahlt-Preise in dem jeweiligen Basiswert statt.[20] [21]

An jedem dritten Freitag im Monat, verfällt eine Aktienoption und die DAX-Option.[22] Der 20.6.1994 ist der Montag nach dem Verfallstermin im Juni '94 und der 19.5.1995 ist der letzte Handelstag für die Aktienoptionen und DAX-Option im Mai '95. Der Untersuchungszeitraum erstreckt sich vom 20.6.1994 bis zum 19.5.1995, um den Einfluß von Dividenden und Kapitalerhöhungen auf die Analyse auszuschalten.

Der tägliche Ablauf des Börsenterminhandels ist in vier Phasen gegliedert: die *Pre-Trading-Phase*, die *Opening-Phase*, die *Trading-Phase*, die *Post-Trading-Phase*. Die im folgenden aufgeführten Uhrzeiten beziehen sich nur auf Aktienoptionen. Die *Pre-Trading-Phase* findet von 7.30 bis 9.30 Uhr statt. Die *Opening/Trading-Phase* dauert von 9.30 bis 16.00 Uhr. Zwischen 16.00 Uhr und 17.00 Uhr ist die *Post-Trading-Phase.*[23]
Die *Pre-Trading-* und die *Post-Trading-Phase* dienen zur Dateneingabe von Orderabgaben. Es werden keine Geschäftsabschlüsse getätigt. Die *Opening-Phase* untergliedert sich nochmals in die *Pre Opening-Phase* und dem Ausgleichsprozeß (*Netting*). In der *Pre-Opening-Phase* werden laufend Eröffnungspreise angezeigt. Diese Phase endet, sobald für alle Optionsserien der Ausgleichprozeß nach dem Meistausführungsprinzip[24] abgeschlossen ist.[25] In der Handelsphase werden miteinander ausführbare Aufträge zusammengeführt, das auch als *Matching* bezeichnet wird. Dabei erfolgt die Rangordnung nach dem Preis, bei gleichen Preisen nach der Zeit, und unlimitierte Order werden vor limitierten Ordern berücksichtigt.[26]
Da der Optionsmarkt während der Öffnungszeit des Parketthandels am liquidesten ist und um Verzerrungen zu Beginn und zum Schluß der Börsensitzung der DTB zu vermeiden, erfolgt eine Beschränkung auf das Zeitfenster von 10.30 Uhr bis 13.30 Uhr.

Die Beobachtungsreihe zu den vier ausgewählten Aktien beinhaltet zeitgestempelte innertägliche Transaktionskurse. Die Daten zu den vier Optionen beinhalten sämtliche zeitgestempelten Transaktionskurse und Bid- und Ask-Quotes für alle Optionsserien, die eine

[20] Vgl. DTB Handelsbedingungen 2.2.1.7 nach Stand Juni 1994. Nach DTB Handelsbedingungen 2.2.1.7, Stand September 1993 wird der Barausgleich durch die Differenz zwischen dem Basispreis mit Abschlag und dem Schlußkurs der Frankfurter Wertpapierbörse bestimmt. Keller et al. (1992), S. 11-17, geben mehrere Beispiele zur Berechnung des Barausgleichs.

[21] Vgl. auch Keller et al. (1992), S. 9-17.

[22] Wenn der dritte Freitag ein Feiertag ist, verfällt die entsprechende Option einen Tag früher.

[23] Seit dem 22.5.1995 haben sich die Uhrzeiten etwas geändert. Im Unterschied zum vorherigen Zeitraum dauert die *Pre-Trading-Phase* nur noch bis 9.00 Uhr. Die *Opening/Trading-Phase* endet um 17.00 Uhr. Die *Post-Trading-Phase* ist von 17.00 bis 18.00 Uhr.

[24] Das Meistausführungsprinzip bedeutet, daß bei bis zu einem bestimmten Zeitpunkt vorliegenden Kauf- und Verkaufsaufträgen der Eröffnungspreis so bestimmt wird, daß die größtmögliche Zahl an Wertpapieren gehandelt werden kann.

[25] Wenn für eine Optionsserie kein Eröffnungspreis bestimmt werden kann, endet die *Pre-Opening-Phase*, sobald ein Eröffnungspreis in einer anderen Serie erscheint.

[26] Zu einer ausführlicheren Darstellung des Handelsablaufs vgl. z.B. Daube (1993), Lüdecke und Schlag (1992) oder DTB, Handelsbedingungen.

Restlaufzeit von mindestens 3 Monaten aufweisen. Somit werden die Kontrakte mit den Fälligkeitsmonaten September '94 bis Mai '95 berücksichtigt.

6.4 Empirische Überprüfung der Hypothesen

Im folgenden wird die Vorgehensweise für die empirische Untersuchung beschrieben. Zuerst wird erklärt, wie die Spreads aus den Rohdaten gewonnen werden. Daran schließt sich eine deskriptive Beschreibung der Spreads. Die Spreads werden in Restlaufzeit- und Basispreisklassen eingeteilt. Danach wird überprüft, ob die in Abschnitt 6.2 formulierten Hypothesen 1 – 3 mit dem Datenmaterial sinnvoll getestet werden. Zum Schluß werden die Hypothesentests durchgeführt.

6.4.1 Bestimmung des Spreads

Aus den innertäglichen Quotes wird ein repräsentativer Bid–Ask–Spread in DM pro Tag berechnet. Dazu wird folgendermaßen vorgegangen:

- Es werden innertägliche Bid–Ask–Spreads aus der Differenz vom *best market ask price* und *best market bid price* berechnet.
  Dazu wird zu jedem Zeitpunkt, an dem ein neuer bester Ask– oder Bidpreis quotiert wird, der zu diesen Preisen gehörige Spread berechnet. Wenn zu einem bestimmten Zeitpunkt nur ein neuer Askpreis (Bidpreis) gestellt wird, wird der jeweils zuletzt quotierte Bidpreis (Askpreis) herangezogen.
  Mit Hilfe eines Beispiels wird in der Tabelle 6.5 illustriert, wie sich die Ask– und Bid–Quotes im Zeitfenster eines Tages entwickeln und wie die innertäglichen Spreads abgeleitet werden. Zusätzlich werden die Transaktionskurse und die zu den Quotes gehörigen Spreads betrachtet. Somit werden die Preise in Abhängigkeit von der Uhrzeit betrachtet. Als Beispiel wird eine DAI–Option am 9.1.95 mit dem Fälligkeitstermin am 20.1.95 und dem Basispreis 750 verwandt. Die Höhe des mittleren Aktienkurses betrug 710,29 DM, wobei der mittlere Aktienkurs das arithmetische Mittel der innertäglichen Transaktionskurse ist.

  Anhand dieser Quotes ist zu erkennen, daß sich tendenziell der Askpreis erhöht, wenn eine Transaktion zum Askpreis stattgefunden hat. Dies erkennt man z.B. am Transaktionskurs 14,10 DM um 10:44:48 Uhr. Nachdem nämlich diese Transaktion stattgefunden hat, steigt der Askpreis auf 14,60 DM und zehn Sekunden später auf 14,80 DM. Der Bidpreis sinkt tendenziell, wenn eine Transaktion zum Bidpreis stattgefunden hat, wie man z.B. zum Zeitpunkt 11:15:09 Uhr sieht, an dem der Transaktionskurs 13,70 DM hoch ist. Vier Sekunden später sinkt der Bidpreis um 20 Pfennig.

  Das Beispiel verdeutlicht, daß sich tendenziell direkt nach einer Transaktion der Bid–

Tabelle 6.5. Innertägliche Quotes einer Daimler Benz–Option

Uhrzeit	Ask	Bid	Transaktionskurs	Spread
10:32:33	14,1	.	.	.
10:32:45	.	13,0	.	1,1
10:33:32	.	13,4	.	0,7
10:42:27	.	13,6	.	0,5
10:44:48	14,6	.	14,1	1,0
10:44:58	14,8	.	.	1,2
10:45:00	.	13,9	.	0,9
10:45:06	14,9	.	.	1,0
10:45:14	14,7	.	.	0,8
10:46:14	.	14,2	.	0,5
10:46:47	.	.	14,7	.
10:46:53	14,8	14,7	14,7	0,1
10:46:59	15,6	.	.	0,9
10:47:03	.	13,7	.	1,9
10:47:07	15,5	14,0	.	1,5
10:56:18	15,0	.	.	1,0
10:59:23	14,9	.	.	0,9
11:06:00	14,7	.	.	0,7
11:10:31	.	14,5	.	0,5
11:11:35	.	.	14,5	.
11:13:09	.	14,3	14,5	0,2
11:13:51	.	14,0	.	0,5
11:14:16	14,5	.	.	0,5
11:15:06	.	13,7	.	0,8
11:15:08	14,0	.	.	0,3
11:15:09	.	13,6	13,7	0,4
11:15:13	.	13,4	.	0,6
11:15:15	.	13,3	.	0,7
11:15:21	.	13,4	.	0,6
11:15:25	.	13,5	.	0,5
11:15:53	13,7	.	.	0,2
11:16:16	14,5	.	13,5	1,0
11:18:01	.	13,6	.	0,9

Ask–Spread erhöht. Dieses Phänomen steht im Einklang zum Spread–Modell von

Stoll (1989), welches unter anderem aussagt, daß der Askpreis steigt (der Bidpreis sinkt), wenn eine Transaktion zum Askpreis (Bidpreis) stattfindet.[27]

In der Abbildung 6.1 werden die innertäglichen Bid– und Askpreise und die Transaktionskurse, die in der Tabelle 6.5 dargestellt sind, in Abhängigkeit von der Uhrzeit graphisch veranschaulicht. Die durchgezogene Linie verdeutlicht die Entwicklung der Askpreise, die gepunktete Linie die Entwicklung der Bidpreise innerhalb des Zeitfensters. Die Kreuze kennzeichen den jeweiligen Quote. Der horizontale Abstand zwischen der durchgezogenen und gepunkteten Linie stellt den Marktspread dar. Die kleinen Kreise zeigen, wann und zu welchem Kurs eine Transaktion stattgefunden hat. Das bedeutet, daß die Transaktionskurse auf dem Optionsmarkt durch kleine Kreise gekennzeichnet werden. Zum Beispiel verdeutlicht die Abbildung 6.1, daß zum ersten Askpreis einige Minuten später eine Transaktion stattfindet.

Abbildung 6.1. Innertägliche Quotes/Transaktionskurse

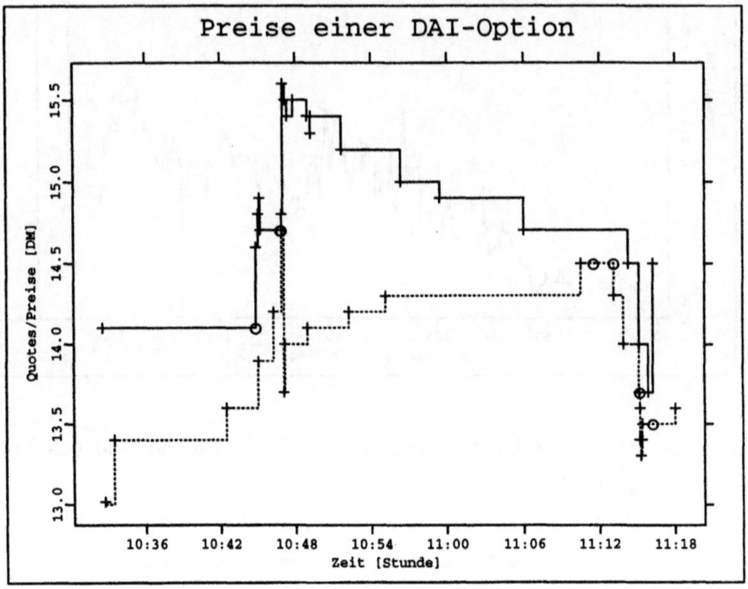

- Es wird ein täglicher Mittelwert des Spreads aus den innertäglichen Spreads (SP) berechnet. Der mittlere tägliche Spread wird nach folgender Formel abgeleitet:

$$SP = \frac{1}{N} \sum_{k=1}^{N} (BAP_k - BBP_k) \tag{6.2}$$

[27] Vgl. auch die Ausführungen zum Stoll–Modell in Kapitel 2.

Es sei N die gesamte Anzahl an Quotierungen innerhalb des Zeitfensters pro Tag.[28] Der *best market bid price* (*best market ask price*) wird mit BBP_k (BAP_k) bezeichnet. Für dieses Beispiel ergibt sich N von 30 und SP von 1,165.
Die Abbildung 6.2 zeigt, wie sich der mittlere Spread für einen Kontrakt in Abhängigkeit von der Restlaufzeit entwickelt. Dazu wird der Kontrakt der Deutsche Bank-Option mit dem Fälligkeitsmonat März '95 und dem Basispreis 750 an Tagen, an denen auch Handel stattfindet, betrachtet.

Abbildung 6.2. Spread in Abhängigkeit von der Restlaufzeit

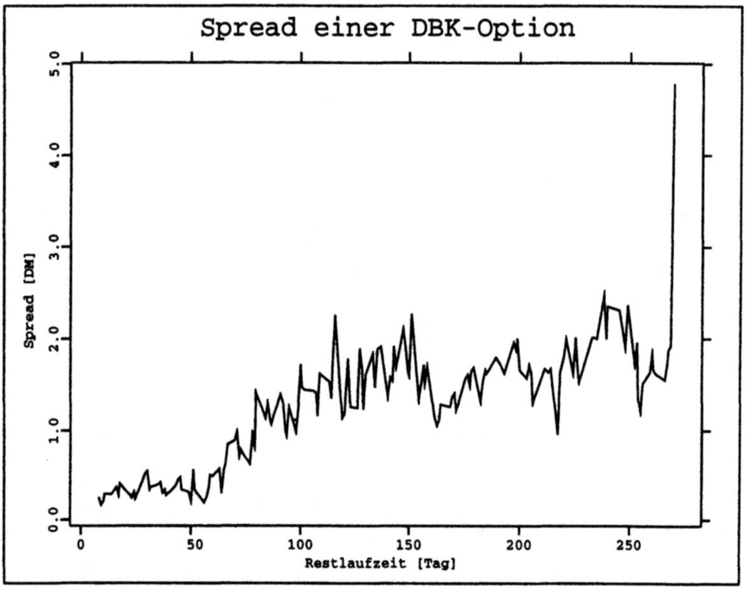

Wie an der Abbildung 6.2 zu erkennen ist, sinkt der Spread tendenziell mit abnehmender Restlaufzeit.
Für den gleichen Kontrakt wird in der Abbildung 6.3 die Abhängigkeit des Spreads von der Höhe des mittleren Transaktionskurses des Calls gezeigt.

Anhand der Abbildung 6.3 ist zu sehen, daß der Spread tendenziell größer wird, je höher der mittlere Transaktionskurs des Calls ist.

- Bei der Berechnung der täglichen Bid-Ask-Spreads werden die für Market-Maker maximal zulässigen Spreads, die sogenannten Maximum-Spreads berücksichtigt. Wenn ein innertäglicher Spread größer als der Maximum-Spread ist, ist davon auszugehen, daß der Ask-oder Bidpreis von einem Marktteilnehmer ohne Market-Maker-

[28] Es werden nur die Ask- und Bidquotes ab dem Zeitpunkt berücksichtigt, ab dem innerhalb des Zeitfensters sowohl ein Ask- als auch Bidquote existieren.

Abbildung 6.3. Spread in Abhängigkeit vom Transaktionskurs der Option

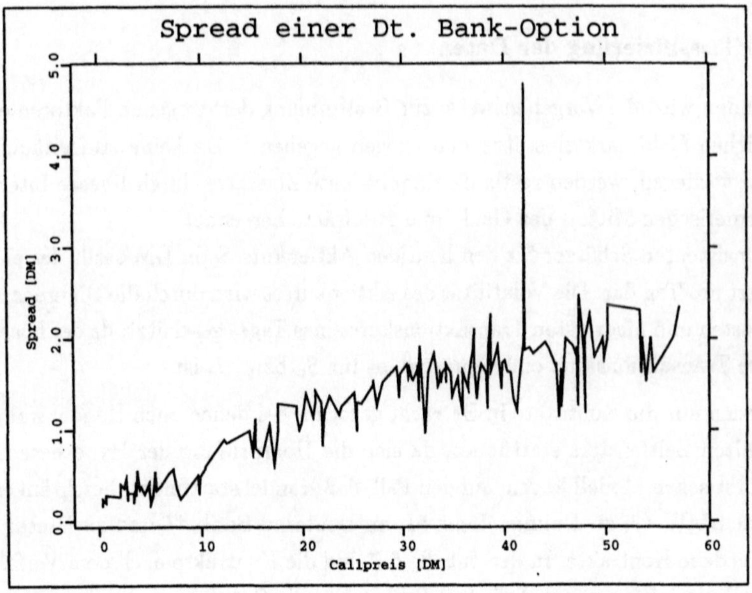

Status stammt. Daher werden die innertäglichen Spreads aus dem Datensatz eliminiert, die größer als der Maximum–Spread sind. Der Optionspreis wird in diesem Fall als das arithmetische Mittel aus dem jeweiligen dem Spread zugehörigen Ask– und Bidpreis berechnet. Die Tabelle 6.6 zeigt die zur Zeit gültigen Maximum–Spreads für den DTB–Optionshandel mit Ausnahme der ALV–Option.

Tabelle 6.6. Maximum–Spreads der DTB–Aktienoptionen

Optionspreis [DM]	Maximum–Spread [DM]
0,10 – 10,00	2,00
10,10 – 30,00	4,00
30,10 – 60,00	6,00
60,10 – 9999,90	10,00

Eine Ausnahme bildet der Maximum–Spread fünf Börsentage vor Fälligkeit einer Option für Optionspreise zwischen 0,10 und 10,00 DM. In diesem Fall beträgt die Höhe des Maximum–Spreads 4,00 DM anstatt 2,00 DM. Für Optionen auf Aktien mit einem Nennwert von 5 DM wird nicht in 10–Pfennig–Einheiten sondern in 1–Pfennig–Einheiten gerechnet.

Die Existenz von limitierten und kombinierten Aufträgen erklärt die Tatsache, daß zwischenzeitlich der Marktspread größer als der Maximum-Spread sein kann.

6.4.2 Klasssifizierung der Daten

Im folgenden wird die Vorgehensweise zur Bestimmung der exogenen Faktoren erläutert. Die täglichen Geldmarktzinssätze sind exogen gegeben.[29] Da keine laufzeitäquivalenten Zinssätze vorliegen, werden restlaufzeitäquivalente Zinssätze durch lineare Interpolation des arithmetischen Mittels der Geld- und Briefsätze berechnet.
Einen konsistenten Schätzer für den heutigen Aktienkurs S_0 in DM stellt der empirische Mittelwert pro Tag dar. Die Volatilität des Aktienkurses wird durch die Differenz zwischen dem höchsten und niedrigsten Transaktionskurs eines Tages geschätzt, da der höchste bzw. niedrigste Transaktionskurs ein Repräsentant für S_u bzw. S_d ist.

Es werden nur die Kontrakte in Betracht gezogen, bei denen auch Handel während des ausgewählten Zeitfensters stattfindet, da sich die Überprüfung der Hypothesen, die aus dem theoretischen Modell folgen, auf den Fall, daß Handel stattfindet, beschränken. Somit gibt es zu BMW 43, zu Daimler Benz 51, zu Deutsche Bank 47 und zu Dresdner Bank 45 verschiedene Kontrakte. In der Tabelle 6.7 sind die Kontrakte nach dem Verfallsmonat und dem Underlying sortiert. In jedem Feld stehen die Basispreise, die eingeführt worden sind.

Tabelle 6.7. Übersicht über die Kontrakte

	BMW	DAI	DBK	DRB
Sep '94	750 - 900	700 - 900	600 - 950	340 - 480
Okt '94	700 - 900	650 - 900	600 - 800	360 - 440
Nov '94	700 - 850	650 - 900	600 - 800	380 - 440
Dez '94	700 - 950	650 - 900	600 - 850	320 - 440
Jan '95	700 - 850	700 - 850	650 - 800	380 - 440
Feb '95	700 - 850	650 - 850	650 - 800	380 - 440
Mär '95	700 - 950	600 - 900	600 - 800	360 - 440
Apr '95	650 - 850	550 - 800	600 - 800	360 - 420
Mai '95	700 - 800	550 - 800	600 - 800	360 - 420

Zur übersichtlicheren Darstellung der Daten werden unterschiedliche Klassen gebildet, die nach der Restlaufzeit (Restlaufzeitkategorie) und nach der Höhe der Differenz zwischen dem Basispreis und dem arithmetischen Mittel der innertäglichen Transaktionskurse der Aktien (Basispreiskategorie) ähnlich zu George und Longstaff (1993) bestimmt werden.

[29] Vgl. Kap. 6.4.

Es wird zwischen fünf Restlaufzeitkategorien wie folgt unterschieden:

1. Kategorie 1: 1–30 Tage
2. Kategorie 2: 31–60 Tage
3. Kategorie 3: 61–90 Tage
4. Kategorie 4: 91–180 Tage
5. Kategorie 5: > 180 Tage

Die Basispreiskategorie ist abhängig von der Basispreisabstufung der jeweiligen Aktienoption. Es sei $Diff$ die Differenz zwischen dem arithmetischen Mittel des mittleren Aktienkurses und dem Basispreis. Die Größe der Kategorien b), c) und d) wird so bestimmt, daß die größtmögliche Differenz $Diff$ innerhalb einer Kategorie der Höhe der Basispreisabstufungen entspricht.
Das bedeutet, daß für BMW–, DAI und DBK–Optionen folgende Kategorien gebildet werden:

1. Kategorie a): $Diff < -75$
2. Kategorie b): $-75 \leq Diff < -25$
3. Kategorie c): $-25 \leq Diff \leq 25$
4. Kategorie d): $25 < Diff \leq 75$
5. Kategorie e): $Diff > 75$

Für DRB–Optionen werden folgende Kategorien gebildet:

1. Kategorie a): $Diff < -30$
2. Kategorie b): $-30 \leq Diff < -10$
3. Kategorie c): $-10 \leq Diff \leq 10$
4. Kategorie d): $10 < Diff \leq 30$
5. Kategorie e): $Diff > 30$

Im folgenden werden für den gesamten Untersuchungszeitraum die arithmetischen Mittel jeder Klasse tabellarisch für alle vier Werte dargestellt.

Für die weitere Analyse werden die folgenden Abkürzungen eingeführt:

N	Anzahl der Fälle, in denen mindestens ein Transaktionspreis in einer Restlaufzeit–Basispreis–Klasse liegt
BAS	Bid–Ask–Spread in DM
RLZ	Restlaufzeit in Tagen
$VOLA$	Volatilität des Aktienkurses in DM
MUA	mittlerer Aktienkurs in DM pro Tag
C	Transaktionspreis des Calls in DM
A	Askquotes in DM
B	Bidquotes in DM
NC	Transaktionshäufigkeit auf dem Optionsmarkt, gemessen durch die Anzahl der Geschäftsabschlüsse pro Tag
$THAKT$	Transaktionshäufigkeit auf dem Aktienmarkt, gemessen durch die Anzahl der Geschäftsabschlüsse pro Tag
$NBAS$	Anzahl der gestellten Spreads pro Tag
$ZINSI$	restlaufzeitäquivalenter Zinssatz
Z	Restlaufzeitklasse
Y	Basispreisklasse

Tabelle 6.8. Deskriptive Statistik zu BMW–Optionen

Z	Y	N	BAS	RLZ	A	B	C	NC	$NBAS$
	-2	5	1,206	20,200	1,486	0,213	0,620	2,200	15,600
	-1	55	1,346	19,582	4,706	2,494	3,405	2,873	46,745
1	0	107	2,422	15,037	16,205	13,235	14,374	3,019	141,589
	1	28	3,823	14,357	41,587	37,474	38,792	1,786	206,786
	2	2	5,604	13,000	88,131	82,816	89,650	1,500	239,500
	-2	24	1,313	48,958	3,496	1,744	2,448	1,500	22,500
	-1	90	1,751	46,556	10,558	8,330	9,491	2,533	77,433
2	0	89	2,701	44,494	26,551	23,418	24,628	2,247	177,281
	1	17	3,791	42,118	54,788	50,329	52,224	2,588	216,353
	-2	21	1,775	73,810	7,159	4,795	5,953	1,524	48,381
	-1	50	2,200	73,960	15,430	12,753	13,804	2,040	94,860
3	0	36	3,203	73,556	35,390	31,772	33,374	1,583	189,694
	1	8	3,990	71,250	64,783	59,709	62,731	1,500	257,250
	-2	23	2,113	125,652	12,770	10,238	11,162	1,261	78,739
	-1	33	3,341	133,424	33,383	29,599	30,702	1,182	173,636
4	0	9	3,711	132,333	54,735	50,456	53,009	1,889	227,000
	1	3	5,252	130,667	91,766	86,032	87,333	1,000	216,333
	-2	5	2,993	211,200	33,432	30,222	31,260	1,000	187,400
	-1	6	3,920	211,333	50,049	45,732	46,600	1,167	144,833
5	0	2	4,670	210,000	75,228	70,475	71,600	1,000	196,500

Tabelle 6.9. Deskriptive Statistik zu DAI–Optionen

Z	Y	*N*	*BAS*	*RLZ*	*A*	*B*	*C*	*NC*	*NBAS*
	-2	49	0,458	23,061	1,017	0,363	0,587	3,367	15,490
	-1	143	0,608	17,517	3,008	2,359	2,664	10,525	57,112
1	0	187	1,363	15,246	15,986	14,433	15,221	19,139	195,187
	1	133	3,019	14,722	52,188	48,733	49,997	7,790	275,511
	2	39	4,425	10,641	98,963	91,650	95,849	3,180	168,231
	-2	124	0,876	47,363	2,778	1,690	2,195	3,565	37,202
	-1	188	1,138	46,037	9,424	8,145	8,776	10,442	107,835
2	0	183	1,936	45,699	27,889	25,765	26,847	11,552	246,601
	1	90	3,143	43,122	58,859	55,478	56,696	4,600	328,256
	2	25	4,477	43,240	101,078	94,293	99,093	2,120	14,280
	-2	92	1,238	74,185	6,408	4,658	5,416	3,283	62,522
	-1	148	1,720	75,095	16,713	14,805	15,713	5,135	52,588
3	0	120	2,375	73,925	34,900	32,331	33,620	3,950	282,058
	1	39	3,292	71,128	63,619	59,507	61,246	2,436	316,231
	2	6	4,840	74,667	108,480	103,224	106,250	1,000	160,000
	-2	91	1,607	133,143	14,611	12,685	13,620	2,495	117,725
	-1	105	2,117	130,038	29,235	26,716	27,901	3,762	185,667
4	0	84	2,776	132,238	50,307	47,200	48,703	3,119	230,643
	1	47	3,833	132,298	78,939	74,304	76,852	1,702	170,043
	2	23	5,356	129,478	124,005	117,166	118,598	1,391	138,087
	-2	12	2,332	207,583	32,426	30,042	31,038	2,000	147,500
	-1	41	2,701	220,780	46,679	43,641	44,936	2,317	162,390
5	0	31	3,145	222,194	67,538	63,782	65,294	2,065	222,000
	1	24	4,442	219,000	100,402	92,707	96,492	1,250	192,083
	2	11	5,471	218,091	136,606	129,390	130,440	2,273	121,818

Tabelle 6.10. Deskriptive Statistik zu DBK–Optionen

Z		N	BAS	RLZ	A	B	C	NC	NBAS
	-2	32	0,190	22,031	0,457	0,295	0,364	4,844	10,156
	-1	141	0,318	17,404	1,882	1,547	1,712	11,61	38,362
1	0	188	0,812	15,245	14,690	13,816	14,246	27,085	200,255
	1	126	1,899	15,786	50,262	48,303	49,31	11,849	274,183
	2	32	3,164	14,219	95,588	92,274	94,331	2,438	178,844
	-2	111	0,410	46,027	1,642	1,200	1,436	4,523	25,703
	-1	191	0,572	46,068	6,677	6,051	6,372	15,655	90,749
2	0	189	1,074	46,016	24,705	23,534	24,123	17,206	230,307
	1	112	2,116	45,598	55,705	53,487	54,595	5,277	302,384
	2	20	3,048	47,300	97,434	93,926	96,039	2,000	245,4
	-2	121	0,649	74,504	3,911	3,093	3,433	4,661	41,479
	-1	167	0,916	75,449	12,683	11,688	12,226	9,030	119,629
3	0	138	1,473	74,493	32,444	30,926	31,628	6,659	234,138
	1	41	2,301	75,073	61,347	58,928	60,106	2,707	261,683
	2	5	3,057	75,600	93,203	89,977	92,640	1,000	265,6
	-2	125	0,939	140,472	10,184	9,136	9,671	5,040	85,728
	-1	128	1,233	133,602	23,268	21,909	22,556	6,961	163,063
4	0	112	1,788	132,643	44,157	42,19	43,068	4,518	213,893
	1	56	2,492	129,768	70,931	68,189	69,518	2,375	250,464
	2	12	3,969	133,083	119,27	114,658	117,146	1,333	156,667
	-2	37	1,334	226,919	22,709	20,992	21,764	3,108	123,838
	-1	50	1,656	227,900	35,994	34,226	35,006	2,900	159,28
5	0	41	2,256	222,390	57,832	55,415	56,574	2,488	208,171
	1	19	2,902	222,579	87,177	83,871	85,337	1,632	220,947
	2	5	4,385	206,400	134,557	130,021	131,920	1,200	57,400

Tabelle 6.11. Deskriptive Statistik zu DRB–Optionen

Z		*N*	*BAS*	*RLZ*	*A*	*B*	*C*	*NC*	*NBAS*
	-2	5	0,637	24,000	2,010	0,275	0,670	1,200	13,800
	-1	45	0,799	17,200	2,139	1,251	1,670	2,244	20,133
1	0	116	1,171	15,474	7,056	5,649	6,362	3,853	64,802
	1	60	1,896	11,367	21,124	19,011	20,180	2,467	184,250
	2	13	2,817	12,154	46,491	43,43	44,647	1,538	173,000
	-2	28	1,128	50,821	2,753	1,175	1,861	1,357	23,964
	-1	100	1,025	46,65	5,296	4,079	4,763	2,700	36,320
2	0	105	1,327	45,581	12,369	10,703	11,411	2,552	104,514
	1	33	1,745	44,818	23,402	21,344	22,301	1,788	175,455
	2	7	2,245	41,000	42,655	40,199	40,75	1,429	187,714
	-2	44	1,000	77,364	4,406	2,984	3,651	2,227	32,591
	-1	88	1,118	74,307	8,824	7,266	7,827	2,602	53,318
3	0	57	1,553	73,737	16,372	14,439	15,146	2,316	132,123
	1	17	1,926	74,529	27,056	25,019	26,463	1,471	184,529
	2	7	4,269	71,000	54,441	50,063	53,300	1,000	89,429
	-2	82	1,230	146,000	9,972	8,241	8,832	2,171	55,171
	-1	89	1,393	132,742	15,127	13,477	14,030	1,921	100,989
4	0	47	1,850	130,255	23,347	21,348	22,076	1,702	167,362
	1	10	2,130	109,900	32,604	30,369	31,640	1,200	178,500
	2	5	3,701	121,600	53,439	49,733	41,080	1,000	230,800
	-2	11	1,428	207,909	16,858	15,311	15,699	1,818	96,545
	-1	35	1,793	230,143	25,163	23,13	23,548	1,857	143,314
5	0	13	1,957	216,615	32,544	30,275	30,845	1,615	201,769
	1	8	2,053	209,250	42,342	40,102	40,319	1,375	170,500
	2	1	2,487	199,000	69,105	66,541	68,400	1,000	187,000

Der Datensatz zu BMW–Optionen umfaßt insgesamt 613 Beobachtungen, zu DAI–Optionen 2035, zu DBK–Optionen 2199 und zu DRB–Optionen 1026. Das durchschnittliche Kursniveau auf dem Aktienmarkt beträgt für BMW 769,06 DM, für Daimler Benz 747,69 DM, für Deutsche Bank 712,09 DM und für Dresdner Bank 395,55 DM.
Für den gesamten Datensatz wurde nicht nur die Transaktionshäufigkeit auf dem Optionsmarkt, sondern auch auf dem Aktienmarkt berechnet. Dabei ergeben sich die folgenden Werte, die in der Tabelle 6.12 dargestellt werden:

Tabelle 6.12. Übersicht über die Häufigkeiten der Transaktionen auf dem Aktien– und Optionsmarkt und der gestellten Spreads der Optionen

	BMW	DAI	DBK	DRB
THAKT	25,1207	141,050	141,573	29,0682
NC	2,21533	7,01032	9,78263	2,36062
NBAS	127,424	172,496	160,310	93,7290

Wird die Transaktionshäufigkeit auf dem Aktienmarkt, gemessen an der durchschnittlichen Anzahl der Geschäftsabschlüsse pro Tag, für den gesamten Datensatz in der Tabelle 6.12 betrachtet, ist folgendes festzustellen:
Je größer die Transaktionshäufigkeit auf dem Aktienmarkt ist, desto höher ist die Transaktionshäufigkeit auf dem Optionsmarkt. Bei der Betrachtung der Liquidität der Märkte ergibt sich folgende Reihenfolge: Der Markt für Deutsche Bank–Aktien und -Optionen ist am liquidesten, gefolgt von Daimler Benz. Am wenigsten liquide ist der Markt für BMW–Aktien und -Optionen. Der Markt für Dresdner Bank–Aktien und -Optionen ist noch etwas liquider als der Markt für BMW. Diese Reihenfolge deckt sich mit der Reihenfolge der Anzahl der gehandelten Kontrakte, die in der Tabelle 6.4 dargestellt sind. Ebenso ist das Verhältnis zwischen der Transaktionshäufigkeit auf dem Optionsmarkt und der Häufigkeit der gestellten Spreads für Deutsche Bank–Optionen am höchsten und für BMW–Optionen am niedrigsten.
Wenn die deskriptiven Statistiken zu den vier Werten betrachtet werden, ist zu bemerken, daß sowohl die Ask- und Bidquotes als auch die Transaktionskurse zunehmen, wenn die Option weiter im Geld ist oder die Restlaufzeit größer wird. Das gleiche gilt für die Höhe der Spreads. Tendenziell werden die Optionen, die weiter aus dem Geld sind, häufiger gehandelt, als die Optionen, die weiter im Geld sind. Auffällig ist auch, daß Quotes tendenziell häufiger geändert werden, je weiter die Option im Geld ist.

Die Abbildung 6.4 verdeutlicht am Beispiel der Daimler Benz–Option, wie sich die mittlere Spreadhöhe in Abhängigkeit von der Restlaufzeitklasse und der Basispreisklasse verändert. Sie zeigt, daß sich der Bid–Ask–Spread mit zunehmendem Z (Restlaufzeitklasse) und mit zunehmendem Y (Basispreisklasse) erhöht. Das bedeutet, je weiter die Option im Geld ist, oder je größer die Restlaufzeit ist, desto höher ist der Spread. Das gleiche Ergebnis erhalten George und Longstaff (1993).

Abbildung 6.4. Spreads der Daimler Benz–Option

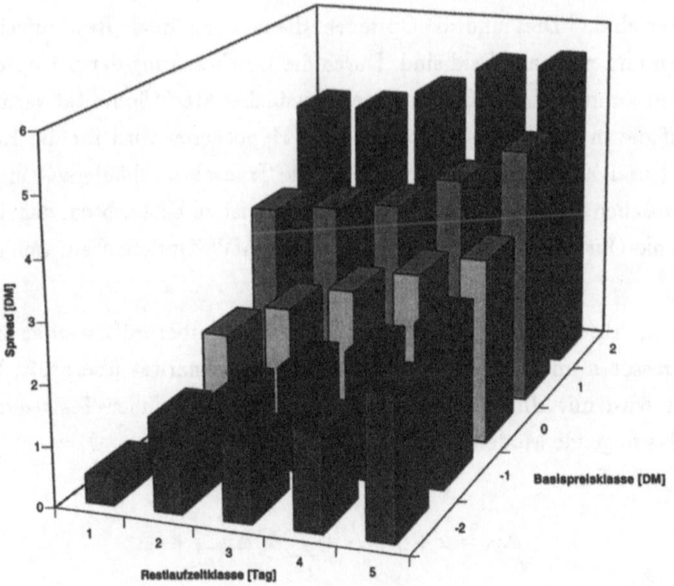

6.4.3 Schätzverfahren zur empirischen Überprüfung und Ergebnisse

Im Datensatz sind Optionen mit unterschiedlichen Basispreisen und Restlaufzeiten enthalten, die an demselben Handelstag gehandelt werden. Dies führt zu Korrelationen bei der endogenen Variable, hier der Spread. Da im theoretischen Modell jeweils nur eine Option mit vorgegebenem Basispreis und Restlaufzeit betrachtet wird, können Korrelationen in den Daten zu Verzerrungen der Ergebnisse bei der Überprüfung der in Abschnitt 6.1 formulierten Hypothesen führen. Im folgenden wird erklärt, wie dieses Problem ausgeschlossen wird.

Um Korrelationen von Spreads mit verschiedenen Basispreisen an einem Handelstag zu vermeiden, werden die Beobachtungen auf eine Basispreisklasse beschränkt. Aus diesem Grund ist die Basispreisklasse auch so bestimmt worden, daß die maximale Differenz $Diff$ vom heutigen Aktienkurs und Basispreis der Basispreisabstufung der jeweiligen Option entspricht. Somit kann der Fall, daß Beobachtungen zweier verschiedener Optionskontrakte mit gleichem Fälligkeitsmonat und verschiedenen Basispreisen in einer Klasse sind,

nicht auftreten.[30] Um Korrelationen zwischen Spreads aufgrund von Beobachtungen, die zu Optionskontrakten mit unterschiedlicher Restlaufzeit an demselben Tag gehören, zu vermeiden, werden nur Kontrakte berücksichtigt, deren Restlaufzeit maximal eine Schwankungsbreite von 30 Tagen hat.[31] Betrachtet man die Transaktionshäufigkeit für die vier ausgewählten Werte, ist festzustellen, daß die Optionen aus der Klasse $Z = 1$ und $Y = 0$ am liquidesten sind.[32] Dies sind die Optionen, die eine maximale Restlaufzeit von 30 Tagen aufweisen und nahe am Geld sind. Durch die Beschränkung der Stichprobe auf diese Klasse werden somit auch die Effekte unterschiedlicher Marktliquidität vermieden.
Der Test auf die in Abschnitt 6.2 formulierten Hypothesen wird für die Kontrakte der Klasse $Z = 1$ und $Y = 0$ durchgeführt. Wenn die Transaktionshäufigkeit in der liquidesten Klasse zwischen den vier Werten verglichen wird, ist zu beobachten, daß der Markt für Deutsche Bank–Optionen am liquidesten und für BMW–Optionen am wenigsten liquide ist.

Bevor die in Abschnitt 6.2 formulierten Hypothesen überprüft werden können, werden die Regressoren und der Bid–Ask–Spread auf Stationarität überprüft. Ein Test auf Stationarität wird mit Hilfe des verallgemeinerten Dickey–Fuller–Tests durchgeführt.[33] Dazu wird das folgende Modell unterstellt, wobei $\Delta y_t = y_t - y_{t-1}$, $\Phi_j = -\sum_{k=j+1}^{p} \gamma_k$ und $\gamma^* = (\sum_{i=1}^{p}) - 1$ seien.

$$\Delta y_t = \mu + \gamma^* y_{t-1} + \sum_{j=1}^{p-1} \Phi_j \Delta y_{t-j} + \epsilon_t \tag{6.3}$$

Die Gleichung (6.3) erhält man durch Transformation aus der Gleichung $y_t = \mu + \sum_{i=1}^{p} \gamma_i y_{t-i}$.
Ferner sei y_t die auf Stationarität zu testende Variable, d.h. wahlweise $y_t = BAS_t, VOLA_t, MUA_t, C_t, Diff_t$. Die Störterme ϵ_t seien unabhängig und identisch normalverteilt mit Mittelwert 0 und Varianz σ_ϵ^2. Um die Gleichung (6.3) zu schätzen, muß die Anzahl der zu berücksichtigenden verzögerten Variablen, d.h. p bestimmt werden. Dazu wird nach einem Verfahren von Hall (1994) vorgegangen, welches in Campbell und Perron (1991) folgendermaßen dargestellt wird:
Es wird eine Obergrenze p_{max} für die Ordnung der Autokorrelation festgelegt. Falls die letzte verzögerte Variable signifikant ist, wird $p = p_{max}$ gesetzt. Wenn diese Bedingung nicht erfüllt ist, wird die Ordnung der Autokorrelation so lange reduziert, bis die kleinste verzögerte Variable signifikant ist. In dieser Untersuchung hat sich ergeben, daß keine der verzögerten Variablen signifikant ist. Daher wird im folgenden die nachstehende Gleichung geschätzt:

$$\Delta y_t = \mu + \gamma^* y_{t-1} + \epsilon_t \tag{6.4}$$

---

[30] Eine Ausnahme bilden die Kategorien a) und e), in denen $Diff$ größer als die Basispreisabstufung sein kann.
[31] Vereinzelt kann dieser Fall doch eintreten, wenn RLZ z.B. ein Tag und RLZ 29 Tage.
[32] Vgl. die Tabellen 6.8, 6.9, 6.10 und 6.11.
[33] Vgl. Greene (1993), S.563–566, zum verallgemeinerten Dickey–Fuller–Test. Vgl. Perman (1991) zu einem Überblick zur Literatur zu (Co–)Integration.

Die Hypothese $H_0 : \gamma^* = 0$ impliziert, daß y_t nicht stationär ist. Das gewählte Testniveau beträgt für die weitere Analyse immer 5 %. Die Teststatistik für ein Modell mit einer Konstanten wird mit τ_μ bezeichnet.[34]
Der Test auf Stationarität der Variablen wird für die Variablen des Datensatzes zu den DAI–Optionen exemplarisch vorgeführt. Die erhaltenen Teststatistiken zu den anderen drei Datensätzen werden in der Tabelle 6.13 angegeben. Für den Spread BAS ergibt sich für die τ_μ–Statistik ein Wert von -7,621. Somit kann die Nullhypothese auf dem 5 %–Niveau abgelehnt werden. Ein analoges Resultat wird für die Variablen C mit einem Wert von -6.266, $ZINSI$ -4,432, $VOLA$ -9,663 und $Diff$ -6,532 erzielt.
Die Hypothese, daß der Spread BAS und der Transaktionskurs C nicht stationär sind, muß auf dem gewählten Testniveau abgelehnt werden.
Der kritische Wert der τ_μ–Statistik für das 5 %–Niveau beträgt -2,89.[35] Hingegen kann für den heutigen Aktienkurs MUA die Nullhypothese nicht auf dem 5 %–Niveau abgelehnt werden, da die τ_μ–Statistik mit dem Wert -2,189 größer als der kritische Wert -2,89 ist.
Die Daten zu den BMW–Optionen führen zum gleichen Testergebnis. Im einzelnen resultieren die folgenden τ_μ–Statistiken:

Tabelle 6.13. Ergebnisse des Tests auf Stationarität

	BAS	$VOLA$	MUA	$ZINSI$	$Diff$	C
DBK	-7,320	-9,995	-3,046	-4,742	-6,273	-6,341
DRB	-7,714	-9,022	-3,080	-4,864	-5,265	-5,569
BMW	-5,984	-7,959	-2,429	-3,932	-4,523	-5,414

Wenn die Nullhypothese auf Nicht–Stationarität auf dem 5 %–Niveau für die Variable MUA nicht abgelehnt werden kann, aber die Nullhypothese, daß der Spread nicht stationär ist, auf dem 5 %–Niveau abgelehnt wird, kann der Einfluß des heutigen Aktienkurses MUA auf die Höhe des Spreads hier nicht überprüft werden. Hingegen kann die Nullhypothese für die Variable MUA des Datensatzes zu den Kursen von DRB und DBK auf dem 5 %–Niveau abgelehnt werden. Da in zwei von vier Fällen die Nullhypothese für die Variable MUA auf dem 5 %–Niveau nicht abgelehnt werden kann, beschränkt sich die weitere Analyse auf die Überprüfung der Hypothese 1 und 3, die in Abschnitt 6.2 formuliert wurden.

Mit Hilfe des Datensatzes zu den DAI–Optionen wird das letztendlich zu testende ökonometrische Modell zur Überprüfung der Hypothesen abgeleitet. Anhand dieses Modells werden dann die Hypothesen 1 und 3 mit den Daten zu BMW–, zu DBK– und DRB–Optionen überprüft.

---

[34] Vgl. auch Fuller (1976).
[35] Vgl. Fuller (1976), S. 373 zur verwandten Tabelle der kritischen Werte.

Da die exogenen Variablen auf Stationarität getestet werden, wird die Beobachtungsmatrix als *Zufallsmatrix* aufgefaßt. Folglich kann nicht mehr von einer klassisch-statistischen Regressions- sondern es muß von einer ökonometrischen Regressionsanalyse gesprochen werden. Die beiden Regressionen bei den Regressionsmodellen in dieser Arbeit stimmen überein, da das theoretische Modell statischer Natur ist. Folglich sind für die weitere Analyse die klassisch-statistischen Verfahren wie z. B. die Kleinste-Quadrate-Methode für die ökonometrische Regression uneingeschränkt anwendbar.[36]

Zur Überprüfung der Hypothesen 1 und 3 wird von einem linearen Modell ausgegangen, welches wie folgt gegeben ist:

$$BAS_t = \alpha + \beta_1 VOLA_t + \beta_2\, ZINSI_t + \epsilon_t, \quad \text{mit } t = 1, \cdots, T \tag{6.5}$$

Dabei ist t der Laufindex der jeweiligen Beobachtung und ϵ_t der Störterm, der annahmegemäß identisch und unabhängig normalverteilt ist mit Mittelwert 0 und Varianz σ_ϵ^2. Mit Hilfe der Gleichung (6.5) wird getestet, ob der Störterm ϵ_t normalverteilt ist und ob die Varianz des Störterms konstant ist.

Der Test auf eine nicht normalverteilte Zufallsvariable wird in Harvey (1990) beschrieben. Die Teststatistik wird wie folgt gebildet, wobei N die Anzahl der Beobachtungen, $m_{Schiefe}$ das dritte geschätzte Moment und $m_{Kurtosis}$ das vierte geschätzte Moment der Störvariablen ϵ ist:

$$T = \frac{N}{6} m_{Schiefe}^2 + \frac{N}{24} (m_{Kurtosis} - 3)^2 \tag{6.6}$$

Diese Teststatistik ist asymptotisch χ_2^2 verteilt. Bei der Berechnung des Wertes T ergibt sich ein Wert von 69,75. Somit kann die Nullhypothese auf dem gewählten Niveau abgelehnt werden, da der kritische Wert 5,99 kleiner als 69,75 ist.

Die Eigenschaft der Homoskedastie des Störterms wird mit Hilfe des White-Test durchgeführt.[37] Die Nullhypothese besagt, daß die Varianz des Störterms konstant ist und die Gegenhypothese sagt aus, daß die Varianz des Störterms nicht konstant ist. Dazu wird die Varianz des Störterms ϵ_t auf die Konstante, auf die Variablen $VOLA$, $ZINSI$, $VOLA * ZINSI$, $VOLA^2$ und $ZINSI^2$ mit der Kleinste-Quadrate-Methode regressiert. Die zur Nullhypothese gehörige Teststatistik ist durch $N * R^2$, wobei R^2 das Bestimmtheitsmaß ist, gegeben und ist asymptotisch χ_5^2 verteilt. Für diese Teststatistik ergibt sich ein Wert von 7,64, der kleiner als der kritische Wert 11,07 ist. Folglich kann die Nullhypothese auf dem 5%-Niveau nicht abgelehnt werden.

Nachdem getestet wurde, ob die Annahmen an den Störterm sinnvoll gemacht werden dürfen, werden die Hypothesen zu (6.5) formuliert. Diese lauten folgendermaßen:

$$H_0^1 : \beta_1 \leq 0 \quad H_1^1 : \beta_1 > 0 \tag{6.7}$$

$$H_0^3 : \beta_2 \leq 0 \quad H_1^3 : \beta_2 > 0 \tag{6.8}$$

---

[36] Vgl. Schönfeld (1969), Band 2. S. 1-16.

[37] Vgl. zu Tests auf Heteroskedastizietät Greene (1993).

Es wird überprüft, ob die Hypothesen H_0^1 und H_0^3 auf dem festgelegten Signifikanzniveau abgelehnt werden können. Im folgenden werden immer die t–Statistiken in Klammern hinter den geschätzten Regressionskoeffizienten geschrieben. Die Höhe des kritischen Wertes beläuft sich auf 1,66.[38] Die Schätzung der Gleichung (6.5) mit der Kleinste–Quadrate–Methode (KQ) ergibt für die Konstante α einen Wert von -0,5219 (-0,508), für den Parameter β_1 0,0210 (1,796) und β_2 0,3534 (1,709). Somit steigt der Spread, wenn die Volatilität des Aktienkurses oder der Zinssatz zunehmen. Alle Parameter mit Ausnahme der Konstante sind auf dem 5 %–Niveau signifikant. Das R^2 beträgt 0,0291. Damit die Gleichung (6.5) mit der KQ–Methode effizient geschätzt werden kann, müssen die Fehlerterme ϵ_t auf Autokorrelation[39] überprüft werden. Der Wert der Durbin–Watson–Statistik (DW) beträgt 0,9230, das auf eine Autokorrelation der Residuen hinweist. Somit wird angenommen, daß der Fehlerterm ϵ_t ein autoregressiver Prozeß erster Ordnung (AR(1)–Prozeß) ist. Dafür wird die folgende Gleichung unterstellt, wobei der Störterm δ_t identisch, unabhängig normalverteilt ist mit Mittelwert 0 und Varianz σ_δ^2 :

$$\epsilon_t = \rho\epsilon_{t-1} + \delta_t, \text{mit } |\rho| < 1, \quad t = 1, \cdots, T \tag{6.9}$$

Wenn die Fehlerterme autokorreliert sind, kann die verallgemeinerte Kleinst–Quadrate–Methode (GLS)[40] oder die Maximum–Likelihood–Methode (ML) angewandt werden.[41] Der Kleinste–Quadrate–Schätzer ist in diesem Fall nicht mehr bester linearer unverzerrter Schätzer, da Effizienzverlust vorliegt. Folglich besteht die Gefahr der Unterschätzung der Varianz der Regressionskoeffizienten und damit der Überschätzung der Güte der empirischen Regressionskoeffizienten. Jedoch ist der KQ–Schätzer immerhin noch erwartungstreu.[42]

Für die weitere Vorgehensweise wird die Konvention getroffen, daß für den Störterm ϵ_t die Gleichung (6.9) gilt, wenn die Störterme autokorreliert sind.[43] In diesem Fall wird die jeweilige Regressionsgleichung nicht mehr mit der KQ–Methode, sondern mit der ML–Methode geschätzt.

Wenn die Gleichung (6.5) mit der ML–Methode geschätzt wird, folgt für die Parameter, daß α gleich -0,1150 (-0,089), β_1 gleich 0,0237 (2,363) und β_2 0,2664 (1,016). Somit sind die Parameter β_1 und β_2 wie bei der Anwendung der KQ–Methode positiv. Jedoch ist im

---

[38] Vgl. Hartung et al. (1995), S. 892.

[39] Mit Hilfe des Durbin–Watson–Test wird auf Autokorrelation getestet.

[40] GLS ist eine Abkürzung für *generalized least square estimator*.

[41] Das Problem der GLS–Methode besteht darin, daß die Varianz–Kovarianz–Matrix Φ von $\epsilon = (\epsilon_1, ..., \epsilon_t, ...\epsilon_T)$ nicht bekannt ist, da der Parameter ρ unbekannt ist. Somit muß der EGLS–Schätzer (*estimated generalized least squares*) angewandt werden. Dabei wird in der ersten Stufe der Parameter ρ geschätzt, mit Hilfe dessen dann die Varianz–Kovarianz–Matrix von ϵ bestimmt wird. In der zweiten Stufe wird GLS geschätzt. Da der ML–Schätzer auch ein EGLS–Schätzer ist, gelten für ihn die gleichen Eigenschaften wie für den EGLS–Schätzer. Da Φ unbekannt ist, können nur Aussagen über die asymptotischen Verteilungen gemacht werden, das auch die t–Statistiken betrifft. Vgl. Judge et al. (1985) Kap. 5 und Kap. 8.

[42] Vgl. Schönfeld (1969), Band 1, S. 139-140.

[43] Daher wird immer ein AR(1)–Prozeß für den Störterm unterstellt, wenn von einer ML–Schätzung gesprochen wird.

Gegensatz zur KQ–Methode der Parameter β_2 insignifikant und β_1 auf dem 5 %–Niveau signifikant. R^2 ergibt sich zu 0,3051 und DW zu 2,0950.

Aus der Optionspreistheorie ist bekannt, daß die Restlaufzeit der Option einen Einfluß auf den Wert einer Option ausübt. Jedoch hat die Restlaufzeit keinen Einfluß auf die Resultate des Modells, da es statischer Natur ist. Daher wird eine weitere Regressionsgleichung geschätzt, in der die Restlaufzeit als Kontrollvariable mitberücksichtigt wird. Dann lautet die zu schätzende Regressionsgleichung mit der Kontrollvariable RLZ:

$$BAS_t = \alpha + \beta_1 VOLA_t + \beta_2 ZINSI_t + \beta_3 RLZ_t + \epsilon_t, \quad \text{mit } t = 1, \cdots, T \tag{6.10}$$

Unter Berücksichtigung der Restlaufzeit als Einflußgröße ist die Durbin–Watson–Statistik im Vergleich zum Modell (6.5) auf 0.9869 angestiegen. Die DW–Statistik deutet jedoch weiterhin auf Autokorrelation des Fehlerterms hin. Der Wert für R^2 beträgt 0,1348. Für die Konstante α ergibt sich ein Wert von -0,4545 (-0,467), der insignifikant auf dem gewählten Testniveau ist.
Die geschätzten Parameter β_1, β_2 und β_3 sind positiv. Das bedeutet, daß der Spread wächst, wenn die Volatilität des Aktienkurses, der Zinssatz oder die Restlaufzeit zunimmt. Im einzelnen sind die folgenden Parameter geschätzt worden: $\beta_1 = 0,0219$ (1,989), $\beta_2 = 0,2744$ (1,397) und $\beta_3 = 0,0205$ (4,728). Somit sind β_1 und β_3 auf dem 5 %–Niveau signifikant.

Wenn die ML–Methode angewandt wird, sind die geschätzten Parameter β_1 und β_3 signifikant auf dem 5 %–Niveau, wohingegen die Parameter α und β_2 insignifikant sind. Im einzelnen erhält man die folgenden Ergebnisse für die Parameter: $\alpha = 0,0924$ (0,075), $\beta_1 = 0,0255$ (2,609), $\beta_2 = 0,1616$ (0,645) und $\beta_3 = 0,0192$ (3,807). Diese Schätzung deutet darauf hin, daß der Einfluß des Zinssatzes auf den Spread vernachlässigbar ist. Im Vergleich zu den Schätzergebnissen der Regressionsgleichung (6.5) sinkt die t–Statistik für die Variable $ZINSI$, da die hinzukommende Größe RLZ in die Variable $ZINSI$ eingeht. Ob sich diese Vermutung bestätigt, wird durch weitere Tests überprüft. Für R^2 ergibt sich ein Wert von 0,3554 und für DW von 2,1045.

Es wird als weitere Kontrollvariable die Differenz aus dem Aktienkurs und dem Basispreis berücksichtigt, da der Einfluß des Aktienkurses und des Basispreises nicht unmittelbar sinnvoll mit den gegebenen Daten überprüft werden kann. Zudem deutet die Abbildung 6.4 darauf hin, daß der Spread steigend in $Diff$ ist. Somit wird das folgende Modell geschätzt:

$$BAS_t = \alpha + \beta_1 VOLA_t + \beta_2 ZINSI_t + \beta_3 RLZ_t + \beta_4 Diff_t + \epsilon_t, \quad \text{mit } t = 1, \cdots, T \tag{6.11}$$

Anhand des R^2 in der Höhe von 0,6482 ist zu erkennen, daß die zusätzliche Variable $Diff$ zur Beschreibung des Spreads beiträgt. Die DW–Statistik beträgt 1,2771. Wenn die Differenz aus dem Basispreis der Option und dem heutigen Aktienkurs $Diff$ steigt, nimmt die Höhe des Spreads zu. Der Parameter β_4 ist gleich 0.0282 (16.298). Die Parameter β_i,

$i = 1, 2, 3$ sind auch positiv. Im einzelnen erzielt man die folgenden Schätzergebnisse: $\beta_1 = 0,0271$ (3,844), $\beta_2 = 0,3123$ (2,486) und $\beta_3 = 0,0168$ (6,032). Das bedeutet, daß der Spread eine steigende Funktion in der Volatilität des Aktienkurses, des Zinssatzes sowie der Restlaufzeit ist. Der Parameter α ist gleich -0,6508 (-1,047).
Da die DW–Statistik auf Autokorrelation des Fehlerterms hinweist, wird wiederum das Modell mit der ML–Methode geschätzt. In diesem Fall ist DW gleich 2,1498 und R^2 gleich 0,6941. Die Parameter β_i, $i = 1, \cdots, 4$ sind wie bei der KQ–Schätzung positiv. Jedoch ist der Parameter β_2 insignifikant auf dem 5 %–Niveau. Im einzelnen beträgt die Höhe der geschätzten Parameter: $\alpha = -0,3059$ (-0,399), $\beta_1 = 0,0255$ (3,709), $\beta_2 = 0,2451$ (1,569), $\beta_3 = 0,0165$ (5,056) und $\beta_4 = 0,0285$ (14,540). Bei dieser Schätzung ist die Konstante auch insignifikant auf dem gewählten Testniveau. Die Parameter β_1, β_3 und β_4 sind signifikant auf dem gewählten Testniveau.

Je größer die Handelsaktivität ist, desto kleiner ist das Risiko für einen Market–Maker vorübergehend ungewollte Positionen zu halten. Aus diesem Grund wird der Market–Maker den Spread senken. Die Handelsaktivität wird somit auch als Kontrollvariable berücksichtigt. Das zu schätzende Modell ist wie folgt gegeben:

$$BAS_t = \alpha + \beta_1 VOLA_t + \beta_2 ZINSI_t + \beta_3 RLZ_t + \beta_4 Diff_t + \beta_5 NC_t + \epsilon_t, \qquad (6.12)$$

$$\text{mit } t = 1, \cdots, T$$

Die geschätzten Parameter sind wie folgt gegeben:
$\alpha = 0,0707$, (0,122), $\beta_1 = 0,0412$ (6,045), $\beta_2 = 0,2046$ (1,767), $\beta_3 = 0,0149$ (5,849), $\beta_4 = 0,0267$ (16,743) und $\beta_5 = -0,01340$ (-6,179). R^2 ist gleich 0,7095 und DW 1,2168, das wiederum auf Autokorrelation des Fehlerterms hinweist. Alle Parameter mit Ausnahme der Konstante sind signifikant.
Somit wird die Gleichung (6.12) mit der ML–Methode geschätzt, wobei die Gültigkeit der Gleichung (6.9) unterstellt wird. Der Einfluß der Volatilität des Aktienkurses, der Restlaufzeit, der Differenz aus dem heutigen Aktienkurs und dem Basispreis der Option und der Transaktionshäufigkeit sind signifikant auf dem 5 %–Niveau. Der Parameter für den Zinssatz und die Konstante sind insignifikant auf dem 5 %–Niveau. Für die Parameter werden im einzelnen folgende Resultate erzielt: $\alpha = 0,2605$ (0,367), $\beta_1 = 0,0386$ (5,954), $\beta_2 = 0,1716$ (1,190), $\beta_3 = 0,0137$ (4,523), $\beta_4 = 0,0270$ (15,036) und $\beta_5 = -0,0135$ (-6,643). Werden diese Ergebnisse interpretiert, bedeutet der Parameter β_1 in der Höhe von 0,0386, daß der Spread um ca. vier Pfennig erhöht wird, wenn die Volatilität des Aktienkurses um eine DM zunimmt. Wenn die Restlaufzeit um einen Tag abnimmt, wird der Spread ca. um einen Pfennig gesenkt. Der Parameter β_4 deutet darauf hin, daß der Spread um ca. drei Pfennig größer wird, wenn die Option um eine DM mehr im Geld ist. Der Spread sinkt um ca. einen Pfennig, wenn eine Transaktion auf dem Optionsmarkt innerhalb eines Tages mehr stattfindet, das der Parameter β_4 nahelegt. Die Parameter β_i mit Ausnahme von $i = 2$ sind signifikant auf dem 5 % Testniveau. Die Konstante α und

β_2 sind insignifikant auf dem gewählten Testniveau. Der Wert für R^2 beträgt 0,7541 und für DW 2,1344.

Die Anzahl der Marktspreadänderungen innerhalb eines Tages kann als Maß für ein bestehendes Kursrisiko im Markt betrachtet werden. Daher wird die Variable $NBAS$ als Einflußvariable auf die Höhe des Spreads mitberücksichtigt. Das zu testende Modell ist wie folgt gegeben:

$$BAS_t = \alpha+\beta_1 VOLA_t+\beta_2 ZINSI_t+\beta_3 RLZ_t+\beta_4 Diff_t+\beta_5 NC_t+\beta_6 NBAS_t+\epsilon_t, \quad (6.13)$$

$$\text{mit } t = 1,\cdots,T$$

Wenn KQ geschätzt wird, ergibt sich für die Parameter: $\alpha = 0,0715$ (0,123), $\beta_1 = 0,0420$ (5,872), $\beta_2 = 0,2065$ (1,778), $\beta_3 = 0,0153$ (5,520), $\beta_4 = 0,0272$ (12,703), $\beta_5 = -0,0138$ (-5,874) und $\beta_6 = -0,0001$ (-0,365). R^2 ist gleich 0,7097 und DW 1,2257.
Somit wird der ML–Schätzer angewandt.
Die geschätzten Parameter sind wie folgt gegeben: $\alpha = 0,2661$ (0,373), $\beta_1 = 0,0374$ (5,511), $\beta_2 = 0,1665$ (1,146), $\beta_3 = 0,0131$ (4,145), $\beta_4 = 0,0261$ (11,321), $\beta_5 = -0,0137$ (-6,616), $\beta_6 = 0,0002$ (0,627). Sowohl die Konstante, der Parameter für den Zinssatz als auch der Parameter für die Quotehäufigkeit sind insignifikant auf dem 5 %–Niveau. Die anderen Parameter sind signifikant auf dem gewählten Testniveau. Folglich wird der Einfluß der Quotehäufigkeit auf den Spread nicht weiter betrachtet. Der Wert für R^2 beträgt 0,7546 und für DW 2,1258. Betrachtet man die t–Statistiken, ist festzustellen, daß der t–Wert für den Parameter der Volatilität des Aktienkurses kleiner ist, als wenn die Quotehäufigkeit keine exogene Variable ist. Diese Tatsache kann dadurch erklärt werden, daß die Quotehäufigkeit von der Volatilität des Aktienkurses abhängt. Wenn die Volatilität des Aktienkurses höher ist, dann ist der Kurs des Underlyings unruhiger. Folglich ändern Market–Maker häufiger ihre Quotes für die Optionen.

Vergleicht man die Ergebnisse der fünf unterschiedlichen Regressionsgleichungen für den Parameter des Zinssatzes, stellt man fest, daß β_2 auf dem 10 %–Niveau bei der KQ–Schätzung signifikant ist und bei der ML–Schätzung insignifikant.
Da das Modell (6.12) am besten von den unterschiedlichen Modellen in bezug auf R^2 und die t–Werte den Spread erklärt, werden die Hypothesen 1 und 3 mit der Regressionsgleichung (6.12) überprüft, wobei die Bedingung (6.9) unterstellt wird. Somit wird das Modell (6.12) auf die Daten zu DBK–, zu DRB– und zu BMW–Optionen angewandt. Zur besseren Übersicht werden in der Tabelle 6.14 die geschätzten Parameter inklusive für den Datensatz zu DAI–Optionen dargestellt. In jeder Zeile steht der geschätzte Parameter des einzelnen Datensatzes.

Die Konstante ist in drei von vier Fällen insignifikant auf dem 5 %–Niveau. Die Hypothese, daß der Spread von der Volatilität des Aktienkurses unabhängig ist, kann auf dem gewählten Testniveau in allen vier Fällen falsifiziert werden. Der positive Parameter β_1 zeigt, daß der Spread wachsend in der Volatilität des Aktienkurses ist. Hingegen

Tabelle 6.14. Ergebnisse der Regressionsanalyse

	BMW	DAI	DBK	DRB
α	-1,9731 (-1,749)	0,2605 (0,367)	0,2301 (0,481)	1,5272 (1,589)
β_1	0,0322 (3,783)	0,0386 (5,954)	0,0359 (7,510)	0,0780 (3,571)
β_2	0,8623 (3,710)	0,1716 (1,190)	0,0918 (0,933)	-0,0986 (-0,528)
β_3	0,0094 (1,723)	0,0137 (4,523)	0,0057 (2,721)	0,0047 (1,249)
β_4	0,0385 (11,540)	0,0270 (15,036)	0,0185 (15,208)	0,0364 (5,904)
β_5	-0,0664 (-3,769)	-0,0135 (-6,643)	-0,0068 (-6,877)	-0,0376 (-3,852)
DW	2,0142	2,1344	2,0043	1,9358
R^2	0,7120	0,7541	0,7178	0,3804

kann die Gegenhypothese, dazu, daß der Spread unabhängig vom Zinssatz ist, nur für den Datensatz zu BMW-Optionen auf dem 5 % Niveau abgelehnt werden. Daraus läßt sich schließen, daß die Bedeutung des Zinssatzes für die Entwicklung des Spreads nicht groß ist. In drei von vier Fällen ist der geschätzte Parameter β_2 positiv, das darauf hindeutet, daß der indirekte Effekt bei einer Variation des Zinssatzes den Diskontierungseffekt dominiert. Der Einfluß der Restlaufzeit ist nur für die beiden liquiden Werte signifikant. Der Parameter für die Differenz aus dem Aktienkurs und dem Basispreis sowie für die Transaktionshäufigkeit sind immer signifikant. Je größer $Diff$ ist, desto höher wird der Bid-Ask-Spread. Wenn die Transaktionshäufigkeit auf dem Optionsmarkt zunimmt, sinkt der Bid-Ask-Spread, da das Risiko einer ungewollten Position abnimmt. Beim Vergleich der Höhe der Parameter für den Einfluß der Transaktionshäufigkeit sowie der Differenz aus dem heutigen Aktienkurs und dem Basispreis fällt auf, daß die weniger liquiden Werte BMW und Dresdner Bank stärker auf eine Veränderung der beiden exogenen Größen reagieren. Die Höhe des R^2, die in drei von vier Fällen größer als 0,7 ist, zeigt, daß die Güte der Anpassung gut ist.[44]

6.5 Zusammenfassung der Resultate

In diesem Kapitel wurden Hypothesen, die aus der komparativen-statischen Analyse des Spreads folgen, formuliert.

Anhand von Statistiken zur Anzahl der Market-Maker pro Option und zur Anzahl der gehandelten Kontrakte wurden die vier zu untersuchenden Werte bestimmt. Jeweils wurde ein liquider und ein weniger liquider Wert aus der Bankenbranche und der Automobilbranche betrachtet. Somit wurden in dieser empirischen Untersuchung die Eigenschaften des Spreads von BMW-, Daimler Benz-, Deutsche Bank- und Dresdner Bank-Optionen

[44] Das R^2 in der Untersuchung von George und Longstaff (1993) beträgt 0,688 und von Lüdecke und Schlag (1992) 0,3720.

untersucht.
Zunächst wurde überprüft, ob die Hypothesen mit den gegebenen Daten sinnvoll getestet werden können. Hierzu wurde ein Test auf Stationarität des Spreads und der exogenen Variablen vorgenommen. Es ergab sich, daß lediglich der Einfluß der Volatilität des Aktienkurses sowie des Zinssatzes empirisch untersucht werden können. Die Gegenhypothese, die besagt, daß die Volatilität des Aktienkurses keinen Einfluß auf den Spread ausübt, konnte auf dem 5 %-Niveau in allen vier Fällen abgelehnt werden. Es ergab sich, daß der Spread steigt, wenn die Volatilität des Aktienkurses zunimmt. Wie für den theoretischen Callpreis selbst, ist folglich die Volatilität des Aktienkurses eine zentrale Einflußgröße für den Spread. Hingegen konnte die Gegenhypothese, daß der Zinssatz keinen Einfluß auf den Bid-Ask-Spread ausübt, in drei von vier Fällen nicht abgelehnt werden. Daraus kann geschlossen werden, daß die Bedeutung des Zinssatzes für den Spread nicht so groß ist. Diese Tatsache kann damit begründet werden, daß der Zinssatz auf den Callpreis selbst keinen großen Einfluß ausübt.

7
Resümee

Unter einem Market–Maker ist ein Börsenmakler zu verstehen, der berechtigt und nach Aufforderung verpflichtet ist, Quotes für die Nachfrage– und Angebotsseite zu stellen. Somit steht der Market–Maker vor der Frage, wie er durch die Wahl von Ask– und Bidpreisen selbst möglichst hohe Gewinne erzielen kann. Der Market–Maker übt durch die Wahl des Spreads einen großen Einfluß auf das Handelsvolumen aus: Ein kleiner Spread regt den Handel an, ein großer Spread bremst ihn.

Im Mittelpunkt dieser Arbeit steht die Erklärung der Existenz von Bid–Ask–Spreads am Aktienoptionsmarkt.
Dazu wird das Preisstellungsproblem des Market–Makers untersucht. Der Market–Maker rechnet damit, daß einige Handelspartner bessere Informationen über die zukünftige Kursentwicklung als er selbst haben. Im Rahmen eines spieltheoretischen Modells wird das strategische Verhalten des Market–Makers abgebildet. Wenn der Market–Maker Angebots– und Nachfragepreise stellt, berücksichtigt er die Portefeuillestrategien der Investoren. Die Investoren können nicht nur auf dem Optionsmarkt sondern auch auf Kassamärkten (Aktien– oder Geldmarkt) handeln. Die Anleger haben daher eine Ausweichmöglichkeit auf einen anderen Markt, falls der Market–Maker zu ungünstige Quotes stellt.

Das strategische Preisstellungsverhalten wird in der vorliegenden Arbeit unter verschiedenen Wettbewerbsformen analysiert. Betrachtet werden ein monopolistischer Market–Maker, oligopolistischer Wettbewerb sowie vollkommener Wettbewerb. Die potentiellen Handelspartner des Market–Makers lassen sich in zwei Gruppen aufteilen, Informierte und Uninformierte. Wärend die Informierten die zukünftige Kursentwicklung kennen, haben die Uninformierten keinen genauen Kenntnisstand über diesen Verlauf der Kurse, sondern lediglich nur Erwartungen. Die Gruppe der Uninformierten untergliedert sich in die Gruppe der Optimisten und der Pessimisten. Die Optimisten erwarten höhere Kurse und die Pessimisten niedrigere Kurse im Vergleich zum Market–Maker.

Die Antworten auf die vier in der Einleitung formulierten Fragen können wie folgt zusammengefaßt werden:

1. *Wie berücksichtigt der Market–Maker das Anlageverhalten der Investoren?*
   Der monopolistische Market–Maker stellt den Bid–Ask–Spread so hoch, daß die uninformierten Marktteilnehmer gerade noch bereit sind, mit ihm zu handeln. Stellte er einen etwas größeren Spread, wichen die Uninformierten auf den Aktienmarkt aus, und er handelte nur noch mit den Informierten. Wenn der Anteil der Informierten an

der Gesamtzahl aller Investoren zu hoch ist, erleidet der Market–Maker beim Handel Verluste. Er stellt in diesem Fall den Spread so hoch, daß selbst die Informierten auf den Aktienmarkt gehen.

2. *Wie verhält sich der Market–Maker, wenn verstärkt Marktteilnehmer mit besseren Informationen, als die, die der Market–Maker besitzt, auf den Markt treten? Wie lange kann der Market–Maker beim Handel noch Gewinne erzielen?*
Die Gewinne des Market–Maker nehmen ab, wenn der Anteil der Informierten zunimmt. Es existiert eine Obergrenze für den Anteil der Informierten an der Gesamtzahl aller Investoren, bis zu der der Market–Maker noch gerade für die Verluste aus Geschäften mit Informierten entschädigt werden kann. Übersteigt der Anteil der Informierten diese Obergrenze, wird der Market–Maker den Spread so hoch stellen, daß der Handel auf dem Optionsmarkt zum Erliegen kommt. Unter bestimmten Umständen ist es möglich, daß der Optionsmarkt nur für die Angebots– oder Nachfrageseite zusammenbricht. Dieser Fall tritt dann ein, wenn der Market–Maker insgesamt nicht–negative Gewinne nur für eine Marktseite (Angebot oder Nachfrage) erzielen kann. Die Höhe des Spreads unter dem monopolistischen Market–Maker ist unabhängig vom Anteil der Informierten, solange der Market–Maker nicht–negative Gewinne beim Handel mit Optionen erzielen kann. Der Grund liegt darin, daß die Uninformierten unabhängig vom Anteil der Informierten bis zu einer bestimmten Höhe des Spreads bereit sind, mit Optionen zu handeln.

3. *Welchen Spread stellt der Market–Maker, der mit anderen Market–Makern konkurriert?*
Je größer die Konkurrenz unter den Market–Makern ist, desto eher wird der eigene Spread von einem anderen Market–Maker unterboten. Folglich senkt ein Market–Maker den von ihm gestellten Spread und erzielt weniger Gewinne. Somit ist der Bid–Ask–Spread eine fallende Funktion der Anzahl der Market–Maker. Sind nur wenige Markt–Maker am Markt, stellen sie den monopolistischen Spread. Nimmt die Anzahl der Market–Maker zu, sinkt der Bid–Ask–Spread.
Unter vollkommenem Wettbewerb ist der Bid–Ask–Spread am niedrigsten. Sind keine Informierten am Markt, ist die Höhe des Spreads unter vollkommenem Wettbewerb gleich Null. Die Market–Maker erzielen erwartete Nullgewinne. Der Bid–Ask–Spread steigt, wenn der Anteil der Informierten zunimmt.
Auch unter oligopolistischem Wettbewerb ist der Spread eine steigende Funktion des Anteils der Informierten. Im Unterschied zum vollkommenen Wettbewerb erzielen die Market–Maker positive Gewinne. Nimmt der Anteil der Informierten an der Gesamtzahl aller Investoren zu, erhöhen die Market–Maker den Spread so, daß ihr Gesamtgewinn konstant bleibt. Dies führen die Market–Maker solange fort, bis sie den größtmöglichen Spread erreichen. Dies ist derjenige Spread, bei dem unter einem monopolistischen Market–Maker noch Handel auf dem Optionsmarkt stattfindet.

4. *Wie stellt der Market–Maker den Spread, wenn sich die exogenen Faktoren ändern?* Die komparativ–statische Analyse des Spreads ergibt, daß der Spread unabhängig von der Wettbewerbsform in der Volatilität des Aktienkurses, im Zinssatz und im heutigen Aktienkurs steigt, sowie im Basispreis fällt. Daraus folgt, daß die Standarddeterminanten des Callpreises auch die Höhe des Spreads bestimmen. Anhand einer empirischen Analyse wurde der Einfluß der Volatilität des Aktienkurses und des Zinssatzes auf die Höhe des Spreads untersucht. Die Ergebnisse der empirischen Untersuchung von Spreads von vier DTB–Aktienoptionen (BMW, Daimler Benz, Deutsche Bank und Dresdner Bank) stehen im Einklang zum theoretischen Modell. Der Einfluß der Volatilität des Aktienkurses ist signifikant positiv, und der Einfluß des Zinssatzes in drei von vier Fällen insignifikant. Aus der empirischen Untersuchung ergibt sich, daß die Faktoren, die den Optionspreis beeinflussen, sich auch auf den Spread niederschlagen.

Literaturverzeichnis

Admati, A. und P. Pfleiderer (1988): A theory of intraday patterns: Volume and price and price variability. *Review of Financial Studies*, 1, 3–40.

Admati, A. und P. Pfleiderer (1991): Sunshine trading and financial market equilibrium. *Review of Financial Studies*, 4 (3), 443–482.

Admati, Anat, R. (1989): *Information in Financial Markets: The Rational Expectations Approach*, chapter 4, 139–152. Bhattacharya/Constantinides (1989).

Affleck, J., S. P. Hedge, und R. E. Miller (1994): Trading mechanisms and the components of the bid–ask–spread. *Journal of Finance*, 49 (4), 1471–1488.

Allen, F. und G. Gorton (1992): Stock price manipulation, market microstructure and asymmetric information. *European Economic Review*, 36, 624–629.

Amihud, Y. und H. Mendelsohn (1980): Dealership market: Market making with inventory. *Journal of Financial Economics*, 8, 31–53.

Back, K. (1992): Insider trading in continuous time. *Review of Financial Studies*, 5, 387–410.

Back, K. (1993): Asymmetric information and options. *Review of Financial Studies*, 6, 435–472.

Bagehot, W. *Pseud.*. **(1971):** The only game in town. *Financial Analysts Journal*, 27, 12–14.

Bhattacharya, S. und G. M. Constantinides (1989): *Financial Markets and Incomplete Information. Frontiers of Modern Financial Theory.* Rowman & Littlefield Publishers, Inc.

Bhattacharya, U. und M. Spiegel (1991): Insiders, outsiders, and market breakdowns. *Review of Financial Studies*, 4, 255–282.

Bhushan, R. (1991): Trading costs, liquidity, and asset holdings. *Review of Financial Studies*, 4, 343–360.

Biais, B. (1993): Price formation and equilibrium liquidity in fragmented and centralized markets. *Journal of Finance*, 48, 157–184.

Biais, B. und P. Hillion (1991): Option prices, insider trading, and interdealer competition. Working paper, INSEAD.

Biais, B. und P. Hillion (1994): Insider and liquidity trading in stock and options markets. *Review of Financial Studies*, 7 (4), 743–780.

Black, F. (1986): Noise. *Journal of Finance*, 41, 529–543.

Black, F. und M. Scholes (1973): The pricing of options and corporate liabilities. *Journal of Political Economy*, 81, 637–654.

Blanchard, O. und S. Fisher (1991): *NBER Macroeconomics Annual 1991.* Cambridge University Press.

Bühler, W. und A. Kempf (1994): The value of the early unwind option in futures contracts with an endogenous basis. ZEW Discussion Paper No.94-06, Mannheim.

Caballé, J. und M. Krishnan (1994): Imperfect competition in a multi–security market with risk neutrality. *Econometrica*, 62 (3), 695–704.

Campbell, J. und P. Perron (1991): *Pitfalls and Opportunities: What Macroeconomists should know about unit Roots*, 141–201. Blanchard/Fisher.

Chang, C. W. und J. S. K. Chang (1993): An implicit measure of the effective bid–ask spread: A note. *Journal of Financial Research*, 16 (1), 71–75.

Chowdhry, B. und V. Nanda (1991): Multi–market trading and market liquidity. *Review of Financial Studies*, 3, 483–511.

Copeland, T. und D. Galai (1983): Information effects and the bid–ask spread. *Journal of Finance*, 38, 1457–1469.

Cox, J. C., S. A. Ross, und M. Rubinstein (1979): Option pricing: A simplified approach. *Journal of Financial Economics*, 7, 229–263.

Cox, J. C. und M. Rubinstein (1985): *Options Markets.* Prentice–Hall, Inc, New Jersey.

Daube, C. H. (1993): *Marketmaker in Aktienoptionen an der Deutschen Terminbörse.* Deutscher Universitäts–Verlag GmbH, Wiesbaden.

De Jong, F., T. Nijman, und A. Röell (1996): Price effects of trading and components of the bid–ask spread on the Paris Bourse. *Journal of Empirical Finance*, 3, 193–213.

De Long, J. B., A. Shleifer, L. H. Summers, und R. J. Waldmann (1990a): Noise trader risk in financial markets. *Journal of Political Economy*, 98(4), 703–738.

De Long, J. B., A. Shleifer, L. H. Summers, und R. J. Waldmann (1990b): Positive feedback investment strategies and destabilizing rational speculation. *Journal of Finance*, 45(2), 379–395.

Demsetz, H. (1968): The cost of transacting. *Quarterly Journal of Finance*, 82, 33–53.

Dennert, J. (1993): Price competition between market makers. *Review of Economic Studies*, 60, 735–751.

DTB (1990): Börsenordnung und Handelsbedingungen. *Zeitschrift für Bankrecht und Bankwirtschaft*, 1, 33–43.

DTB (1993): DTB Aktienoptionen, Frankfurt am Main, Stand: Mai 1993, 2. überarbeitete Auflage.

DTB (1994): Statistik–Report, Monatlicher Statistik–Report, 4. Jahrgang, Januar bis Dezember.

DTB (1995a): Deutsche Terminbörse. Quote–Request in:DTB–Reporter, Juni 1996, S. 6.

DTB (1995b): Deutsche Terminbörse, Übersicht über die Börsenteilnehmer mit Market–Maker–Zulassung, Stand: Juni und Dezember 1995.

DTB (1995c): Deutsche Terminbörse; Vier neue erweitern das Spektrum. In: DTB–Dialog, 5. Jahrgang (1995) Nr.1, S.8-11.

DTB (1995d): Statistik–Report, Monatlicher Statistik–Report, 5. Jahrgang, Januar bis Juni.

DTB (1996): Deutsche Terminbörse. Neue Börsenteilnehmer in: DTB–Reporter Feburar 1996, S. 6.

DTB-Regelwerk (1994): Regelwerk. 6. überarbeitete und ergänzte Version. Frankfurt am Main 1994. (Loseblattsammlung, Stand: Juni 1994).

Dutta, P. K. und A. Madhavan (1995): Competition and collusion in dealer markets. Discussion Paper of Columbia University, New York and University of Southern California, Los Angeles.

Easley, D. und M. O'Hara (1987): Price, trade size, and information in securities markets. *Journal of Financial Economics*, 19, 69–90.

Easley, D. und M. O'Hara (1992): Time and the process of security price adjustment. *Journal of Finance*, 47, 577–606.

Easley, D., M. O'Hara, und P. S. Srinivas (1994): Option volume and stock prices: Evidence on where informed traders trade. ESF Network in Financial Markets Working Paper No. 50.

Eichberger, J. (1993): *Game theory for economists.* Academic Press, Inc.

Followill, R. A. und A. J. Rodriguez (1991): The estimation and determinants of bid–ask spreads in futures markets. *Review of Future Markets*, 10 (1), 1–13.

Foster, F. D. und S. Viswanathan (1993): The effect of public information and competition on trading volume and price volatility. *Review of Financial Studies*, 6 (1), 23–56.

Foster, F. D. und S. Viswanathan (1996): Strategic trading when agents forecast the forecasts of others. *Journal of Finance*, 51, 1437–1478.

Fremault, A. (1991): Stock index futures and index arbitrage in a rational expectations model. *Journal of Business*, 64 (4), 523–547.

Fuller, W. A. (1976): *Introduction to Statistical Time Series.* New York, Wiley.

Garman, M. G. (1976): Market microstructure. *Journal of Financial Economics*, 3, 257–275.

Gehrig, T. und M. Jackson (1994): Bid–ask spreads with indirect competition among specialists. WWZ–Discussion Papers, Nr. 9419, Basel.

George, T. J., G. Kaul, und M. Nimalendran (1991): Estimation of the bid–ask spread and its components: A new approach. *Review of Financial Studies*, 4, 623–656.

George, T. J. und F. A. Longstaff (1993): Bid–ask spreads and trading activity in the S&P 100 Index options markets. *Journal of Financial and Quantitive Analysis*, 28 (3), 381–397.

Glosten, L. (1989): Insider trading, liquidity, and the role of the monopolist specialist. *Journal of Business*, 62, 211–236.

Glosten, L. und L. Harris (1988): Estimating the components of the bid–ask spread. *Journal of Financial Economics*, 21, 123–142.

Glosten, L. und P. Milgrom (1985): Bid, ask, and transaction prices in a specialist market with heterogeneously informed traders. *Journal of Financial Economics*, 13, 71–100.

Greene, W. H. (1993): *Econometric Analysis.* Macmillan Publishing Company, New York, 2. Auflage.

Grossman, S. und M. Miller (1988): Liquidity and market structure. *Journal of Finance*, 43 (3), 617–637.

Grossman, S. und J. E. Stiglitz (1980): On the impossibility of informationally efficient markets. *American Economic Review*, 70, 393–408.

Güth, W. (1985): An extensive game approach to modelling the nuclear deterrence debate. *Zeitschrift für die gesamte Staatswissenschaft*, 141, 525–538.

Güth, W. (1995): A simple justification of quantity competition and the Cournot–Oligopoly solution. *Ifo-Studien*, 41 (2), 245–257.

Hall, A. (1994): Testing for a unit root in time series with pre–test data–based model selection. *Journal of Business and Economic Studies*, 12 (4), 461–470.

Harris, L. und A. Raviv (1993): Differences of opinion make a horse race. *Review of Financial Studies*, 6 (3), 473–506.

Harstad, R. M. und L. Phlips (1995): Futures market contracting: When you don't know who the optimists are. Discussion Paper, Rutgers University, New Brunswick, NJ, USA.

Hartung, J., B. Elpelt, und K.-H. Klösener (1995): *Statistik.* Oldenbourg Verlag, München, 10. Auflage.

Harvey, A. (1990): *The Econometric Analysis of Time Series.* Philip Allan, 2. Auflage.

Hasbrouck, J. und R. A. Schwartz (1988): Liquidity and execution costs in equity markets. *Journal of Portfolio Management*, 14 (3), 10–16.

Ho, T. und H. Stoll (1981): Optimal dealer pricing under transactions and return uncertainty. *Journal of Financial Economics*, 9, 47–73.

Ho, T. und H. Stoll (1983): The dynamics of dealer markets under competition. *Journal of Finance*, 38, 1053–1074.

Holden, C. W. und A. Subrahmanyam (1992): Long–lived private information and imperfect competition. *Journal of Finance*, 47, 247–270.

Huang, R. D. und H. Stoll (1994): Market microstructure and stock return predictions. *Review of Financial Studies*, 7 (1), 179–213.

Hull, J. C. (1993): *Options, Futures, and other Derivative Securities.* 2. Auflage, Prentice–Hall, Inc., New Jersey.

John, K., A. Koticha, und M. Subrahmanyam (1991): The micro–structure of options markets: Informed trading, liquidity, volatility. and efficiency. Working Paper, New York Universitiy.

Judge, G. G., W. E. Griffiths, R. C. Hill, H. Lütkepohl, und T.-C. Lee (1985): *The Theory and Practice of Econometrics.* John Wiley & Sons, Inc., Canada, 2. Auflage.

Keller, H.-J., T. Redelberger, und R. Schwaiger (1992): *Die Abwicklung von Termingeschäften an der DTB.* Gabler–Verlag, Wiesbaden.

Kempf, A. (1996): Zum Preiszusammenhang zwischen Kassa– und Futuresmärkten: Der Einfluß der Glattstellungsoption. Physica–Verlag, Heidelberg.

Kim, S.-H. und J. P. Ogden (1995): Information, transactions, and the bid–ask spread. Discussion Paper of Dept. of Finance and Managerial Economics, School of Mangement, State University of New York.

Kreps, D. und J. Scheinkman (1983): Quantity precommitment and Bertrand competition yield Cournot outcomes. *Bell Journal of Economics*, 14, 326–337.

Krishnan, M. (1992): An equivalence between the Kyle (1985) and the Glosten–Milgrom (1985) models. *Economics Letters*, 40, 333–338.

Kuserk, G. J. und P. R. Locke (1994): Market maker competition on futures exchanges. *Journal of Derivatives*, 2, 56–66.

Kyle, A. (1984): *Market Structure, Information, Futures Markets, and Price Formation*, chapter 2, 45–64. Storey/Schmitz/Sarris.

Kyle, A. S. (1985): Continuous auctions and insider trading. *Econometrica*, 53, 1315–1336.

Kyle, A. S. (1989): Informed speculation with imperfect competition. *Review of Economic Studies*, 56, 317–355.

Lien, D. und X. Luo (1993): A theoretical comparison of composite index futures contracts. *Journal of Future Markets*, 13 (7), 821–836.

Lin, J.-C., G. C. Sanger, und G. G. Booth (1995): Trade size and components of the bid–ask spread. *Review of Financial Studies*, 8 (4), 1153–1183.

Lüdecke, T. und C. Schlag (1992): Die Marktstruktur der Deutschen Terminbörse: Eine empirische Analyse der Bid–Ask–Spreads. *Zeitschrift für betriebswirtschaftliche Forschung*, 4, 323–346.

McAfee, P. und J. McMillan (1987): Auctions and bidding. *Journal of Economic Literature*, 25, 699–738.

Menkhoff, L. und C. Röckemann (1994): Noise–Trading auf Aktienmärkten. *Zeitschrift für Betriebswirtschaftslehre*, 64, 277–295.

Mildenstein, E. und H. Schleef (1983): The optimal pricing policy of a monopolistic market maker in the equity market. *Journal of Finance*, 38 (1), 218–231.

Oesterhelweg, O. und D. Schiereck (1993): Meßkonzepte für Liquidität von Finanzmärkten. *Die Bank*, 7, 390–397.

O'Hara, M. (1995): *Market Microstructure Theory.* Blackwell Publishers.

Perman, R. (1991): Cointegration: An introduction to the liturature. *Journal of Economic Studies*, 18 (3), 3–30.

Rasmusen, E. (1994): *Games and Information.* 2. Auflage, Blackwell Publishers.

Rochet, J.-C. und J.-L. Vila (1994): Insider trading without normality. *Review of Economic Studies*, 61, 131–152.

Roll, R. (1984): A simple implicit measure of the effective bid–ask spread in an efficient market. *Journal of Finance*, 39, 1127–1139.

Schmidt, H. und P. Iversen (1992): Geld–Brief–Spannen deutscher Standardwerte in IBIS, MATIS und SEAQ International. Diskussionspapier zum DFG-Schwerpunktprogramm "Empirische Kapitalmarktforschung".

Schönfeld, P. (1969): *Methoden der Ökonometrie.* Verlag Franz Vahlen GmbH, Berlin und Frankfurt a. M.

Selten, R. (1965): Spieltheoretische Behandlung eines Oligopolmodells mit Nachfrageträgheit. *Zeitschrift für die gesamte Staatswissenschaft*, 12, 301–324.

Selten, R. (1982): Einführung in die Theorie der Spiele mit unvollständiger Information. *Schriften des Vereins für Sozialpolitik*, 126, 81–148.

Smith, T. und R. E. Whaley (1994): Estimating the effective bid/ask spread from time and sales data. *Journal of Future Markets*, 437–455.

Spiegel, M. und A. Subrahmanyam (1992): Informed speculation and hedging in a noncompetitive securities market. *Review of Financial Studies*, 5, 307–330.

Stoll, H. (1978): The supply of dealer services in securities markets. *Journal of Finance*, 33, 1133–1151.

Stoll, H. R. (1989): Inferring the components of the bid–ask spread: Theory and empirical tests. *Journal of Finance*, 44, 115–134.

Storey, G., A. Schmitz, und A. H. Sarris (1984): *International Agriculture Trade: Advances Readings in Price Formation, Market Strukture, and Price Instability.* Boulder.

Subrahmanyam, A. (1991a): Risk aversion, market liquidity, and price efficiency. *Review of Financial Studies*, 4 (3), 417–442.

Subrahmanyam, A. (1991b): A theory of trading in stock index futures. *Review of Financial Studies*, 4, 17–51.

Thießen, F. (1990): Was leisten die Market Maker der DTB? *Die Bank*, 8, 442–448.

Tinic, S. M. (1972): The economics of liquidity services. *Quarterly Journal of Economics*, 86, 79–93.

Vogler, K.-H. (1993): Inter–dealer–trading. LSE Financial Markets Group, Discussion Paper No.174.

Yavas, A. (1993): A simple model of bid–ask spread and search. *Review of Financial Economics*, 2 (2), 73–84.

Abbildungsverzeichnis

Tabellenverzeichnis

Wirtschaftswissenschaftliche Beiträge

Band 118: J. Windsperger, Transaktionskostenansatz der Entstehung der Unternehmensorganisation, 1996, ISBN 3-7908-0891-1

Band 119: M. Carlberg, Deutsche Vereinigung, Kapitalbildung und Beschäftigung, 1996, ISBN 3-7908-0896-2

Band 120: U. Rolf, Fiskalpolitik in der Europäischen Währungsunion, 1996, ISBN 3-7908-0898-9

Band 121: M. Pfaffermayr, Direktinvestitionen im Ausland, 1996, ISBN 3-7908-0908-X

Band 122: A. Lindner, Ausbildungsinvestitionen in einfachen gesamtwirtschaftlichen Modellen, 1996, ISBN 3-7908-0912-8

Band 123: H. Behrendt, Wirkungsanalyse von Technologie- und Gründerzentren in Westdeutschland, 1996, ISBN 3-7908-0918-7

Band 124: R. Neck (Hrsg.) Wirtschaftswissenschaftliche Forschung für die neunziger Jahre, 1996, ISBN 3-7908-0919-5

Band 125: G. Bol, G. Nakhaeizadeh/ K.-H. Vollmer (Hrsg.) Finanzmarktanalyse und -prognose mit innovativen quantitativen Verfahren, 1996, ISBN 3-7908-0925-X

Band 126: R. Eisenberger, Ein Kapitalmarktmodell unter Ambiguität, 1996, ISBN 3-7908-0937-3

Band 127: M.J. Theurillat, Der Schweizer Aktienmarkt, 1996, ISBN 3-7908-0941-1

Band 128: T. Lauer, Die Dynamik von Konsumgütermärkten, 1996, ISBN 3-7908-0948-9

Band 129: M. Wendel, Spieler oder Spekulanten, 1996, ISBN 3-7908-0950-0

Band 130: R. Olliges, Abbildung von Diffusionsprozessen, 1996, ISBN 3-7908-0954-3

Band 131: B. Wilmes, Deutschland und Japan im globalen Wettbewerb, 1996, ISBN 3-7908-0961-6

Band 132: A. Sell, Finanzwirtschaftliche Aspekte der Inflation, 1997, ISBN 3-7908-0973-X

Band 133: M. Streich, Internationale Werbeplanung, 1997, ISBN-3-7908-0980-2

Band 134: K. Edel, K.-A. Schäffer, W. Stier (Hrsg.) Analyse saisonaler Zeitreihen, 1997, ISBN 3-7908-0981-0

Band 135: B. Heer, Umwelt, Bevölkerungsdruck und Wirtschaftswachstum in den Entwicklungsländern, 1997, ISBN 3-7908-0987-X

Band 136: Th. Christiaans, Learning by Doing in offenen Volkswirtschaften, 1997, ISBN 3-7908-0990-X

Band 137: A. Wagener, Internationaler Steuerwettbewerb mit Kapitalsteuern, 1997, ISBN 3-7908-0993-4

Band 138: P. Zweifel et al., Elektrizitätstarife und Stromverbrauch im Haushalt, 1997, ISBN 3-7908-0994-2

Band 139: M. Wildi, Schätzung, Diagnose und Prognose nicht-linearer SETAR-Modelle, 1997, ISBN 3-7908-1006-1

GPSR Compliance

The European Union's (EU) General Product Safety Regulation (GPSR) is a set of rules that requires consumer products to be safe and our obligations to ensure this.

If you have any concerns about our products, you can contact us on ProductSafety@springernature.com

In case Publisher is established outside the EU, the EU authorized representative is:

Springer Nature Customer Service Center GmbH
Europaplatz 3
69115 Heidelberg, Germany

Batch number: 10815974

Printed by Printforce, the Netherlands